产业数字化转型

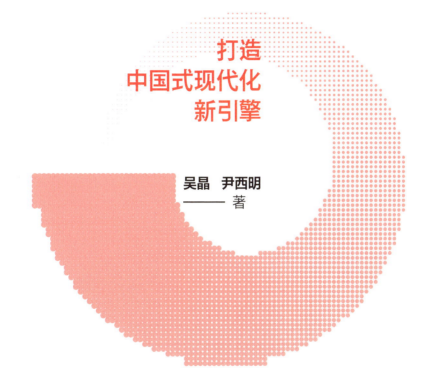

打造
中国式现代化
新引擎

吴晶　尹西明

—— 著

中国科学技术出版社

·北 京·

图书在版编目（CIP）数据

产业数字化转型：打造中国式现代化新引擎 / 吴晶，
尹西明著 . — 北京：中国科学技术出版社，2024.4
ISBN 978-7-5236-0562-2

Ⅰ . ①产… Ⅱ . ①吴… ②尹… Ⅲ . ①产业经济—转
型经济—数字化—研究—中国 Ⅳ . ① F269.2

中国国家版本馆 CIP 数据核字（2024）第 051516 号

策划编辑	何英娇	责任编辑	何英娇　高雪静	
封面设计	潜龙大有	版式设计	蚂蚁设计	
责任校对	邓雪梅	责任印制	李晓霖	

出　　版	中国科学技术出版社
发　　行	中国科学技术出版社有限公司发行部
地　　址	北京市海淀区中关村南大街 16 号
邮　　编	100081
发行电话	010–62173865
传　　真	010–62173081
网　　址	http://www.cspbooks.com.cn

开　　本	710mm×1000mm　1/16
字　　数	359 千字
印　　张	26.75
版　　次	2024 年 4 月第 1 版
印　　次	2024 年 4 月第 1 次印刷
印　　刷	北京盛通印刷股份有限公司
书　　号	ISBN 978-7-5236-0562-2/F・1224
定　　价	99.00 元

本书创作委员会

指导单位

国务院国资委干部教育培训中心

一、顾问委员会（按姓氏笔画排名）

王昌林（中国社会科学院副院长、党组成员）

张　军（北京理工大学党委书记、中国工程院院士）

陈学东（国机集团党委常委、副总经理、总工程师、中国工程院院士）

曹　鹏（京东集团技术委员会主席、京东云总裁）

二、专家委员会

主任

周进军（中国电子党组成员、副总经理）

委员会成员（按姓氏笔画排名）

于　阳　王元卓　左　敏　吕亚洲　刘　刚　李景龙　李静远

杨斯博　张锦平　赵　川　钱　泉　郭赞权　谭敬军

三、学术顾问组

组长

翟立方

副组长

张志君　吕淑贤　杨　倩

顾问组成员（按姓氏笔画排名）

刁雪飞　于　爽　万　蔚　田　婧　冯启元　刘珠慧　刘　曙

安　宁　许文静　李国东　张旅阳　赵　洋　郭晓东　窦　洁

推荐语

以数字化技术为主导的新一轮科技革命和产业变革背景下，加快产业数字化、智能化转型是以数字创新引领提升产业链供应链安全韧性水平的重要抓手，难点在于面向海量产业场景，加强人才牵引、创新筑基、数字赋能的成效。

《产业数字化转型：打造中国式现代化新引擎》一书，理论探索和实践案例结合，深入浅出，对深刻认识和把握场景驱动创新范式，加快培育数字时代的拔尖创新领军人才，引领产业数字化，推进新型工业化，加快发展新质生产力，扎实推进高质量发展提供了有益参考。

——张军　中国工程院院士、北京理工大学党委书记、中国高等教育学会副会长

产业数字化转型是做强做优做大我国数字经济、推进新型工业化和提升产业链供应链安全韧性水平的重要抓手。成功推进数字化转型需要深刻把握数字时代科技创新的新趋势新范式，发挥体系思想和场景思维。《产业数字化转型：打造中国式现代化新引擎》一书，从理论逻辑和实践逻辑，系统探讨了产业数字化转型的理论、方法和实践，兼具全球视野和中国特色，对产学研各界把握场景驱动创新范式，发挥领军企业优势，加强企业主导型产学研、大中小企业融通创

新，加快推进产业数字化转型和智能化升级，培育高质量发展新动能新优势提供了重要科学决策和管理实践参考。

——陈劲　清华大学技术创新研究中心主任、教育部长江学者特聘教授

吴晶、尹西明领衔创作的《产业数字化转型：打造中国式现代化新引擎》，凝聚了作者长时间对产业数字化领域开展系统性研究的结晶。难能可贵的是，作者基于丰富的产业实践经验，提炼出一套数字化转型方法论。同时，从背景、理论、方法、科技、组织、人才、实践等方面论证了以产业数字化转型推动高质量发展的方法路径。

相信本书所梳理的实践洞察和理论总结，可以给产业界有益的启发，助力企业激发数字化新活力。

——翟云　中央党校（国家行政学院）公共管理教研部研究员、博士生导师

　　《"十四五"数字经济发展规划》中指出："推动高质量发展，统筹发展和安全、统筹国内和国际，以数据为关键要素，以数字技术与实体经济深度融合为主线，加强数字基础设施建设，完善数字经济治理体系，协同推进数字产业化和产业数字化，赋能传统产业转型升级，培育新产业新业态新模式，不断做强做优做大我国数字经济，为构建数字中国提供有力支撑。"

　　随着近年来的不断发展，产业数字化转型已有显著成效，但在很多维度仍需加强。例如，目前我国大多数企业仍在进行数字化"补课"，互联网+制造尚处在初级阶段，人工智能+制造业刚刚开始探索，成果凤毛麟角；与智能制造相关的核心零部件、关键工业应用软件、底层操作系统、嵌入式芯片等技术领域的国产化程度不高，缺乏完善的数字化、网络化、智能化制造相关标准体系；制造业数字化相关工程师与技能人才队伍短缺等。这些问题不同程度地制约了各产业的数字化发展，产业数字化发展和转型亟须突破和创新。

　　面对上述问题，当前产业数字化转型的发展需要营造良好的行业生态环境，促进多方协同配合。从基础层就需要重视数字技术的攻坚突破和成果应用。数字技术是产业数字化的基础依托和重要推动力，尤其在人工智能、芯片制造、智能制造等关键领域要花大工夫，打赢关键核心技术攻坚战；从应用层要关注数字化转型带来的倍增效应，运用数字化手段，提升发展质量，升级产业结构。

一方面，创新体制机制，营造良好的宏观政策环境。坚定不移地推进制造强国，以智能制造为主攻方向，推动产业数字化发展，推进工业企业数字化转型智能化升级，实施智能制造重大工程，加快农业装备、医疗装备、能源装备等产品和装备的数字化，加快工业互联网、5G 等新型信息基础设施建设，促进智能科技与城镇化的结合，提高农业数字化、智能化水平，实现工业化与城镇化、农业现代化协同发展。

另一方面，统筹国家创新资源，围绕产业链、布局创新链，融合资金链人才链，优化国家级研发平台建设和布局。对于传统优势制造业，围绕产业链部署创新链；对于战略性新兴产业与前沿科技产业，围绕创新链布局产业链。切实形成产学研用深度融合的创新体系，发挥高校、转制院所、各类企业在科技创新体系中的作用，真正打造原创数字技术策源地，由企业牵头组建产业数字化创新联合体。

此外，还应吸引更多年轻人加入工程师与高技能人才队伍中。营造"鼓励创新、宽容失败、尊重知识、尊重人才"的创新生态，培养爱党敬业、勇于创新、治企有方、兴企有为、清正廉洁的优秀企业家，培养精于实操、具有科学素养、善于解决复杂技术问题、能够洞见未来技术发展的卓越工程师队伍，培养一大批广受尊重、技术精湛、精益求精的高技能人才。

吴晶、尹西明及其编写团队领衔创作的《产业数字化转型：打造中国式现代化新引擎》一书对产业数字化领域进行了系统的探究和思考。从理论逻辑及实践逻辑出发，梳理了产业数字化转型的时代背景、理论指引、方法策略、科技创新、组织生态、人才培养和实践案例，为我国产业数字化转型开阔了思路，提供了有益借鉴。

同时，产业数字化的发展离不开科学研究、产业应用等实践中的反馈，当前我国产业数字化转型在理论体系、成果应用、管理水平、数据治理等方面还存在一些问题和不足，利用信息技术改造传统生产方式和工艺流程的水平亟待提升，值得政府、企业和社会各界给予必要的关注。

希望有更多的科学家、企业家等深度参与到产业数字化转型的浪潮之中，共同推动我国数字经济行稳致远。

陈学东

国机集团党委常委、副总经理、总工程师

中国工程院院士

纵观社会环境、数字经济与技术变革，产业数字化转型面临复杂的"变与不变"挑战。一方面，更为多元化个性化的市场需求、愈发复杂的供应链网络、地域政治经济摩擦、全球贸易环境、关键技术限制等不确定性日益增加；另一方面，国家政策规划支持、数字经济蓬勃发展、产业互联宏观向好、共同富裕、绿色低碳等确定性因素持续深化。如何在巨大的确定性与不确定性中寻找方向，成为产业转型发展的关键考量。

在此背景下，国资企业应争当现代产业链链长，推动国家战略性新兴产业发展和龙头企业保链稳链工程，促进上中下游、大中小企业融通创新、协同发展，不断增强产业链和供应链的安全性、稳定性、可靠性。各行各业的龙头企业正在携手产业链上下游，打造承载行业、领域共性运营的数字化平台服务，推进产品创新数字化、生产运营智能化、用户服务敏捷化、产业体系生态化，实现产业链网级的全局数字化赋能与升级。

本书通过阐述产业数字化转型的"使命牵引—理论基础—方法策略—科技筑基—组织保障—人才引领—场景实践"，让我们理清了从信息化到数字化的根本性转变。

- 信息化：强调流程管控，为管理服务。过去很多 IT 部门就叫流程管理部，信息化建设的典型落地模式就是 ERP，通过标准化流程强化企业管理，颇具代表性的概念是业务流程再造、业财一体化、以产品为中心等。

- 数字化：更关注数实融合，为业务服务、为员工服务、为客户服务。如"互联网+"运营、产品服务创新、实体业务升级、工业互联模式等，更多关注通过数字技术促进业务，而不仅仅是利用信息技术管理业务。

同时，本书指出了未来产业数字化转型应在促进全产业链数据要素流通的基础上，更加强调数字技术与实体业务的深度融合，关注企业全链甚至是产业全链的可预期、可衡量的价值实现。

- 深度数实融合：从关注数字技术的"数字原生"，转变到更多关注实体业务的"产业原生"。融合领域涉及传统实体业务的数字化升级与改造、面向客户体验的创新产品与服务、基于实时洞察的智慧化运营与管理等。纯技术投入驱动也逐步转变为精细化技术价值核算。

- 深度数智融合：数据应用从"单一环节"到"全价值链"的广度突破，并且深度嵌入业务中，支持业务自动化或者半自动化运转，实现从局部最优到全局最优，从静态最优到动态最优；另外，基于大模型的人工智能将带来的颠覆性影响，逐步实现应用层面的业务"自动驾驶"，推动产业向超级智慧化飞跃。

- 从企业转型到产业转型：龙头企业牵头做产业链链长，提供行业转型所需的专业数字化能力，一方面链长企业数字化从服务内部到服务外部，另一方面链长企业通过产业互联实现产业模式创新。对于产业链生态企业来说，实现从上云到上链的"站在巨人肩上"式转型。

京东作为一家以供应链为基础、多元业态经营的新型实体企业，我们亦在探索通过京东的数字化逻辑找到产业数字化转型的新范式——数智化社会供应链。结合京东集团自身数字化演进和面向行业客户的长期实践，以云计算、大数据、物联网、人工智能、区块链等为基础，用数智化技术横向联结生产、流通、服务的各个环节，贯穿供应链全链条，从而降低社会成本，提高社会效率，助力产业客户在数字化转型中提升韧性、激发创新。

不要高估两年的变化，不要低估十年的变化！

产业数字化转型，必将成为中国式现代化的新引擎！

产业链超复杂协同，更将是集大成之宏伟工程！

曹鹏

第十四届全国政协委员

京东集团技术委员会主席

京东云总裁

PREFACE
序言

　　创新驱动发展，数字加速创新。党的十八大以来，党中央高度重视发展数字经济，将其上升为国家战略，从国家层面部署推动数字经济发展。党和国家领导人多次强调要不断做强做优做大我国数字经济，以高瞻远瞩的发展眼光和坚如磐石的战略定力，牢牢把握数字化、网络化、智能化发展趋势，做出一系列新论断新部署新要求，为引领中国经济从高速增长阶段转向高质量发展阶段指明了前进方向、提供了根本遵循。《网络强国战略实施纲要》《数字经济发展战略纲要》《"十四五"数字经济发展规划》《"十四五"国家信息化规划》《"十四五"大数据产业发展规划》等重大战略规划陆续出台，形成推动数字经济发展的强大合力，极大激发和释放了我国数字经济发展的巨大潜能。

　　我国数字经济发展正从高速发展迈向高速高质量发展的新阶段。2023年，中共中央、国务院印发《数字中国建设整体布局规划》，按照夯实基础、赋能全局、强化能力、优化环境的战略路径，确定了数字中国建设"2522"的整体框架，从党和国家事业发展的战略高度做出了全面部署。2023年第十四届全国人民代表大会第一次会议表决通过了《关于国务院机构改革方案的决定》，正式组建国家数据局。这一重大制度创新和《数字中国建设整体布局规划》《关于构建数据基础制度更好发挥数据要素作用的意见》一脉相承，成为我国数字经济发展史上的里程碑事件，标志着我国数据要素市场化配置和数字经济发展从地方政府与市场主体自主探索阶段，正式迈向了以国家体制机制创新与顶层设计为引领，政府、市场和社会全面整合式推进数字经济高速高质量发展，推进数字中国和现代化产业体系建设的新阶段。

数字经济日益成为我国高质量发展和中国式现代化的重要引擎。数字赋能实体经济成效显著，制造业数字化转型正在从生产辅助环节的信息化向核心生产环节的数字化智能化拓展，驱动中国智造迈向全球价值链中高端；智慧农业加快发展，农作物耕种收综合机械化率2022年年底已超过72%，为保障国家粮食安全提供重要支撑；服务业数字化水平显著提升，电子商务、移动支付规模全球领先。企业数字技术应用水平显著提升，形成一系列新场景、新模式、新业态，场景驱动创新成为数实深度融合的新范式，正在加速助力产业发展新优势新动能培育和现代化产业体系建设。如何把握产业数字化转型的重大战略机遇，在做强做优做大数字经济的过程中培育高质量发展新动能，成为当下和未来我国加快推进中国式现代化的重要命题。

党的二十大报告对加快推进产业数字化、发展数字经济、建设数字中国做出重要部署。党的二十大报告提出"以中国式现代化全面推进中华民族伟大复兴""高质量发展是全面建设社会主义现代化国家的首要任务。发展是党执政兴国的第一要务。没有坚实的物质技术基础，就不可能全面建成社会主义现代化强国""要坚持以推动高质量发展为主题，把实施扩大内需战略同深化供给侧结构性改革有机结合起来，增强国内大循环内生动力和可靠性，提升国际循环质量和水平，加快建设现代化经济体系""坚持把发展经济的着力点放在实体经济上，推进新型工业化，加快建设制造强国、质量强国、航天强国、交通强国、网络强国、数字中国""加快发展数字经济，促进数字经济和实体经济深度融合，打造具有国际竞争力的数字产业集群"，为我国加快推进产业数字化深度转型，发展数字经济、建设数字中国指明了新方向，提出了新要求。

面向未来，以产业数字化为抓手，加快建设现代化产业体系，打造中国式现代化新引擎。我国拥有世界上最为完备的产业体系，建成了全球规模最大、性能先进的网络基础设施体系，不断完善数字基础设施，这些都为我国数字经济发展提供了超大规模市场、海量用户、丰富应用场景、坚实物质基础和良好发展环境。对此，本书聚焦中国式现代化新征程上数字中国和数字经济赋能高质量发展，加快现代化产业体系建设和推进新型工业化，加快形成新质生产力，培育国家发展新优势新动能的新使命新要求，以场景驱动创新和产业数字化动态能力为理论基础，按照"使命牵引—场景驱动—方法支撑—科技筑基—组织保障—人才引领—实践开拓"的体系逻辑，系统梳理了产业数字化转型的时代背景、理论逻辑、方法论、关键核心技术创新、组织生态建设和人才培养等关键维度；最后选取场景驱动创新理论与实践深度结合的典型案例，梳理重点产业场景驱动数字化转型的典型探索、经验模式和政策与实践启示。

此外，本书同《场景驱动创新：数字时代科技强国新范式》（尹西明，陈劲著）和《场景驱动数据要素市场化：新生态、新战略、新实践》（尹西明，聂耀昱著）相呼应，以"场景驱动创新"的原创理论探索与科技自立自强、数字产业化、产业数字化等重大使命型场景方法论建构相结合的方式，助力中国式现代化。

特别地，在本书方法策略篇，我们调研产业数字化中的典型案例与转型方法，提出"一体—两驱—三维—四化"的数字化转型方法论。

《孟子·万章下》中提道：集大成也者，金声而玉振之也。金声也者，始条理也；玉振之也者，终条理也。始条理者，智之事也；终条理者，圣之事也。智，譬则巧也；圣，譬则力也。由射于百步之外也，其至，尔力也；其中，非尔力也。

"圣，譬则力也"，政府是国家重大战略的制定者、产业引导者和推动者，在尊重市场规律的基础上，用前瞻性战略性视野和制度改革创新激发市场活力，用政策引导市场预期，用规划明确投资方向，用法治规范市场行为，通过开放重大公共场景激励多元主体加速产业数字化探索。

"智，譬则巧也"，链长企业是产业组织者，是国民经济发展的中坚力量和国家战略的承载者，也是产业数字化转型场景建设的核心载体，肩负着整合产业链上下游资源、布局产业链关键环节和打造产业数字化动态能力的使命；中小企业是产业的积极参与者，在产业的诸多细分领域中，需要大量中小企业积极参与，发挥其专精特新的"拿手好戏"和"拳头产品"的优势，通过大中小企业融通创新，逐个突破产业链中的薄弱环节，成为产业数字化转型的重要生态支撑。

这就是"一体"，促进有为政府和有效市场一体推进。

"由射于百步之外也，其至，尔力也；其中，非尔力也"，产业数字化转型中需要夯实地基，盘活数据要素；也需要苦练内功，深度数实融合。然而，传统产业数字化转型，大都没有达到预期的效果，没有实现真正意义上的数字倍增。

如果将没有进行数字化改造的产业比作人扔石头，将数字化转型后的产业比作人拉弓射箭，要做到百步穿杨，我们既需要弓弩（数据要素），也需要人拉弓作为基本条件（数实融合）。笔者抽象出三个关键要素："两驱—三维—四化"。"两驱"，需求侧前驱和供给侧后驱双轮驱动；"三维"，"生态—产业—企业"三维同频共振；"四化"，通过数字化、智能化、绿色化、融合化并举赋能高质量发展，推动中国式现代化加速向前。

同时，笔者相信，在中国式现代化新征程上，中国有条件、有能力，也必须准确把握以数字技术为核心的新一代科技和产业变革历史机遇，瞄准高质量发展这一首要任务和推进新型工业化的关键任务，把握场景驱动创新的重大科技创新范式跃迁机遇，发挥产业领军企业牵引带动作用，打造产业数字化动态能力，赋能大中小企业和千行百业万企深度数字化转型，加快发展以产业数字化为核心的数字经济，促进数字经济和实体经济深度融合，充分释放数字经济的放大、叠加和倍增作用，加快建设现代化产业体系，推进新型工业化和培育新质生产力，赋能高质量发展。

本书得到了政产学研各方专家学者的大力支持和深度参与贡献，是集体智慧的结晶，为此我们由衷表示感谢。希望本书能为关注、研究、实践和助力产业数字化转型以及建设数字中国的相关政产学研各方主体提供新理论、新方法、新实践和新启示，凝心聚力打造中国式现代化的新引擎，塑造国家发展新动能新优势。

CONTENTS
目录

01

第一章

时代背景篇：
新征程　新使命

产业数字化转型以场景驱动创新和产业数字化动态能力为理论基石，以数据要素融通共享为基础，以数字技术创新为核心动力，以强化关键能力建设为保障，以场景驱动数字技术与实体经济深度融合为关键路径，以领军企业牵引、大中小企业融通协同推动千行百业万企数字化智能化转型升级为主线，以数字化赋能高质量发展为根本任务。推进产业数字化深度转型，对加快构建现代化产业体系、推动高质量发展，以及打造中国式现代化新引擎具有战略意义和实践价值。

综合"技术—经济"范式演变逻辑、全球竞争逻辑、理论逻辑和国家发展逻辑，中国式现代化新征程上的产业数字化转型，是多元主体把握全球新一轮科技和产业革命趋势，瞄准中国式现代化背景下产业向高端化、绿色化、智能化、融合化发展的目标，把握场景驱动创新的新理论范式，发挥超大规模市场、海量数据资源和丰富应用场景优势，全方位重构企业价值链、产业链、供应链、创新链，打造产业数字化动态能力，释放数字要素对实体经济放大、叠加、倍增作用，助力做强做优做大数字经济的过程。

第一节
产业数字化背景

以产业数字化为核心构成的数字经济正在成为全球发展新经济范式、国际竞争新高地和国家发展新引擎。近年来，互联网、大数据、云计算、人工智能、区块链等技术加速创新，日益融入经济社会发展各领域全过程，以数字技术和数据要素为核心构成的数字经济正成为重组全球要素资源、重塑全球经济结构以及改变全球竞争格局的关键力量。很多国家和地区相继出台了促进数字经济发展的国家战略，数字驱动的创新不但成为新型全球化时代全球经济复苏和可持续发展的新力量，也成为世界经济和科技强国竞争的新高地，是实现高质量发展、建设中国式现代化的新引擎。

一、国家战略：现代化强国新引擎

党的二十大报告提出，加快发展数字经济，促进数字经济和实体经济深度融合，打造具有国际竞争力的数字产业集群。促进数字经济和实体经济深度融合，是党中央统筹中华民族伟大复兴战略全局和世界百年未有之大变局，深刻把握新一轮科技革命和产业变革新机遇做出的重大决策部署。数字经济是以数据资源为关键要素，以现代信息网络为主要载体，以数字技术融合应用、全要素数字化转型为重要推动力，促进公平与效率更加统一的新经济形态，是继农业经济、工业经济之后人类经济形态的又一次飞跃。当前，数字技术正全面融入人类经济、政治、文化、社会、生态文明建设各领域和全过程，给人类生产生活带来广泛而深刻的影响。大力推动数字经济和实体经济深度融合，对于推动高质量发展、全面建设社会主义现代化国家具有重大意义。

产业数字化涉及第一产业、第二产业和第三产业。产业数字化成为推动数字经济发展的主引擎。当前，产业数字化成为中国传统产业向高端化、智能化、融合化、绿色化转型的关键，是新一轮科技革命和产业变革的前沿端口，也是数字生产力与经济发展新动能的重要来源，是推动中国式现代化建设的重要新引擎。

2022 年国务院各部委和各省（区、市）政府发布的与产业数字化相关的政策超过 100 项，对我国产业数字化的发展有着重要的引导和促进作用。预计未来各地政府将出台更多的产业数字化专项政策，聚焦特色场景应用、强化核心技术研发、优化产业布局、支持企业数字化转型、构建产业数字化良好生态，进而助力数字经济与实体经济融合发展提速。

2022 年，国家为推进产业数字化发展发布了一系列顶层设计文件，其中，国务院印发的《"十四五"数字经济发展规划》，明确了"十四五"时期推动数字经济健康发展的指导思想、基本原则、发展目标、重点任务和保障措施。从加快企业数字化转型升级，全面深化重点行业、产业园区和集群数字化转型，培育转型支撑服务生态等方面要求大力推进产业数字化转型，成为我国产业数字化发展的重要行动指南。同时，《中共中央 国务院关于加快建设全国统一大市场的意见》明确了要加快培育数据要素市场，培育一批有全球影响力的数字化平台企业和供应链企业，加快推动商品市场数字化改造和智能化升级。此外，《"十四五"扩大内需战略实施方案》提出了加快推动数字产业化和产业数字化。《扩大内需战略规划纲要（2022—2035 年）》提出加强数字社会、数字政府建设，发展普惠性"上云用数赋智"，不断提升数字化治理水平。其中，数字技术是产业数字化高质量发展的前提。2022 年，国家相继出台《关于加快场景创新以人工智能高水平应用促进经济高质量发展的指导意见》《虚拟现实与行业应用融合发展行动计划（2022—2026 年）》等政策，加速人工智能、虚拟现实等数字技术与产业融合发展。

在国家政策指导下，产业数字化也日益成为各省（区、市）促进高质量发展、建设现代化产业体系的重点着眼领域，北京、上海、浙江、广东、贵州、河南、重庆、陕西等地积极响应国家数字经济战略，立足于自身实际，着力推进产业数字化转型，建设定位清晰、各具特色、竞相发展的产业数字化格局，出台了系列产业数字化相关政策。从企业数字化到重点行业数字化的相关央地协同政策不断深化和落地，为产业数字化高质量发展创造了重要的战略机遇。

二、时代背景：全球发展新格局

（一）新一轮科技革命

信息技术的发展是产业数字化最重要的驱动力之一。自 20 世纪 60 年代以来，计算机技术的迅速发展和广泛应用，以及互联网的出现和普及，都为产业数字化提供了技术基础。信息技术不仅提高了数据处理的效率，还改变了信息的获取和传播方式。

在个人电脑和互联网的推动下，20 世纪八九十年代，信息时代开始进入大众视野，数据和信息开始影响企业和组织的运营方式。进入 21 世纪后，大数据、云计算等新的信息技术的发展，使企业能够收集、存储和分析海量数据，为决策提供更深入的洞察。信息技术不仅提供了数据处理和分析工具，还促进了新的商业模式和服务方式的出现。例如，电子商务、在线服务和远程办公等都是信息技术发展的产物。总体而言，信息技术的发展为产业数字化提供了技术基础和驱动力。

近年来，随着人工智能、物联网、区块链等技术的快速发展和应用，使得数字化不仅是信息处理和传播的工具，更是产业变革和创新的驱动力。

产业数字化发展的关键时间点如下：

1960—1980 年：信息技术的早期阶段。计算机开始在一些大型企业和政府机构中使用，但它们主要用于处理大量数据，如财务和人事记录，这是数字化的初始阶段。

1980—1990 年：信息时代的开始。随着个人电脑的出现和普及，数字技术开始在更广泛的领域中使用，数据和信息开始对企业和组织的运营产生重要影响。

1990—2000 年：互联网出现和普及。互联网改变了信息的获取和共享方式，促进了数字化的进一步发展。企业开始利用互联网进行商业活动，形成了电子商务。

2000—2010 年：移动互联网和社交媒体兴起，数字技术进一步得到普及。大数据和云计算技术的发展，使企业能够收集、存储和分析大量数据，为决策提供更深入的洞察。

2010—2020 年：人工智能、物联网、区块链和其他新兴技术出现。进一步推动产业数字化的进程，生产单元、车间、工厂和产业链数字化开始同步推进，企业开始利用这些技术优化运营，提高效率，创新业务模式，产业变革速度不断加快。

（二）新型全球化

全球经济一体化是 20 世纪后期全球经济发展的重要特征，对产业数字化产生了深远影响。在数字技术和信息通信技术的推动下，全球范围内经济、文化和社会交流更加频繁，形成紧密的新型全球化形态。

新型全球化的重要驱动力是数字技术的快速发展。互联网和移动通信等技术改变了人们的生活方式和商业模式，促进了全球范围内的实时沟通、跨境交易和信息共享。

新型全球化推动了更广泛的跨界合作和创新。企业和个人（尤其是创业者）可以利用数字技术和平台，跨越地域和行业的限制，形成全球联合创新网络，共同研发和推出新产品、新服务和新商业模式。在全球经济一体化的背景下，企业需要处理来自不同国家和地区的大量信息，支持其全球运营和决策。数字技术能够帮助企业实现这些目标，因此全球经济一体化从另一个角度推动了产业数字化的发展。

在新型全球化的过程中，新兴市场国家的经济实力和影响力显著增强。中国、印度、巴西等新兴市场国家成为全球经济增长的重要引擎，吸引了大量跨国公司的关注。这些新兴市场国家也在加强自身的科技创新，推动全球科技和产业格局的变革。

新型全球化为世界各地带来了许多机遇和挑战。在利用数字技术和全球互联网的同时，各个国家和地区也开始关注数据安全、隐私保护、产业竞争和文化冲突等问题。因此，国际社会需要加强合作，制定相应的规则和制度来引导新型全球化的发展，以确保其更加包容、更加公正且能够可持续健康发展。

（三）全球产业跃迁

从工业化到后工业化，再到信息化、网络化、智能化的时代，产业结构的变迁为产业数字化的发展提供了肥沃的土壤。

在早期工业化阶段，重工业和制造业占据主导地位，企业主要依靠物质生产和劳动力投入来创造价值。随着科技进步和生产力的发展，产业结构开始向轻工业、服务业以及知识密集型产业转变。这种转变带来了企业对信息技术和数字技术的需求，企业需要处理和分析大量的信息和数据，从而实现优化生产过程、提高工作效率、实现精细化管理，以及创新产品和服务等目标。

近年来，随着新一轮科技革命和产业变革的到来，产业结构正在发生深刻变化。一方面，高科技产业和新兴产业快速发展，成为经济增长的新动力，人工智能、云计算、大数据等数字技术，推动了产业数字化的发展；另一方面，传统产业也通过数字化转型，适应新的竞争环境。例如，制造业通过引入工业互联网、智能制造等数字技术，推动生产过程优化和产品创新。

全球范围内的新一轮科技和产业变革推动了产业数字化的发展。在新的经济形态中，数字化已经成为产业发展的重要驱动力。

（四）社会新需求

社会需求不仅体现在个人需求上，还体现在社会集体需求上。随着社会的发展和进步，新的社会需求也不断涌现，产业数字化成为满足社会需求的有效方式之一。

在消费者端，随着生活水平的提高和消费观念的变化，消费者对产品和服务的需求越来越倾向于个性化、便利性和高质量。为满足这些需求，企业需要通过数据分析、人工智能等技术手段，对消费者行为进行深入分析，提供个性化的产品和服务。同时，数字化也使得企业能够通过电子商务、社交媒体等渠道，更便捷地与消费者进行交互，提高服务效率和质量。

在企业端，随着全球竞争的加剧和经济环境的变化，企业面临着降低成本、提高效率和增强创新能力等挑战。产业数字化可以帮助企业实现这些目标，比如通过大数据分析，企业可以更精确地预测市场需求，优化供应链管理，降低库存成本；通过人工智能，企业可以提高工作效率，减少人力成本；通过数字化转型，企业可以开发新的产品和服务，打造新的业务模式，增强竞争优势。

在社会层面，随着环保意识的提高，绿色发展和可持续发展成为社会的共识。产业数字化可以通过优化资源配置、提高能源效率、减少环境污染等方式，帮助社会实现绿色发展和可持续发展。

由此看出社会需求推动了产业数字化的发展。在满足社会需求的过程中，产业数字化不仅为企业和消费者带来了价值，也为社会发展做出了贡献。

三、国际视野：战略竞争新高地

很多国家都高度重视产业数字化的发展，将其视为国家战略，制定了一系列政策和措施，推动产业数字化的实施。虽然各国在产业结构、发展阶段、技术基础等方面有所不同，但都明确了产业数字化对于提升国家竞争力、推动经济社会发展的重要性。

（一）美国

美国的产业数字化转型战略以推动技术创新、维护网络安全、培育数字技能人才为主轴。制定了较为全面的产业数字化战略，包括《国家人工智能研究和发展战略》《联邦大数据研究和发展战略》等，旨在通过公共政策推动人工智能、大数据、云计算等关键技术的发展，鼓励企业和创业者进行技术研发和各行业应用。此外，美国也高度重视网络安全和数据保护，制定了一系列网络安全和数字保护相关的法律法规和标准。同时，美国还重视数字人才的培养。总体来看，美国的产业数字化转型持续呈现创新驱动的特点。

（二）英国

英国的产业数字化转型战略以推动数字技术创新、优化数字基础设施、提高公共服务的数字化水平为主要方向。2009年，英国政府推出了数字改革的白皮书《数字英国》。此后，英国政府每年都会发布数字经济相关报告、法规和战略措施。在2022年，英国政府发布了新版《英国数字战略》，聚焦完善数字基础设施、发展创意和知识产权、提升数字技能与培养人才、畅通融资渠道、改善经济与社会服务能力、提升国际地位等六大领域，推动英国数字经济发展更具包容性、竞争力和创新性。

（三）德国

德国的产业数字化转型战略主要集中在推动工业 4.0 和智能制造。在 2016 年 3 月 14 日，德国联邦经济部发布"数字战略 2025"，涉及数字基础设施扩建、促进数字化投资与创新、发展智能互联等。这是继"数字议程"之后，德国政府首次就数字化发展做出的系统安排。同时，德国制定了一系列的政策和措施，以推动制造业的数字化、智能化，加速数据经济的发展。总体来看，德国的产业数字化转型呈现出强调工业和数据的特点。

（四）欧盟其他经济体

欧盟的产业数字化转型战略以创建数字单一市场、保护数据隐私、推动技术创新为主要方向。欧盟正在通过一系列的政策和法规，推动数字产品和服务在欧盟成员国之间的无缝流动。此外，欧盟还制定了严格的数据保护标准，以保护公民的隐私。在技术创新方面，欧盟通过多种方式鼓励技术创新。总体来看，欧盟的产业数字化转型呈现出强调市场一体化、注重数据保护和技术创新的特点。

（五）日本

日本在产业数字化方面的战略布局主要围绕其"社会 5.0"的愿景展开。该愿景致力于通过数字技术的创新和应用，实现经济增长和社会问题的解决，并制定了《日本再生战略》《未来投资战略》等。日本政府致力于推动数据驱动社会的建设，通过政策和法规来推动数据的开放、共享和应用。同时，日本也注重数字技能和教育，以满足产业数字化的需求。此外，日本的产业数字化转型还侧重于公共服务的数字化，以提高公共服务的效率和质量。综合来看，日本的产业数字化转型以创新、数据驱动和社会服务为主要特点。

（六）韩国

韩国的产业数字化以"I-Korea 4.0"为代表，注重利用信息技术，实现产业的数字化、网络化、智能化，以实现产业升级和社会发展。韩国政府制定了一系列的政策和措施，以推动人工智能、物联网、5G等前沿技术的研发和应用。同时，韩国也非常注重网络安全和数据保护，对此有严格的法规和标准。此外，韩国政府还通过各种教育和培训项目，积极培养数字技能。总的来看，韩国的产业数字化转型以科技驱动、网络安全和人才培养为主要特征。

虽然不同国家的战略对产业数字化转型的定义有所区别各有侧重，但其核心内容大体相同，呈现出以下趋势和特征：

1. 数字技术创新是各国共同的战略选择

从总体上分析，各国的产业数字化计划都是以战略引领、规划指导、政策统筹、多方合作为特征的协同推进机制，注重以大数据、云计算、人工智能和新一代通信技术、数据治理技术的创新驱动。各国政府为夯实数字化转型技术基础，相继出台一系列大数据、数字技术和人工智能应用的国家创新战略计划，成立专门机构统筹推进战略实施，强调政产学研紧密合作，以实现政策统筹、人才驱动、科技驱动的协同发力。

2. 数字化改造和产业转型升级是各国产业数字化发展的主赛道

各国利用数字技术对传统制造业进行全系统、全角度、全链条的改造，通过对研发设计、生产工艺、生产管理和销售服务等产业全链条、全过程的数字化和智能化改造，通过加快信息网络基础设施建设、搭建工业互联网平台和加强政策服务引导等系统工程，推进传统制造业的数字化转型升级，有效降低成本、提高全要素生产效率，实现规模增长。

3. 产业数字化转型升级的全球产业链竞争日趋激烈

产业数字化转型升级的关键在于数字技术和人工智能技术的创新能力，行业领军企业、具有创新优势的国家试图通过对底层技术、标准、知识产权的控制和垄断，抢占竞争优势地位，从而在全球产业数字化竞争中占据制高点。围绕产业数字化转型升级的技术创新和全球产业链竞争将愈演愈烈，并逐渐趋于常态化。

当前全球产业数字化正处于一个加速发展和全面竞争的新阶段。各国在产业数字化竞争中的地位和作用将给世界经济格局带来深远影响。

| 第二节 |

产业数字化关键问题与挑战

在战略、政策、技术等多方面支持驱动下，我国产业数字化取得了明显成效和积极进展，但在推动产业数字化的过程中，仍面临着一系列关键问题与挑战，主要表现在数据要素、数实融合、数字倍增与资源保障四个方面。

一、数据要素问题

（一）数据汇集

1. 数据来源多样

产业数据需要从不同行业、不同系统、不同终端设备、不同存档类型等多个来源收集，数据来源的多样性导致数据标准不一致、数据质量差异大、数据集成困难等问题。数据标准不统一，会降低数据要素交易活跃度。产业数据之间定义不清、口径不同的问题，增加了数据整合与数据交互成本。

2. 数据质量参差不齐

随着产业数据量的激增以及大数据本身的多源异构性，有些数据不能直接使用，降低了数据智能应用的效率。只有满足一定质量的数据才是真正要素化的数据。在数据汇集的过程中，存在着缺失、错误、重复、不一致等问题，这些问题会对数据分析和决策产生负面影响。因此，确保数据的准确性、完整性和一致性成为一个关键挑战。数据质量反映数据的"适用性"，即数据满足使用需要的适合程度，需要从正确性、一致性、完整性、可靠性和及时性等多维度对数据进行全面考察，以保障数据质量。

3. 数据及时性差

数据的及时性是指数据从产生到可以查看的时间间隔，也称数据的延时时长，反映了数据世界与客观世界的同步程度，对数据应用来说至关重要。在某些情况下，需要实时或近实时地收集和处理数据，并将其应用于业务运营和决策中。建立高效的数据采集和处理机制，以及快速的数据分析和决策反馈环节，是保证数据应用及时性的关键。

（二）数据贯通

1. 数据孤岛

产业、行业及企业内部存在不同部门或业务系统之间的数据孤立现象，使得数据很难无缝流通和共享。数据治理能力不足，导致了数据孤岛、"数字鸿沟"的出现，进而产生了信息重复录入、数据不一致等问题，降低了数据的可用性和使用效率。数据标准体系、数据安全管理机制、大数据安全体系建设等尚未形成统一的整体设计。

2. 数据标准和数据质量差异

不同系统或部门使用不同的数据格式和标准，导致数据集成困难。数据格式和标准的不一致性可能涉及数据结构、字段定义、单位标识等方面，使得数据在不同系统之间无法互通。不同系统或部门可能对数据质量的要求不一致，导致数据质量差异大，产生一系列问题，包括缺失数据、错误数据、不准确数据等，导致在决策和分析时获得不可靠的结果。建立数据质量监控和数据清洗机制，有助于确保数据的质量和可用性。

3. 数据集成和互操作性较弱

不同系统之间的数据集成和互操作性是数据贯通的关键问题。企业需要建立数据集成的机制，使不同系统之间的数据能够互相交流和共享，实现数据的一致性和可用性。构建产业综合数据库，可以促进系统之间的数据交换。

（三）数据应用

1. 数据安全和隐私保护

数据应用涉及大量的数据收集、存储、处理和共享，不同系统之间的数据共享和交换可能涉及敏感信息，如客户数据、商业机密等，容易出现数据泄露风险，需要采取适当的安全措施，如数据加密、访问控制、数据脱敏等，以防止数据泄露和未授权访问。

2. 数据产权

《数字中国建设整体布局规划》中提出，释放商业数据价值潜能，加快建立数据产权制度，开展数据资产计价研究，建立数据要素按价值贡献参与分配机制。在数据应用过程中，涉及数据所有权、数据使用权、数据衍生权以及数据的许可和授权数据等权益和权限的归属，存在数据滥用、未经授权使用、数据权益权限归属界定难等问题。

3. 数据合规性和合法性

不同地域和行业可能有不同的数据合规性和合法性要求，体现在数据保护法律、隐私规定、数据存储要求等方面。在产业数字化过程中，企业需要全面了解并遵守适用的法律法规，确保数据的合法性和合规性。

二、数实融合问题

（一）传统产业与数字经济业务模式不同

传统产业通常具有较为庞大的组织结构、烦琐的决策流程和复杂的价值链，这些因素导致了其业务模式的厚重性，使得企业在数字化转型过程中面临一些挑战和难题。

1. 管理层级过多

传统产业通常具有较多的管理层级，决策和执行过程需要经过多个层级的批准和协调，导致决策过程低效，影响企业对市场变化的响应速度。传统产业的组织结构和流程通常较为刚性，难以适应快速变化的市场需求和新的业务模式，从而限制了企业在数字化转型中灵活调整和创新的能力。

2. 传统产业的渠道和销售模式限制

传统产业依赖于传统的渠道和销售模式，如线下销售、经销商网络等。这些传统的渠道和销售模式的建立及运营需要大量的资源和时间，限制了企业切换到数字化渠道和销售模式的速度。

3. 传统产业技术和组织文化转型挑战

数字化转型通常需要应用新的技术和工具，如云计算、人工智能、物联网等。传统产业可能面临技术转型的困难，包括技术基础设施更新、员工技能培养等方面。同时，组织文化的转变也是一个挑战，需要引入具有创新性和灵活性的文化。

4.传统产业数字化试错成本高

传统产业通常拥有复杂的生产流程、庞大的组织结构和成熟的业务模式，试错涉及较高的成本和风险。在技术方面，数字化转型通常涉及引入新的技术，如物联网、人工智能、大数据分析等。这些技术的引入需要大量的投资，包括硬件设备、软件系统、人才培养等方面。如果试错失败，企业会面临巨大的损失。在业务方面，传统产业的运营通常是基于稳定的业务模式和生产流程，传统产业在数实融合过程中，需要停止部分业务活动或调整生产线，这可能导致业务中断、生产停滞或产品质量问题，从而造成销售损失、客户流失等风险。在组织和人力资源方面，数实融合同样需要企业投入大量的人力资源和时间。

（二）产业运营流程驱动非数智驱动

传统产业在决策和运营中主要依赖于传统的流程和经验，没有充分利用数据智能洞察。在经营决策方面，传统产业倾向凭借经验和直觉来做出决策和调整运营，但受到个人偏见和局限性的影响，无法全面分析和洞察现实情况。另外，传统产业缺乏充分的数据分析能力和相关的技术工具，导致企业无法充分利用数据进行深入分析和洞察，无法及时发现潜在机会、优化业务流程和做出准确决策。在组织文化方面，部分传统产业的文化和组织结构不能适应数据驱动的转变。传统产业对数据分析和智能洞察的认知和接受度不足，组织结构和流程僵化，难以快速响应和采纳数据驱动的决策和改进。

（三）整体产业链层面规划缺乏协同

在产业数字化转型中，整体产业链规划缺乏协同。由于产业链的复杂和多样，不同环节的企业、供应商和合作伙伴之间缺乏有效的规划和协同，导致产业链的协同效应受限，影响整体数字化转型效果。产业链中不同环节的企业和组织之间存在信息不对称和沟通障碍，信息的不流通限制了各方对整体情况的了解和共同规划的能力，导致缺少协同合作；技术和标准不一致，不同环节的企业和组织使用不同的技术和标准，导致数据和信息不兼容，限制了协同和数据交互的作用。缺乏统一的技术和标准也阻碍了数字化转型的整体效果；在产业链中，利益分配和合作机制不完善，不同环节的企业和组织可能存在利益分配的矛盾和合作机制的不完善，导致协同合作受到阻碍。

（四）数字化技术投入产出比低

传统产业在数字化转型中，存在数字化技术投入产出低、无法及时响应业务的问题。首先，缺乏合理的规划和战略，导致技术投入的不合理分配。没有清晰的目标和规划，难以及时响应业务问题和需求。其次，技术选型不严谨，企业在数字化转型过程中选择了不适合其业务需求和现有技术基础的技术方案，导致实施过程困难、应用效果不佳，从而使得技术投入产出比降低。数字化转型需要跨部门协作，从整体视角来解决业务问题。如果各个部门之间缺乏协作和沟通，无法共享信息和资源，那么技术投入很可能无法及时响应业务问题。

三、数字倍增问题

（一）需求价值问题

1. 客户洞察不足

企业在数字化转型过程中，对客户需求的把控不精准。市场调研和客户洞察机制的缺失，导致无法获取准确的客户反馈和洞察。因此，企业在数字化转型中设计的产品、服务或解决方案无法真正满足客户的期望，导致需求侧价值的缺失。

2. 客户需求分散且有关联

客户的需求存在分散性，无法依靠单一的数据源确定。产业服务商需要更加关注客户的整体需求，并提供全面的解决方案来为客户提供整体服务。数字化时代的客户更注重服务的价值，产业服务商所提供的价值，不仅是产品或服务本身，还需要不断创新，提升服务的价值和体验，以满足客户需求。

3. 客户个性需求增多且要求高

产业数字化涉及千行百业，不同地域和行业的客户在数字化转型过程中具有多样化的需求和偏好，数字化转型过程面临的困难、问题和压力也不同。客户的需求难以被量化和标准化，所以要为客户个性化需求提供相应的解决方案。识别不同客户群体的特征、需求和偏好，设计灵活的、满足不同客户群体的差异化需求方案是关键难点。

（二）供给价值问题

1. 整体价值链维度产生的收益不高

在产业数字化转型中，企业常常只关注于某个环节或部分业务的数字化，而忽视了整体价值链的全面优化和协同效应，导致在数字化过程中无法实现预期的收益增长。仅在某个环节进行数字化，没有对整体价值链进行综合优化和协同，缺乏整体的规划和战略，使得数字化的收益受到限制。

2. 数智应用与业务流程割裂

在数字化转型过程中过于注重技术和数据分析，忽视其与业务流程的紧密结合，没有从业务流程的角度出发，明确目标和需求，使得数智应用无法顺利地融入业务流程中，无法产生实际的价值。

3. 生态链数据整合利用难

在数字化转型的过程中，涉及不同企业、供应商和合作伙伴的数据整合和利用比较难，不同参与方的数据可能分散在各自的系统中，缺乏有效的整合和利用机制，生态链上的数据无法贯通协同，很难充分发挥其价值，限制了供给侧的数字化转型效果。

四、资源保障问题

（一）科技创新问题

产业数字化的技术创新受到技术瓶颈和局限制约，比如数据处理分析技术、数据安全和隐私保护、不同技术的兼容、成本资源限制等，因此需要加强和持续促进科技创新，推动数字化技术的不断进化和升级。通过持续投资研发、加强技术合作创新和共享，以及促进标准规范制定等，解决阻碍产业数字化发展的科技创新问题。

（二）人才培养问题

在产业数字化过程中，产教人才方面主要面临人才供给不足、人才结构不匹配、人才培养和引进等方面的挑战。

1. 数字化人才标准与考评体系缺失

产业数字化的关键是人才的数字化，制定企业数字化人才标准与考评体系是产业数字化人才培养的重要内容。数字化人才标准、人才考核体系、人才培训内容等亟待建立。

2. 人才队伍数字素养不强

建立数字化素养提升工程，推动持证入职。人才队伍数字素养强，才能准确把握新一代信息技术创新发展和应用的趋势和规律。同时，强化专业技能人员对数字化的认知，推动持证上岗。

3. 数字化转型与技能成熟度的错配

随着产业数字化的持续推进，出现了一系列数字化转型与技能成熟度的错配问题，行业与高校院所需要重新思考如何培养市场真正需要的人才，如何向社会输送高质量人才。行业与高校院所之间需建立用人与育人的高效衔接，以便社会各方更高效地实现协作育人的目标。

4. 缺少数字化人才新岗位技能的研究和设立推广

随着科技变革与产业的发展，数字化技能需求与就业格局的变化速度正在加快，同时，技能的供给与需求受人口结构、产业、技术创新、商业模式等多重因素的综合影响，个人难以准确评估与判断，因此，加快推动数字化人才新岗位技能的研究和设立推广尤为重要。

5. 缺少科学合理的数字化人才职称评价标准和体系

中共中央办公厅、国务院办公厅印发的《关于加强新时代高技能人才队伍建设的意见》中提到，完善以职业能力为导向、以工作业绩为重点，注重工匠精神培育和职业道德养成的技能人才评价体系。加快推进产业数字化，需推动数字化高技能人才与专业技术人才职业发展贯通，制定一套科学合理的数字化人才评价标准和体系，考虑产业的发展需要什么样的数字化人才、如何组织培训等一系列问题，推动数字化人才职称改革。

6. 产业数字化成果缺少创新与转化

加大应用基础研究力度，疏通应用基础研究和产业化连接的快车道，促进创新链和产业链精准对接，加快科研成果从样品到产品再到商品的转化，把科技成果充分应用到现代化事业中去。

在数字变革的当今时代，全面促进数字化人才积极开展技术研发、关键技术攻坚，整合社会多方资源积极开展成果创新与转化，能够助力产业数字化实现高质量、跨越式发展。

（三）组织生态问题

1. 传统组织模式不适应数字经济时代协同创新需求

传统组织以规模化为主要特征，其外部环境稳定，具有清晰的部门划分和职责分工。面对机遇和挑战并存的时代，企业和产业传统的组织架构、发展模式已不能适应新发展要求，应该发挥政府、企业、产业各自的优势，创新多模式的组织形态，助力政府精细化管理水平、企业核心竞争力和产业链协同效力的提升。

2. 数字经济高质量发展需要有更强的产业韧性支撑

近年来，我国数字产业实现了跨越式的发展，取得了举世瞩目的成就，为政府治理、企业管理、惠民服务提供了越来越多的技术、产品和服务。数字产业是数字经济的重要组成部分，是数字化、网络化、智能化的基础设施体系。《数字中国建设整体布局规划》提出了数字经济发展目标和方向，同时，数字经济高质量发展需要有强大的数字核心产业提供支撑和保障。

02

理论指引篇：
场景驱动　创新加速

产业数字化的本质是应用数字技术重构企业组织模式和产业创新发展范式，推动数字技术与实体经济深度融合，实现加速创新与能力跃迁的动态过程。然而，当前产业数字化转型还面临战略不清晰、技术应用难、要素难以价值化、数字化见效慢、龙头企业牵引机制缺失等痛点。对此，产业领军企业亟须立足产业发展智能化、绿色化、融合化发展的趋势，抓住场景驱动创新理论和重大创新范式跃迁机遇，发挥产业链"链长"优势，瞄准产业场景中面临的复杂综合型转型需求和痛点，以数字技术创新与管理机制创新双轮驱动。在重构自身商业模式和竞争优势的同时，打造面向产业数字化转型的数字化技术核心能力与数字化管理核心能力，进一步以产业数字化应用场景驱动"双核"协同，整合建构产业数字化动态能力，加速数字化深度转型与持续创新跃迁。产业数字化动态能力理论和场景驱动创新理论不但为数字经济时代加快推进产业数字化转型，破解大中小企业数字化智能化场景痛点提供了重要的理论指引，也为场景驱动产业高端化、现代化发展，进而支撑中国式现代化提供了重要的实践启示。

新一代信息通信技术的加速创新与应用，正驱动着世界经济向数字经济加速转型。在后疫情时代经济复苏和高质量发展的双重要求下，做强做优做大数字经济，成为新形势下我国抢占科技与产业竞争高地，实现高水平科技自立自强，构建新发展格局的核心议题。2021 年 10 月 18 日，习近平总书记在中共中央政治局第三十四次集体学习时强调，要站在统筹中华民族伟大复兴战略全局和世界百年未有之大变局的高度，统筹国内国际两个大局、发展安全两件大事，充分发挥海量数据和丰富应用场景优势，促进数字技术和实体经济深度融合，赋能传统产业转型升级，催生新产业新业态新模式，不断做强做优做大我国数字经济。

学术界和产业界对数字经济研究的关注度持续升温，针对数字经济的趋势与挑战进行了卓有成效的探析。一些国外学者指出，在数字经济 2.0 时代，数字平台、工业生态系统、创新生态系统将是显著趋势，模块化、开放式创新和平台将是业务发展大方向。与此同时，数字鸿沟的日趋扩大与数字化转型悖论问题的日益涌现，将引发诸多社会问题。国内学者也提出了诸多切实观点。王伟玲指出，数字经济时代，数据将替代用户流量成为竞争要素，市场需求将主导生产运营。李晓华认为数字经济发展将保持飞速增长态势，呈现颠覆性产品技术创新排浪式显现、数字技术赋能产业能力增强、反垄断监管加强、世界主要经济体间竞争加剧等趋势。目前，我国数字经济发展仍面临产业基础能力不强、国际化发展水平低、法律制度环境不完善、数字经济发展不完善等短板与痛点。丁志帆强调，数字技术除了为经济发展提供新机遇，也对现有经济理论、测度体系、监管框架和制度环境提出了全新挑战。

在这一背景下，本部分立足数字经济尤其是产业数字化的全球趋势和国家战略，系统梳理了数字经济以及产业数字化的定义与相关概念，并系统性地梳理产业数字化动态能力、场景驱动创新等与产业数字化转型相关的核心理论。一方面为破解产业数字化转型痛点，培育数字经济时代的领军企业，加快数字中国建设，不断做强做优做大我国数字经济提供理论与实践启示；另一方面为学术界建构数字创新理论做出贡献。

| 第一节 |

产业数字化的定义与相关概念

一、数字经济

数字经济的概念源于 20 世纪 90 年代，由唐·泰普斯科特（Don Tapscott）等学者率先提出。综合现有文献和二十国集团（G20）杭州峰会及各国政府文件的界定，本书将数字经济定义为以数字化内容（如信息和知识）为核心生产要素，以互联网、移动通信网络、物联网等现代信息网络为关键载体，通过有效利用信息技术，提升效率、优化经济结构和赋能经济社会高质量发展的一系列经济活动。数字经济的核心是通过数字技术推动数字创新实践，培育经济活动新模式，重置经济发展底层逻辑。开发基于数字技术的产品和服务、调整组织模式、变革商业模式的数字创新，是创新驱动国家战略与数字化趋势的融合，也是数字经济时代获得持续竞争优势的关键。数字技术的可再编程性赋予数字创新自生长性、融合性、解耦性、去中介性等特点，而基于数字融合的平台和生态系统涌现，催生了更加复杂多变、模糊不定的经济管理新情境，如何构建支撑数字平台建设和商业模式设计的强大动态能力，从而不断更新商业模式，打造数字经济时代竞争新优势，促进产业高质量创新发展，成为产业数字化面临的突出挑战。

从构成维度和结构关系来看，数字经济是数字技术与传统产业渗透交融为生产力的崭新的"技术—经济"范式，集中体现了数字技术的扩散和数据资源的汇集。作为数字经济的双重向度，数字产业化为产业数字化提供重要支撑，是数字经济的基础；产业数字化为数字产业化创造应用场景，体现产业特色，是数字经济的重要组成部分；两者交织融合，共同构成数据价值的呈现形式，驱动数字经济系统平稳运行。

二、数字产业化

数字产业化以平台为载体，以数据为生产要素，通过数字手段和数据要素价值化配置，形成既可以在企业内流转，也可以在市场上流通的数据资产，如数字基础设施和解决方案，实现信息增值（图2-1），是运用数字化方式解决工业制造、社会治理、在线医疗等领域中现实问题的重要支撑。具体而言，大数据公司依托领先的技术团队，对数据进行处理与分析，形成包括数据集成管理平台、分析平台、开发应用平台在内的三大产品体系，发展大数据运营业务，打通数字产业链，构建数据生态链，为产业链全要素数智化转型奠定基础。此外，数字产业的集群化发展还能为数字技术提供成长载体和应用环境，加速新技术成果转化和产业创新发展。

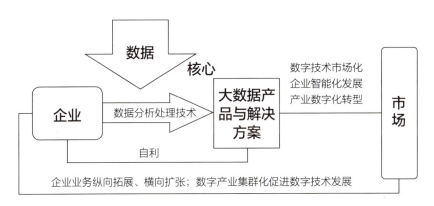

图 2-1　数字产业化信息增值模式

三、产业数字化

产业数字化表现为融合驱动模式，指传统产业如工业、农业，利用新一代数字技术扩展并强化数据资源价值，进而带动业务改造升级、组织模式优化、生产效率提升的过程。体现为生产要素数据化、业务流程数字化、产品智能化和服务在线化，是深化供给侧结构性改革的重要着力点，以及建设数据要素驱动型高质量发展模式的重要动力（图2-2）。

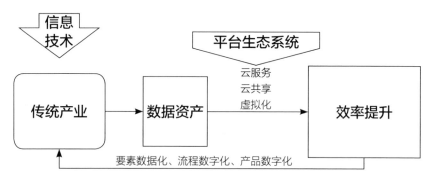

图2-2 产业数字化过程

　　互联网平台在各经济主体间建立的广泛连接，不仅有助于开放产业上下游供给链，打通行业壁垒，创新企业协作模式，还有利于降低信息互通和市场交易成本，优化资源配置，变革商业模式和产业组织形式。杨卓凡将我国产业数字化转型归纳为社会需求主导的倒逼模式和创新驱动的增值服务模式。吕铁认为我国传统产业的转型趋势包括从资产实体化到资产数据化、从生产驱动到市场导向、从内部转型到平台赋能产业共创，并提出由企业智造、行业平台、园区生态构成的三层次产业数字化演化路径。倪克金等研究发现数字化转型对头部企业成长的促进作用更显著，且具有明显的"同群效应"。李北伟等则强调标准制定和动态能力建构对于产业数字化转型的重要性。唯有强化技术能力，以科技带动数字基建，加速技术同实体融合，数字转型才能从企业层面的自主创新上升到产业层面的协同共赢。

| 第二节 |

场景驱动创新

　　科技创新要超越传统的技术驱动，把握场景驱动的新范式、新机遇，发挥我国超大规模市场、海量数据资源和丰富应用场景的优势，实现从创新追赶到创新引领的跨越。结合数字经济时代世界科技强国建设理论与实践，在回顾现有创新范式的基础上，系统探讨场景驱动创新的内涵、特征、理论逻辑、实践进路与典型案例，并展望未来研究和实践前沿。场景驱动创新既是将现有技术应用于特定场景，进而创造更大价值的过程，也是基于未来趋势与愿景需求，驱动战略、技术、组织、市场需求等创新要素及情境要素整合共融，突破现有技术瓶颈，开发新技术、新产品、新渠道、新商业模式，乃至开辟新市场和新领域的过程。场景驱动创新理论为数字经济时代坚持创新引领发展，加快推进数字技术、场景和商业模式融合创新，以场景驱动包括数字技术在内的原始性创新、关键核心技术突破、重大技术应用提供重要理论和实践启示；同时也为把握数字技术和数据要素本质特征，以场景为牵引，加快数字技术和数据要素同实体经济深度融合，加快构建现代化产业体系、赋能中国式现代化建设提供帮助。

一、理论背景与概要

　　党的十九届五中全会提出，坚持创新在我国现代化建设全局中的核心地位，把科技自立自强作为国家发展的战略支撑。然而，长期以来，我国的科技创新一般侧重于特定技术领域或学科领域，遵循从基础研究发现到关键核心技术突破、产品开发、工程试制、中试熟化与市场化应用的传统路径。其本质在于技术驱动，属于从实验室成果到产业化落地的链式创新模式，面临研发周期冗长、技术迭代滞缓等问题，并且缺乏面向国家重大战略需求、产业高质量发展需求和组织韧性发展需求的精细化任务设计，极易造成科技创新与转化应用脱节，不仅难以跨越从技术研发到成果转移转化的"死亡之谷"，而且容易陷入技术轨道锁定和创新者悖论，迟滞从创新追赶向创新引领的转型步伐。

尤其是伴随着以数字技术为代表的新一轮科技和产业革命向纵深演进，数据成为新型生产要素和重要创新驱动力，大量新场景、"新物种"、新赛道涌现，科技创新速度显著加快，市场需求瞬息万变，需求侧与供给侧融合愈发紧密。如何瞄准数字化场景和具象化、复杂性需求痛点，重构技术创新体系和商业模式，以此引导与创造供给，释放数据要素价值，在场景实践中实现技术、产品和服务迭代，创造并满足用户新需求和新体验，成为创新管理和数字化转型的热点与难点。2022年，《"十四五"数字经济发展规划》进一步明确要坚持创新引领、融合发展，坚持把创新作为引领发展的第一动力，突出科技自立自强的战略支撑作用，促进数字技术向经济社会和产业发展各领域广泛深入渗透，推进数字技术、应用场景和商业模式融合创新，形成以技术发展促进全要素生产率提升、以领域应用带动技术进步的发展格局。

在此背景下，政府和科技领军企业如何联合开放与建设多元应用场景，加强场景任务设计与技术体系建构，牵引大中小企业融通创新，破解科技成果转化难题，加快经济、社会数字化转型，激活数据要素价值，促进创新生态和平台经济健康可持续发展，推动数字驱动型创新发展和世界一流企业培育，成为数字经济时代创新驱动发展的重大新议题。

目前，围绕场景驱动创新的理论与实证研究整体滞后于科技强国建设和数字经济高质量发展的政策要求、管理需求和实践探索，学术界对场景驱动创新的内涵、作用机制、实现路径、治理模式等基本问题仍缺乏系统深入的研究。

在全面建设社会主义现代化国家的新征程中，面向科技强国、数字中国、美丽中国、平安中国、乡村振兴、共同富裕等新时代经济建设、工程科技、社会民生领域的重大战略性目标，仅采用瞄准单一技术领域或需求的科技创新模式，难以满足国家、区域、产业和组织创新发展的复杂综合性战略需求。应更加重视场景驱动创新理论研究及实践应用，充分发挥技术与场景的双轮驱动优势，为实现科技自立自强提供新发展机遇。

二、理论与文献回顾

（一）现有技术创新范式研究回顾

1912 年，熊彼特在《经济发展理论》一书中首次提出创新的基本概念和思想，即在商业利润驱动下，将一种关于生产要素和生产条件的全新组合引入生产体系，包括开发新技术、新产品、新原料渠道、开辟新市场或革新组织管理模式。技术创新相关理论自此不断演进，形成包括技术推动范式、需求拉动范式、技术需求耦合驱动范式、整合范式、数字生态范式在内的创新范式体系。

技术推动范式将创新界定为从基础研究到应用开发，再到产业化市场化，并以技术为导向的线性过程，如突破性创新聚焦于纯技术问题以打造独特先进的产品。该技术范式强调基础科学，即重大科学发现、重大理论突破、重大技术方法发明，对国家和产业构建核心竞争优势的重要驱动作用。同时，关注技术环境、知识管理等影响企业技术研发与转化的因素。以历次工业革命为例，经典力学、电磁理论和电动力学、相对论和量子力学等基础科学研究取得突破，催生出蒸汽机、发电机、计算机等，进而重塑生产方式、产业组织模式和生活方式。

需求拉动范式由施穆克勒（Schmookler）教授在1966年率先提出。该范式认为创新发明活动的方向与速度取决于市场潜力和市场增长，认为创新以市场为导向、以获利为目的，市场需求促使企业开展研发活动，为产品和工艺创新提供坚实可靠的技术支撑。用户创新，即用户作为核心主体参与创新，从使用者角度提供瞄准自身价值需求的创意；渐进性创新，是指通过持续不断的局部或改良性创新活动，提升产品性能和服务质量，从而满足现有客户群体需求；体验经济与服务创新，是指通过融合产品与服务、提升顾客全面参与和感受的双向度；社会创新，是指以创新为手段解决社会问题与赋能社会生产生活。上述创新理论均属于需求拉动范式。

技术需求耦合驱动范式将创新视为市场环境与企业能力，尤其是技术能力匹配整合的连续反馈式链环过程，强调技术、市场及其相互作用的重要性。云计算就是互联网时代信息技术发展与个性化信息服务需求共同作用的产物。突破性创新以服务领先客户群体或开辟新市场为目标，依托新理念和新技术，革新产品架构、服务体系与商业模式，进而重塑产业链和价值链。颠覆性创新强调从低端市场入手，开辟技术发展和产品演进新路径，开拓新兴市场，最终实现对传统行业格局的颠覆与重塑。设计驱动创新关注设计语言而非产品技术属性对产品价值输出的增值作用，通过引导购买意愿最终满足客户需求。

整合范式以陈劲、尹西明和梅亮提出的整合式创新理论为代表，强调战略驱动下的全面创新、开放式创新和协同创新。全面创新是各种生产要素在生产过程中的重新组合，包括全要素调配、全员发力、全时空开展三个层面，体现出系统思维与生态观。开放式创新打破了传统封闭式创新模式的外围约束，关注企业内外部知识交互，强调开放组织边界，引入外部创新力量。协同创新则指包括政府、企业、高校院所、科技中介机构、市场用户等在内的广泛创新主体，以攻坚重大科技项目、实现知识增值为目标，构建大跨度整合式创新组织。整合范式更关注新兴技术环境下的战略引领、产业协同和要素融通，是技术、市场与政策不确定性催生出的创新范式巨变。由此衍生出研究联合体、有组织科研、高能级创新联合体、战略联盟、开放创新平台、创新生态系统等创新模式。

数字生态范式则是顺应技术加速迭代、产品日新月异、竞争空前激烈等新一轮技术革命与产业变革发展趋势，在整合范式基础上关注数字技术等新兴技术，高度重视创新联合体、创新生态支撑的技术积累与环境应变力。基于此，学者们提出了产业数字化动态能力、数字创新生态系统等科技创新模式。

（二）数字经济时代的挑战与范式转向

结合对现有技术创新范式的梳理和总结，可以看出，经济与技术的互动在技术创新范式演进过程中起决定性作用。从离散线性范式转向整合性、生态性范式的底层逻辑在于：随着技术进步与经济增长，创新主体更广泛，由企业家、科学家、研发人员拓展至员工、用户、社会大众乃至类人智能体；创新动机更多元，由技术驱动转向技术与市场双轮驱动；创新活动更复杂，由企业"闭门造车"的个体行为转变为企业牵头、多主体群智共创的群体性集成性行为；创新手段更丰富，新兴数字技术赋能实体经济，推动资源要素集聚共享，促进跨时域、跨地域、跨领域创新；创新要求更综合，由产品开发与服务升级转向商业模式重塑、核心能力重构与产业范式跃迁。

尤其在当前错综复杂的数字经济新时代，科技创新环境呈现出复杂多变、模糊不定和极端情况频出的发展趋势。一方面，国际政治局势纷纭复杂，技术变革迅猛发展，产业链供应链深度调整，不确定、不稳定和不安全因素剧增；另一方面，国内某些关键领域面临技术封锁，新兴产业角逐激烈，超大规模市场、海量数据以及丰富应用场景优势尚未充分释放。

在上述发展趋势下，传统技术创新范式的局部性、短期逐利性和数据要素价值难释放等局限性日益凸显。首先，现有范式多立足局部思维，过于强调技术驱动，容易陷入技术轨道固化、创新路线保守和创新模式僵化等困境，导致科技经济"两张皮"、创新者窘境、创新跃迁困难、错失第二曲线创新机会等问题。克莱顿·克里斯滕森（Clayton Christensen）指出，为维持现有竞争优势，在位企业更倾向于将技术专长发挥到极致，因而更容易忽视微小需求和新兴趋势，错失技术轨道迁移的最佳时机。这就要求从顶层设计和战略层面开展创新活动，保持动态变革的能力。其次，现有范式过度强调市场需求，不仅容易被短期商业逐利裹挟，为追求经济效益而忽视可持续发展和社会责任，而且局限于实用主义导向的利用性创新，忽略探索性发现，难以实现远景构想，更容易忽视使命和愿景在推动创意"落地"、获得创新突破、转化创新价值中的洞察与牵引作用。如朱志华提出，数字经济时代，新技术、新业态、新模式层出不穷，部分科技领域进入"无人区"，亟须在原始创新突破的基础上探索能够洞见未来、"弯道超车"，以及引领前沿的创新范式。最后，现有范式多关注知识、资源、人员等传统创新要素的横向整合，缺乏对数据这一新型基础性生产要素和创新引擎对创新链、产业链、供应链融通整合发挥巨大杠杆价值的关注与研究。

因此，针对数字经济时代和新发展阶段对传统创新范式提出的新挑战与新需求，亟须突破技术创新的线性及链式思维，在整合范式与数字生态范式的基础上，更加重视场景驱动下创新链与产业链深度融合的全新范式。

三、场景驱动创新：内涵与外延

（一）场景驱动创新范式内涵

场景驱动创新是数字经济时代涌现出的全新创新范式。该范式超越传统创新理论与范式的局限，蕴含整体观和系统观，顺应了数字经济时代科技强国建设场景和未来场景对创新的新挑战与新需求。场景驱动创新以场景为载体，以使命或战略为引领，驱动技术、市场等创新要素有机协同整合与多元化应用。基于场景的创新管理范式，则是场景驱动创新管理（Context-Driven Innovation Management，CIM）。

场景驱动创新包括场景、战略、需求、技术四大核心要素。即依托场景，在使命和战略视野牵引下，识别国家、区域、产业、组织和用户层面存在的重要科学问题、重大发展议题、产业技术难题，乃至个性化需求问题，通过加强场景任务设计，实现科技研发与场景应用有机融合，推动形成创新链、产业链、资金链、政策链、人才链融合创新以及协同攻关合力，构建共生共创共赢的创新生态系统。场景、战略、需求和技术四者紧密相连，互为促进，协调一致，构成场景驱动创新的整体范式。

1. 场景

场景在管理领域的应用源自市场营销，泛指日常生活工作中的特定情境及其催生的需求和情感要素。场景驱动创新中的"场景"，意指某特定时间的特定复杂性情境（context）。该情境发展或演变面临的复杂综合性挑战、问题、使命或需求，为多元创新主体发起与开展创新活动以及应用创新成果提供了嵌入性场域（field）。该场域涵盖时间、空间、过程和文化情感维度，是时间、问题、主体、社群、要素、事件汇聚与发生关系以及相互作用的场域，既包括物理空间和社会空间，也包括"赛博空间"。

在数字经济时代，场景设计更加精准，内涵不断丰富，边界不断拓展，重要性也不断提升。首先，数字经济与实体经济融合并进，大数据、云计算、人工智能、物联网等新兴数字技术赋能时空、事件、状态、需求等场景要素。数据将传统意义上难以衡量的场景要素具象化与可视化，进一步解决了场景设计的准确性与操作性问题，进而实现场景解构、重塑与颠覆。其次，场景具有战略性、综合性、开放性、应用性等特点，可瞄准前沿方向和重大问题，融通数据和需求等创新要素，汇聚产业领军企业、"专精特新"中小企业、高校院所、科技中介机构、用户等创新主体，为关键技术突破、成果转化应用、商业模式创新、新产业新业态培育提供创新生态载体。再次，场景可塑性强，发展潜力巨大，可通过科学建构和优化不断演化，持续释放和引导需求，拓展发展前景，贯通多重领域，进而引发技术、产业和经济的深度变革。在场景中，战略可以细化为更具体的目标，细分后的技术与具象化后的需求循环联动，更加贴近真实的应用环境，在多方主体的共同参与中实现有节奏的创新。

以京东方科技集团（以下简称"京东方"）为例，京东方在物联网创新转型过程中充分运用场景驱动思路，针对六大产业场景领域与二十余个具体产业场景，分别提供体系化解决方案，包括智慧城市、智慧零售、智慧医工、智慧金融、工业互联网和智慧出行等。依托场景驱动的管理创新模式，京东方将其技术优势转化到服务能力上，真正满足了产业客户的实际需求，解决了痛点问题。

2. 战略

战略概念源于军事，后被引申到企业管理领域，广义上指具有统领性、全局性、整体性，影响成败的谋略、方案与计策。迈克尔·波特（Michael Porter）将战略思维置于企业制胜因素的首位，认为鲜有企业能凭借运营优势屹立不倒，以运营效益替代战略定力的结果必然是零和博弈。"数字化+后疫情"时代，全球化在经济与科技领域不断深化，世界产业与发展格局深刻变化，使命运动成为主流。创新更需运用系统观和整体观，统筹前沿领域探索、经济平稳增长、社会安定团结、生态文明建设等蕴含哲学思辨和东方智慧的重大命题，坚持使命导向和战略牵引，实现短期应对和长期发展平衡兼顾。战略的引领对场景构建起锚定作用，使得场景任务设计和面向场景的技术创新及应用更有针对性。

以航天场景为例。2022 年 1 月 28 日，国务院新闻办公室发布的《2021 中国的航天》白皮书中提出，中国航天面向世界科技前沿和国家重大战略需求，以航天重大工程为牵引，加快关键核心技术攻关和应用，大力发展空间技术与系统，全面提升进出、探索、利用和治理空间能力，推动航天可持续发展。中国在航天领域的科技发力愈发关注安全治理、可持续发展等。

3. 需求与技术

需求与技术以及其相互关系始终是技术创新过程中的核心议题，两者在循环互动中共同发展：技术推动需求升级，催生新业态与新模式；需求拉动技术创新，倒逼新技术和新机制形成。当前经济社会全面迈向数字化，数据成为关键生产要素，新兴技术呈现群发性、融合性的增长态势，市场需求凸显个性化、前瞻性的发展特点，要求技术与需求、愿景、使命间建立更紧密的对接和实现更顺畅的转化。场景驱动创新模式则能够以使命、愿景、价值观为引领，通过场景定位与需求分析、场景解构与难点识别、任务设计与技术应用体系建构、产业链与创新链"痛点"的针对性破解等环节，推动科技供给与前沿需求双向融合。一方面为创新应用提供需求真实、数据全面、生态完善的孵化平台；另一方面为需求升维和产业升级带来更先进、更富创造力、更具变革性的机遇。技术与需求的循环联动，能为场景驱动创新提供持续的动力源。

以海尔智家股份有限公司（以下简称"海尔智家"）为例，其秉持绿色低碳发展理念，聚焦国家"双碳"目标，积极落实"绿色设计、绿色采购、绿色制造、绿色营销、绿色回收、绿色处置"的战略。在智慧家庭领域，面向用户"衣食住行娱"的具体需求，基于衣联网、食联网等平台，创造性设计出一批绿色场景，利用标识解析技术与物联网技术，打造"回收—拆解—再生—再利用"的绿色再循环体系、智能分拣系统、全链条数字化系统等技术应用体系，首创性建设"碳中和"拆解工厂。从发布"三翼鸟"场景品牌到获评四家"灯塔工厂"，海尔智家通过绿色场景驱动产业与消费双升级，全面赋能"大场景生态"。

（二）场景驱动创新的突出特征

回顾现有技术创新范式，学术界和产业界愈发强调战略引领并关注技术与需求双重驱动的整合式创新组织管理。场景驱动创新模式源自并超越现有创新范式，更加重视战略引领、基于数据的现实场景与未来场景建构以及场景任务设计，符合数字经济时代特色，具有引领性、战略性、多样性、精准性、整合性和强韧性等特点。

1. 引领性

引领性，即在现有先进科学技术与理论模式等基础上，强调当下社会经济发展的重要场景（如智能交通、智能制造、智慧医疗、智慧家居、智慧城市等）和未来中国乃至人类经济社会发展大趋势、大场景（如老龄化、碳达峰碳中和、探月探火等）的目标引领以及趋势引领。场景驱动创新不再仅着眼于新技术应用示范和市场需求挖掘，而是通过洞见与创造未来，重构技术创新模式、生产生活与价值创造方式。

2. 战略性

战略性，即瞄准重要场景和重大关键性需求，明确关键问题，建立价值主张，设计解决方案，构建技术体系。针对关键基础技术、技术整合以及技术需求耦合问题一举攻破，超越传统创新范式的短期导向和片面性。具有重要战略意义的场景往往会催生重大的"技术—经济"范式变革，形成颠覆性技术、颠覆性产品和前沿引领性产业。在科技自立自强的时代洪流中，场景创新正成为科技创新的新航标，通过加速原始创新突破、破解科技成果转化难题，形成科技强国建设战略新优势。

3. 多样性

多样性，体现为不同时间、空间和维度的场景存在显著差异，参与场景构建的创新主体具有多样性，强调针对场景开展定制化的场景任务设计和技术创新。此外，场景驱动下的创新生态系统建设也需要通过多样性（多元主体、多种要素、多种模式）激发创造性和持续性，并以"标准化＋个性化"模式赋能多样化场景，实现共性场景与个性化场景的融通。

4. 精准性

精准性，即数字经济时代场景更多是基于数据构建的，场景分析与任务设计更多是由数字技术支撑的，实现了对用户需求的精确定位和生动模拟。数字技术与数据要素使得特定场景下的场景问题和痛点识别更精确，促使场景匹配和场景驱动多元主体创新更加精准高效，大大降低了技术创新和成果转化成本，提高了创新应用效率。

5. 整合性

整合性，体现为创新要素集成、主体汇聚、动因融会和领域融合，是对现有创新范式中整合理念的延续与发展。要素层面，需以战略统筹数据、知识、资源、人才等多种创新要素，通过市场化配置，推动创新供给与创新需求耦合，最大限度释放数据要素的创新活力，赋能国家、区域、产业和组织创新发展，促进个体幸福感提升；主体层面，则需汇聚科技领军企业、产业链上下游相关企业、高校院所等多个创新主体，促进创新资源高效流转和科学配置，是数字创新融通生态的聚合器；动因层面，通过真实场景融会创新链和产业链，为研发提供试错容错的反馈机制，为需求设定边界和价值主张，精准匹配创新应用和需求愿景，以技术带动需求，以需求促进技术，是有目的且针对场景问题的创新路径；领域层面，关键场景跨越行业边界，实现实体经济与数字经济的深度融合、不同产业与领域的协同发展。

6. 强韧性

强韧性，强调从传统竞争领域的核心能力到数字经济时代的动态能力，包括组织与创新韧性，技术体系、创新决策模式和管理模式的灵活性，以及根据场景需求和"技术—经济"范式跃迁趋势，敏捷、动态、柔性地调整创新模式，迎接挑战、化解风险、应对冲击、抓住机遇的动态能力，更适应数字经济时代复杂多变、模糊不定的创新情境特征。

总体来看，与以往从技术到市场的线性创新模式不同，在场景驱动创新模式中，创新动力从单一的好奇心驱动转向瞄准重大场景的使命牵引和需求倒逼；创新环境从实验室走向真实的市场环境；创新主体则从原来的研发人员转向由来自科学界、产业界、投资界和公众等各方主体乃至深度学习算法驱动的类人智能体构成的数字化创新联合体；创新主导者从科研院所走向科技领军企业和领先用户；创新过程浓缩在真实的市场验证环境中，从以往先研发后转化的历时性创新走向技术研发与商业转化同时发生的共时性、共生性创新。这种场景驱动创新能够实现制造业"微笑曲线"研发端与市场端的实时、动态、精准和高效能匹配。在保障产业链安全、降低成本的同时，实现柔性、大规模定制化和即时生产，并能够通过产业链激励相容的数字化合作机制与区块链等数字技术保障后疫情时代产业链、供应链的强韧性与可信数字化发展。

（三）场景驱动创新与需求拉动创新的异同

虽然场景驱动创新与需求拉动创新均关注需求的创新驱动作用，

但前者超越了传统的需求拉动创新范式，二者具有本质区别。

从需求内涵看，场景驱动创新范式中的"使命牵引与需求倒逼"包含需求拉动创新范式中的"用户需求"。强调国家、区域、产业、组织、用户五大维度的使命需求，从发掘短期、个体企业的商业需求上升到关注产业共性发展问题、国家发展远景目标、人类社会重大命题，体现出引领性、战略性和多样性。

从场景特质看，数字经济时代的场景一般由可量化的数据构成，场景设计一般通过高效精准的数字技术和数字化流程实现。需求则是一个较模糊的想法而非一种特定的复杂性情境，它不包含细化后的具体环境因素和多重参与主体。因此，相较难以量化、无法摸清、不好把握的需求而言，场景更容易实现技术创新的精准突破。

从创新过程看，在场景驱动创新范式中，场景为特定技术与具象化需求的全过程深度交互融合提供载体，通过场景设计、方案建构实现技术创新与成果转化的同时推进。需求拉动创新范式则遵循从需求反馈挖掘到技术创新应用的线性路径，难以打通科技成果转化的"最后一公里"。

具体而言，需求拉动创新范式更关注特定人或主体的需求，侧重单点或者单维度，并且需求往往过于宏观与模糊，面临数据化、具象化和可视化难题，使得企业无法准确将其运用于技术创新驱动过程，并面临创新成功率不高和创新资源浪费等问题。此外，需求局限于单个创新主体与其较为固定的用户群体之间的线性联系，无法兼顾产业中的其他创新主体及用户需求。只在原有技术上进行渐进式创新，难以为产业共性问题提供解决方案，更无法开辟新赛道与新领域。场景驱动创新范式则强调面向主体嵌入的当下和未来场景，关注多元主体在场景中的复杂综合性问题和需求。其不是凭借单点技术或产品突破就能解决的，而是需要针对场景开展需求分析、问题识别、任务设计，在包括创新供需双方在内的多元主体参与下提供综合性、适配性解决方案，并根据场景变化进行动态优化，即整合性和强韧性。表 2-1 进一步梳理了场景驱动创新对现有典型创新范式的超越。

表 2-1　场景驱动创新对现有创新范式的超越

范式类别	创新的内涵与特点	代表性理论	场景驱动创新的超越性
技术驱动创新范式	以技术为导向的线性自发转化过程	突破性创新	瞄准重大关键场景和复杂性需求，以使命或战略为引领，驱动技术、市场和创新要素有机协同整合与多元化应用
需求拉动创新范式	以市场为导向、以利润为目的的线性过程	体验经济	
技术需求耦合驱动创新范式	市场环境与企业能力尤其是技术能力匹配整合的连续反馈式链环过程	设计驱动创新	
整合创新范式	战略视野驱动下的全面创新、开放式创新和协同创新	整合式创新	蕴含全新的整体观和系统观，强调以重大需求和使命为牵引，重视差异化、精准性的场景任务设计，构建共生共创共赢的创新生态系统
数字生态创新范式	在整合范式基础上关注新兴数字技术，高度重视创新联合体、创新生态基础上的技术积累与环境应变力	产业数字化动态能力	

四、场景驱动创新的理论逻辑

（一）场景驱动创新的战略重点

场景驱动创新的战略重点不同于以往的技术驱动范式，其蕴含全新的整体观和系统观，强调以重大需求和重大使命为牵引，加强场景任务设计，构建共生共创共赢的创新生态系统。

场景驱动创新生态系统建设的战略逻辑主要体现在五个方面：一是使命牵引；二是场景需求与技术创新的双轮驱动；三是努力瞄准场景驱动创新的引领性、战略性、多样性、精准性、整合性、强韧性等六大特征，推进场景构建、问题识别、技术体系设计与技术创新应用；四是通过数字化创新平台和高能级创新联合体的载体建设，强化多元主体协同创新，加速项目、资金、基地、人才和数据等创新要素一体化高效配置；五是深化包括创新链、产业链、人才链、资金链、政策链在内的五链融合，打造共生共创共赢的创新生态系统，为国家、区域、产业、组织高质量发展和共同富裕目标的实现持续提供高水平原始性创新、关键核心技术以及高素质创新型人才支撑。

（二）场景驱动创新的过程机制

场景驱动创新过程主要包括场景构建、问题识别、（场景）任务设计和技术创造与成果转化应用。该过程体现了场景驱动特质，即技术创新与应用场景在创新全过程的高度融合，因此能够超越传统的创新链式、环式和网络集群模式，突破科技成果转化的瓶颈问题，实现技术、需求、要素、场景的有机整合，以及"沿途下蛋"式创新和多元化应用。

在这一动态过程中，场景驱动战略、技术、组织、市场需求等创新要素和情境要素有机协同整合。其内在机制包括由使命和愿景牵引凝聚而成的战略共识、数字技术和跨界场景驱动形成的共生生态，以及基于共生、面向共识的共创共赢。场景驱动创新的本质是多元主体价值共创共生，关键在于识别场景需求痛点和问题难点，进而围绕场景问题，设计面向场景需求的解决方案，最终实现技术创新与应用。既包括现有技术的创造性组合应用，也包括瞄准技术空缺开展"从0到1"的原始性创新，乃至"从无到0"的面向"无人区"的基础科学探索。

场景驱动创新机制的实现有赖于创新思维和创新管理模式的全方位转型。创新思维要从线性迈向融合，从竞争转向竞合，从零和博弈走向共生共赢；从吸收转化的创新追赶迈向洞见未来的创新引领，强调未来需求和使命愿景的引领；从注重稳态管理和核心能力迈向强调韧性组织和动态能力；从关注因果关系到兼顾相关关系和因果关系；从少数人基于经验的决策模式转向基于海量数据开展动态预测的智能决策模式。

五、场景驱动创新的过程机制

在探究场景驱动创新的内涵特征、战略思路和价值创造典型过程机制的基础上，进一步探索场景驱动创新的差异化路径和实践机制，这对深入理解和应用场景驱动创新范式、加快创新驱动发展尤为重要。场景驱动创新的实践路径取决于场景中的问题和需求，因此存在场景化设计的差异，其关键在于面向未来趋势与愿景需求，从"国家—区域—产业—组织—用户"等不同维度的突出问题着手，针对性设计场景任务，构建技术架构、转化机制与治理体系，打造场景创新生态，从而兼顾场景驱动模式的引领性、战略性、多样性、精准性、整合性和强韧性等共性特征，以及边界、创新需求层次、创新主体能级等个性化特质。

（一）国家层面场景驱动创新路径与实践探索

国家层面场景驱动创新路径，侧重于国家安全与强国建设的使命目标和未来场景。其立足于新发展阶段、贯彻新发展理念，瞄准全面建设社会主义现代化国家的目标和科技创新 2050 年远景目标，以高水平科技自立自强、国防强国、乡村振兴、共同富裕、"双碳"目标、人类命运共同体建设等为重大需求。在历史使命和远景需求的牵引下，面向事关经济社会可持续发展的重大安全问题、重大民生问题和科学探索问题，以战略视野驱动核心技术攻关体系构建。同时，发挥新型举国体制的制度优势，推动由科技领军企业牵头主导、由高校院所提供基础研究和高水平人才支撑、政府提供引导和治理的高能级创新联合体建设；促进高水平原始创新、关键技术突破与国家重大发展需求的紧密融合，真正实现创新驱动社会主义现代化建设。

深圳国际量子研究院的建设体现了国家层面场景驱动创新模式的实践。长期以来，量子科技领域"卡脖子"的形势严峻。习近平总书记在 2020 年中共中央政治局第二十四次集体学习时强调，加快发展量子科技，对促进高质量发展、保障国家安全具有非常重要的作用。"十四五"规划进一步瞄准量子信息等前沿领域，对量子科技前沿技术攻关做出重大部署。在深圳量子科学与工程研究院的牵头和南方科技大学等科技力量主体的积极参与下，深圳国际量子研究院正式成立。其以科技强国建设为使命，瞄准量子科技优先发展的战略需求，快速布局基础研究并构建关键核心技术攻关体系，显示出强大的科技创新驱动力，正成为粤港澳大湾区量子科学中心建设的主力军。

（二）区域场景驱动创新路径与实践探索

区域场景驱动创新路径，需要聚焦区域高质量发展的重大需求、目标任务和场景痛点。以国家重大区域和核心城市的发展战略为顶层设计，在使命和需求的引领下，聚焦京津冀协同发展、长三角一体化发展、粤港澳大湾区建设、北京国际科技创新中心建设、海南自由贸易港建设等重要场景，在区域功能科学定位、区域现状综合评价、区域发展全面规划、区域问题分析解构的基础上，明确区域场景任务设计并确立关键技术体系架构。在中央和地方政府的顶层设计引导下，形成多方协同参与、多种资源要素高效流转合理调配的高能级区域创新与应用平台，促进区域创新布局完善、区域创新能力强化以及区域战略地位提级。在区域场景的整合驱动下，区域创新供给不再聚焦于区域发展过程中的单一需求痛点，而是综合考虑区域整体目标和重点场景建设，在从设计到落地的全流程中与区域发展需求达成动态平衡。

北京国际科技创新中心建设的冬奥场景是区域场景驱动创新的典型范例。依托冬奥场景，龙头央企、中小科技企业、一流大学和科研院所汇聚国际科技创新中心，明确了智能场馆建设、5G 云转播、公共卫生安全等细分场景的具体任务。针对关键核心技术研发应用难点，打造出由国家战略科技力量主导的重大原始创新成果产出路径，进而形成后奥运时代体现首都特色、场景与技术双轮驱动的智慧城市发展范式，即以新技术支撑城市场景运行、以城市场景为新技术提供全域应用空间。

（三）产业场景驱动创新路径与实践探索

产业场景驱动创新路径，重点在于场景驱动产业技术应用和创新跃迁。其以新兴技术应用与突破、新兴产业培育和引爆、新兴业态赋能与激活为愿景，以产业共性需求为牵引，强调对前沿科技发展趋势和前瞻性商业模式的把握。瞄准产业未来场景构建方案，实现未来洞见和前沿引领。在产业场景创新过程中，新兴数字技术的发展和应用提升了数据要素的战略价值，颠覆了上下游的连接关系，重塑了组织与行业的边界。促使创新主体采用更具整体性的思维方式，逐步形成以科技型企业尤其是以"新物种"企业为主导、以数字技术和数字基础设施为支撑、以数据融通共享和业务广泛连接为特征、以价值共生共创为内核的产业数字创新生态系统，打造灵活性高且韧性强的产业数字化动态能力，进而带动产业持续创新和升级。

用友网络科技公司（以下简称"用友"）是重大产业场景驱动创新的典型实践。用友深耕企业服务产业，将研发体系定位在覆盖大部分应用场景及行业领域，从而支撑丰富的业务场景与广泛的客户需求，打造战略引领、场景驱动、技术筑基、管理保障的数字化动态能力，营建全球领先的聚合型企业服务生态。用友瞄准企业和公共组织数智化场景，建立从平台、领域、重点行业到生态的产品与技术创新体系，进而在覆盖多个领域、数种场景的开发需求下针对不同类型客户，因地制宜地提供解决方案，形成个性化优势。

（四）组织场景驱动创新路径与实践探索

组织场景驱动创新路径，强调组织要瞄准自身研发、制造、销售、财务、组织管理等多样化内部场景的痛点，通过数字技术和数据要素精准赋能创新全过程，从而加快自身的数字化转型。同时，通过自身的数字化转型，发挥数字化生态优势，吸引多元利益相关主体参与共创，链接和赋能更多组织场景。

海尔三翼鸟作为智慧家庭场景生态品牌，是组织场景驱动下的典型创新实践案例。秉持"撕掉家电制造业标签，打造全场景生态解决方案"的转型战略，海尔三翼鸟围绕智慧厨房和卧室场景，构建企业对顾客电子商务（B2C）家电家居家装一体化平台、"1+3+5+N"智能家装资源整合平台、家装数字化效率平台。同时，海尔三翼鸟与红星美凯龙、索菲亚等家居领域的头部品牌共享创意、共同研发、共建方案，打造以智家大脑作为智慧家庭生态场景的核心基础设施，进而实现"门槛高、标准高、体验好"的差异化商业模式，在实现自身服务模式转型的同时，不仅带动行业整体转型升级，还加速科技从产品向场景的研发升级。

魔盒（Magic Box）智能移动服务平台是广汽集团在组织场景驱动

下的突破性创新成果。广汽集团以"移动生活的价值创造者"为愿景，面向移动场新服务场景，将场景洞察、场景设计和场景测试嵌入汽车模糊前期原型创新与整车开发阶段，打造"软件 + 硬件 + 服务"的一体化系统，实现"服务找人"的创新模式，带动汽车设计从技术研发、产品创新进化为服务创新与社会创新。

（五）用户场景驱动创新路径与实践探索

用户场景驱动创新路径，强调以核心用户和潜在用户实践情境中存在的需求痛点为抓手，"技术 + 模式"双路并举，通过组合现有技术、突破新兴技术和发掘新商业模式、确立价值主张，创造新产品、新要素、新商业模式，乃至开辟新市场和新领域。用户场景为技术创新与市场需求的融合提供了更真实且更高效的载体。一方面，应用场景催生用户需求，在场景中针对性开展技术创新活动，有助于将产品和服务卖点同用户需求对接，更容易抓住用户痛点、引发用户共鸣、提升用户黏性，从源头破解技术创新成果转化问题。另一方面，在场景中开展技术应用转化更容易被用户感知和体验，激励用户参与创新，且新场景往往能创造新需求，进而实现从技术到产业的规模化发展。

新零售品牌盒马鲜生（以下简称"盒马"）是用户层面新零售场景驱动创新的典型探索。随着生鲜新零售的日益普及和消费需求的持续升级，消费者和社区对于生鲜食品消费的需求愈发聚焦于质量与安全性。盒马瞄准生鲜新零售发展的首要痛点，利用大数据、物联网、区块链等技术，进行社区生鲜新零售"人货场"等全场景赋能方案设计，推出"盒马溯源计划"。这一创新使消费者在盒马应用程序上能够对肉食、蛋奶、蔬菜、水果、水产等常见生鲜品类商品进行全链路溯源，引发消费者在食品安全方面的共鸣，以此吸引消费者体验和购买产品或服务。

六、场景驱动创新的理论贡献与展望

本部分顺应数字经济时代科技创新的新特征与科技成果转化的新趋势，以及国家、区域、产业和组织高质量发展对新的创新范式的呼唤，在系统回顾传统技术创新范式的基础上，针对数字经济时代高度不确定性、高度复杂性给技术创新理论与范式带来的变化及挑战，基于整体观和系统观，瞄准未来发展场景和愿景需求，结合领先企业、产业和区域创新管理实践的经验与案例，提出一种全新的创新范式——场景驱动创新，即以场景为载体，以使命或战略为引领，驱动技术、市场和创新要素有机协同整合与多元化应用。

场景驱动创新的理论价值主要表现为以下方面：

首先，从技术创新与科技成果转化角度，在系统回顾传统技术创新范式演进的基础上，针对数字经济时代对现有范式提出的挑战，结合东方哲学中的整体观与系统观，提出"场景驱动创新"这一独特创新范式，即应用场景支撑和使命战略牵引下的技术创新与场景需求的双轮驱动。场景驱动创新是顺应数字经济发展，满足企业技术创新管理需求及支撑产业韧性增强、区域协调发展和科技强国建设的原创性理论范式，也是进一步优化企业和产业的全球创新引领力、提升区域和国家科技创新能力、推动人类命运共同体建设的创新政策设计与实战思维。

其次，场景驱动创新强调场景驱动及使命引领的意义，具有引领性、战略性、多样性、精准性、整合性、强韧性等六大特征。对于理解中国重要科技领域和新兴领域的创新实践，帮助企业管理者和政策制定者基于场景与战略的技术创新能力提升策略，实现未来洞见和前沿引领具有重要实践价值。

最后，场景驱动创新提供了面向政策的启示，对国家和政府部门瞄准重大场景，优化顶层战略设计、完善科技创新政策，从而实现高水平科技自立自强具有重要意义。场景驱动创新对我国科学探索、工程科技、民生安全等领域创新发展意义重大，是数字经济时代我国在重大科技创新领域取得原始性创新突破、赢得全球领先优势的经验升华，也是指导我国在未来完善国家、区域和产业创新体系，强化战略性新兴产业和未来产业优势，促进量子通信、航空航天、人工智能等领域重大技术突破，进而实现从创新追赶到创新引领这一关键转变的重要思维范式和政策着眼点。

目前场景驱动创新范式已引起学术界、企业界和科技政策领域的广泛关注，但仍面临突出实践难点，如场景选择与设计中对社会价值的重视不足、场景生态治理体系缺失，以及政策难点如数字技术和数字场景打破社会领域界限带来新秩序并引发新矛盾。未来需要进一步深化理论建构、实践探索和政策引导。对此，还应在开展场景驱动创新时，深化对场景多重特征的理解，强化使命和战略视野，关注国家、区域、产业、组织、用户间的价值共创共生。未来，场景驱动创新应加强对社会新型议题和发展趋势（如老龄化、气候变暖、共同富裕等）的重视，同时，进一步关注宇宙起源、地外生命探索等面向人类文明的场景，以场景驱动国际合作创新。

| 第三节 |

产业数字化动态能力

产业数字化的本质是应用数字技术和数据要素重构企业组织模式和产业创新发展范式，推动数字技术与实体经济深度融合，实现加速创新与能力跃迁的动态过程。然而，当前产业数字化转型面临战略不清晰、技术应用难、要素难以价值化、数字化见效慢、龙头企业牵引机制缺失等痛难点。对此，产业领军企业亟须发挥产业链的"链长"

优势，以数字技术创新与管理机制创新双轮驱动，在重构自身商业模式和竞争优势的同时，打造面向产业数字化转型的数字化技术核心能力与数字化管理核心能力，进一步以产业数字化应用场景驱动"双核"协同，整合建构产业数字化动态能力，加速大中小企业协同转型，推动产业数字化深度转型与持续创新跃迁。数字经济政策要更加重视培育产业数字化动态能力，发挥我国丰富应用场景优势，协同推进产业数字化与数字产业化，做强做优做大我国数字经济。

一、理论源起

诸多学者从资源基础观、生态系统和动态能力理论等角度出发，尝试提出数字经济时代加快企业数字创新的新型能力和相关理论。例如，有些学者提出了数字能力，涵盖技术研发、生产管控、财务管理、供应链运营、客户服务等领域。有些学者提出了数字化能力，即企业整合数字资产和商业资源，利用数字网络和技术对产品服务、生产过程、运营管理进行创新，以获取持续竞争优势的组织能力。有些学者提出了数字转型能力，聚焦数字战略的落地执行。刘洋提出了企业层面的数字创新能力，即组织通过部署利用数字资源，实现创新的能力。有些学者从知识管理的角度，构建数据驱动的动态能力，以阻止知识隐藏，实现组织制度创新。焦豪等学者聚焦动态能力驱动组织数字转型的作用机理，基于对数字技术的有效感知和运用，进行数据全生命周期管理，将有助于管理流程和业务模式创新。然而，现有文献多关注企业层面的数字创新，忽视了数字技术带来的跨企业和产业边界竞争、竞合乃至共生现象对传统战略管理和创新管理的新挑战，缺少对企业，尤其是行业领军企业通过数字化转型和其外部性带动产业数字化转型的理论探索与研究建构；更鲜有对数字经济时代涌现出的场景驱动型数字创新范式与实践如何拓展核心能力、动态能力，创新生态系统等传统理论边界的系统探究。

对此，我们基于数字经济对核心能力与动态能力理论发展提出的新挑战、新机遇，结合领军企业通过数字创新管理引领产业数字化转型的最佳实践和整合式创新理论、数字创新生态系统等独具中国特色的理论探索，提出数字经济时代驱动产业数字化转型的"元能力"——产业数字化动态能力，即产业领军企业以数字技术创新与机制创新双轮驱动，打造互为促进的数字化技术核心能力与数字化管理核心能力，在重构自身商业模式、重塑竞争优势的同时，通过数字化场景驱动"双核"协同整合形成驱动产业数字化转型与持续创新跃迁的元能力。

（一）从核心能力到动态能力

核心能力是在资源基础观（RBV）理论基础上演变而来的。该理论认为企业内部的资源和能力为企业的绩效与发展奠定了坚实基础，是企业获得持续竞争优势的源泉。企业所掌握的战略性资源（如基于经验的企业家资源、供应链网络、核心研发团队和制度文化等）将有助于企业在激烈的市场竞争中获得稳定的超额收益，在长期内主导市场，保持核心竞争优势。由此，普拉哈拉德（Prahalad）和盖瑞（Gary）首先提出，企业是一个能够体现资源价值的能力体系，核心能力是其对自有资源、技能、知识的整合能力，是一种学习能力。伦纳德·巴顿（Leonard Barton）进一步将核心能力界定为能区分和供应竞争优势的知识组合，包括管理体系、价值与制度标准、技术体系及流程、员工知识和技能四个方面。核心能力观立足资源，强调企业独有的知识技能、关键技术和关系网络等能力要素对企业成长的重要意义，却忽视了外部环境的不断变化。面对日益复杂的国际形势、快速迭代的技术变迁和激烈多变的竞争环境，传统核心能力的"核心刚性"问题凸显，不仅难以指导企业建立和保持核心竞争优势，还会阻碍企业发挥现有优势，不利于企业进化转型。

为了解决这些问题，动态能力理论迅速发展，成为战略管理理论研究的新热点。提斯（Teece）将动态能力定义为整合、塑造，或重建企业内外部胜任力，从而适应高速变化环境的能力。"动态"反映了企业紧密跟随环境变化，快速调整组织资源和能力，更新原有能力的本质，对应市场动态不确定性，弥补了资源基础观和传统能力论的不足。企业自身竞争优势的强弱会受到技术、经济、政治、环境等外部因素的影响，当核心能力的原始均衡状态被打破，致使现有竞争优势难以持续时，企业动态核心能力将通过开发、整合、配置、协调和释放现有及外部特殊资源和能力，帮助企业核心竞争力再次达到平衡，创造新的竞争优势。简言之，核心能力是企业存续的基础，动态能力则是企业面对新形势，重塑核心能力，进而获得持续竞争优势，实现可持续高质量发展的关键。从核心能力到动态能力，体现的是企业战略观的全局性变化，公司高管和决策者已从专注自身封闭式能力建构、强调秩序的垂直化制度体系、求稳的固定化决策管理，逐步转变为开放、互联、动态的战略思维。

（二）数字经济对动态能力理论重塑的挑战与机遇

随着数字化浪潮的迅猛发展，数字化知识和信息逐渐替代劳动力和资本，成为企业转型升级过程中提升核心能力、获取竞争优势、挖掘潜在机会的战略性资源；技术、市场和制度环境不确定性日益加剧；商业模式创新愈发普遍和重要；这对资源基础理论造成了极大的冲击，也给动态能力理论带来了全新的挑战与发展机遇。

首先，作为企业发展和产业转型重要引擎的数据资源具有高速增长性、海量性、共享性等特征，不同于传统资源的难以模仿、不可替代和稀缺属性；导致资源基础观从关注供给方的价值获取转向需求方的价值创造；动态能力理论也从聚焦核心企业依托内外部资源整合力适应环境变化转为强调企业与多方主体（如供应商、友商、消费者、机构客户、高校院所）协同共创。企业间的竞争格局发生变化，竞争关系向竞合关系转变，竞争优势向生态优势转换，优势来源从内部关键资源的配置能力向与外部有效关联的创建能力和应对环境快速变化的动态能力转变。企业需培育基于数据获得、解析和挖掘的核心能力。鉴于大数据情境对制度环境、组织创新和高管认知行为的影响，构建与发展基于数据驱动的动态能力至关重要。善于将大数据转化为知识、形成创新惯性、有效应用于场景的企业才能提升动态能力，成为市场赢家。

其次，数字经济深刻改变了企业的战略愿景、经营理念与管理行为。受宏观环境变化、市场竞争加剧和用户需求个性化的驱动，传统企业正在加速数字化转型，利用数字技术重塑战略思维、业务流程、组织结构和商业模式，构建以数据为核心驱动要素的价值创造体系，实现与利益相关者的紧密相连和价值共创，进而提升市场竞争力，强化核心竞争优势。数字化转型的核心是战略变革，而非技术升级，这改变了企业动态能力的内涵。孟韬等认为企业战略决定了商业模式设计，动态能力在其中发挥媒介作用，确保企业转型战略得到落实。企业战略应对商业模式设计进行适应性调整，建立由感知能力、获取能力和转型能力构成的动态能力组合，并依靠动态能力体系协调资源和开发商业模式。外部竞争为传统企业数字转型和动态能力理论带来巨大挑战，企业应建立一种平衡有效性和灵活性的动态能力，协调现有能力和数字化能力之间的关系。

最后，在数字化实践和商业模式变革中，制度情境、技术背景和市场环境的全方位高速变化，致使传统企业难以在模式、能力和资源上与环境动态匹配，传统能力理论中的组织惯性问题，如能力的路径依赖性，仍是动态能力理论所面临的一大挑战。在数字经济时代，新技术、新商业模式和新业态迭代更频繁，保持竞争优势变得更加困难，单一产品和服务的生命周期大幅缩短，需求端的超高速变化给供给端带来了更快速、更高效的决策需要，包括产品与解决方案设计、生产规划和资源配置等，这要求企业战略管理更加注重前瞻性、系统性和动态性。在这一趋势下，企业战略观要从传统的稳态和匹配思维转向动态和引领型战略观，将根据需求场景快速变革、动态优化组织竞争力的能力作为数字经济时代动态能力的内核并强化培养。

　　总而言之，数字化时代，战略超越现有能力与资源，能力不再决定战略，也即企业亟须将动态能力观重塑为全新的战略观，从产业链现代化的整体视角理解竞争优势，从传统的基于人力资源和历史绩效预测的战略管控思维，转向基于数据洞察和产业趋势前瞻性分析的引领型战略思维。未来引领产业数字化的企业能力的可持续性表现为一个动态的、数据洞察型和产业场景驱动型的发展过程，包括工作惯例，即具有一定的稳定性；相对柔性，即随动态市场环境而快速变化，防止核心能力僵化；数据洞察型，即基于组织内外的大数据预测分析快速调整战略和组织行为；产业场景驱动型，即以消费者和产业数字化应用场景驱动企业技术与管理核心能力的动态整合。

二、产业数字化动态能力的概念与核心内涵

（一）产业数字化动态能力的概念

　　整合式创新理论认为，无论是建设世界科技强国，还是产业创新升级、培育世界一流企业，均需运用整体观和系统观，以前瞻性思维准确把握时代的趋势、挑战和机遇，以战略视野和战略创新驱动引领技术创新和管理创新，实现技术与市场的互搏互融，强化内外协同和开放整合，最大限度地释放技术创新的潜在价值。在数字经济时代，

产业竞争环境更加复杂多变、模糊不定，唯有打造适应数字化转型的动态核心能力，以感知能力敏锐洞察技术趋势、挖掘商业机会，以获取能力构建平台网络、高效整合资源，以重构能力调适制度模式、强化进化适应力、实现数字战略，才能实现企业和产业的指数型、跨越式增长。

面向数字化时代企业数字创新和产业数字化转型的新趋势，结合数字经济对资源基础观和能力理论重塑提出的新挑战、新机遇，基于领军企业通过数字创新管理推动产业数字化转型的最佳实践和整合式创新理论、数字创新等理论探索，本部分提出数字经济时代驱动产业数字化转型的"元能力"——产业数字化动态能力，即在数字经济时代，产业领先企业在数字技术创新与机制创新的双轮驱动下，打造互为促进、互为支撑、互为发展的数字化技术核心能力与数字化管理核心能力，在重塑自身商业模式和竞争优势的同时，通过数字化场景推动"双核"协同整合，形成驱动产业数字化转型和持续创新跃迁的动态能力。

产业数字化动态能力包含数字创新战略、文化与价值观，数字化技术核心能力，数字化管理核心能力，依托产业应用场景的数字化动态整合能力四个维度；具有以构建产业数字生态为愿景，以战略创新为引领，以数据和技术为核心引擎，以开放共创共治为经营治理理念，以"双核"协同赋能场景创造价值为手段等特征。

（二）产业数字化动态能力的核心内涵

产业数字化动态能力作为战略视野驱动下的全新数字化转型范式，包含两方面核心内涵。首先，产业数字化动态能力是企业（尤其是产业领军企业）在应用整合式创新理论，通过数字创新重构自身技术核心能力和管理核心能力、打造全新商业模式、获取可持续竞争优势的同时，进行新型数字基础设施建设、改变产业主体间的连接方式与竞合关系、构筑融通生态、带动产业数字创新发展的动态能力；产业数字化动态能力是数字技术创新、数字机制创新和场景驱动创新协同的结果；产业数字化动态能力是对国家"加快数字技术与实体经济深度融合，不断做强做优做大我国数字经济，构建数字中国"战略的积极响应和有力支撑。深厚的技术积累和丰富的管理经验为企业数字化转型奠定坚实基础。拥有敏锐技术洞察力和优越自主创新能力的企业往往能够更迅速地应对技术、市场和制度环境的变化，适时地更新管理理念，变革组织战略，改进组织架构，创新业务模式，提升管理水平。这一过程又将推动核心技术的演进与发展，帮助企业提升核心技术竞争力，通过数字技术同现有核心能力的创新融合演化出相互支持、互为促进的数字化技术核心能力和数字化管理核心能力。场景化是企业基于技术与管理优势，推动技术核心能力和管理核心能力协同发展，赋能行业数智化转型的重要抓手。打造场景化，数据是关键，架构牵引和平台赋能是手段。

其次，产业数字化动态能力是战略驱动、动态发展、纵向整合、全面系统的新范式。企业应以动态能力为基础，将数字技术创新内嵌于企业发展的总体目标和组织管理全过程，结合全球数字技术和经济大趋势，确定企业和产业创新方向，并根据外部环境和组织条件适时、高效地进行战略变奏。战略实施层面，企业应坚持基于自主的开放整合式创新，借助数字化平台和数字化合作模式，联合全球伙伴打造新技术、新产品，构筑资源共聚、信息共联、机会共创、价值共赢的产业生态。

以贝壳找房（以下简称"贝壳"）为例。贝壳是居住服务行业领军企业链家应用产业互联网思维转型而来的，创立两年即成功上市，打造了全行业最大的数字化基础设施"楼盘字典"。贝壳自我颠覆特色的整合式创新得以落地的重要动力是聚焦构建科技驱动型新居住服务平台的企业数字化战略；两大基石则是以楼盘字典和软件即服务

（Software as a Service, SaaS）系统为代表的数字化技术创新体系和以经纪人合作网络（Agent Cooperate Network, ACN）机制为核心的产业数字化机制创新。数字技术创新层面，楼盘字典作为全行业最大最全的动态数据湖，构成了贝壳引领产业数字化的底层数据和技术架构，为数字创新奠定数据基础；软件即服务系统运用数字技术赋能业务流程，通过提升运营管理体系的数据能力、调度能力和场景线上化能力，如开发虚拟现实看房和人工智能讲房服务，在创新产品和机制的同时，提高了服务者的能力。管理机制创新层面，经纪人合作网络机制创造的激励相容从业者共创模式通过标准化和分享合作，推行公开透明的竞合模式，降低交易成本，提高服务品质，优化用户体验，提升了全行业的效率。技术创新和机制创新相辅相成，面向多元居住服务场景，为用户提供包括二手房交易、新房交易、租赁、家装等服务，搭建有品质的居住服务平台，打造产业数字化双核能力，形成"人店合一"的数字化居住服务共创模式，使得贝壳在加速超越竞争对手的同时，打造出连接客户端（C端）生态网和企业端（B端）生态网、支撑新居住生态的"数字化新基建"，构建起平台、经纪人、客户之间高效协同、相互促进的创新生态系统，重构并引领新居住服务行业全面数字化、智能化转型。

三、产业数字化动态能力的理论框架与最佳实践

产业数字化动态能力是数字经济时代，在位企业，尤其是产业领军企业重塑自身竞争优势并带动产业持续推进数字创新的"元能力"；是企业数字化技术核心能力、数字化管理核心能力和数字化场景整合能力的综合体，本质是领军企业通过数字手段、赋能应用场景、重构传统产业；是数字创新战略引领的产业数字化转型理论与实践范式，关键在于战略引领、场景驱动（图2-3）。

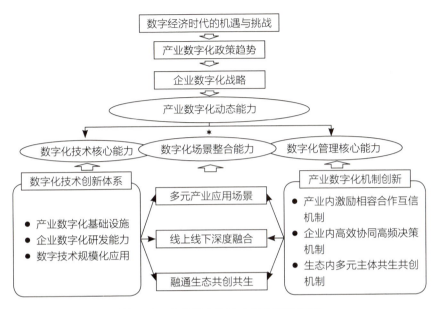

图 2-3　产业数字化动态能力理论框架

（一）战略引领：数字经济时代机遇与企业愿景的动态匹配

首先，数字化战略具有前瞻指引作用，决定了产业领军企业能否灵活运用新技术，变革自身商业模式，打造独一无二的竞争优势，推动产业生态系统演化。唯有洞悉数字经济时代的机遇和挑战，紧跟全球产业的技术演进与政策趋势，明确自身资源、能力和发展方向，制定数字化转型战略并坚定执行，企业才能在市场竞争中占据领先优势，引领产业持续竞争优势与能力的重构和持续创新。数字经济和数字化不只是风口和短期机会，更是长期战略共识。企业数字化转型的实质是战略变革与模式更新，这要求企业建立长远价值思维，进行基于数字化、智能化的顶层设计和战略规划，包括制定清晰的使命、愿景、发展战略、制度体系，以及树立明确的文化价值观。保持强大的战略定力和执行力将有助于企业动态改进组织架构和业务模式，迅速适应内外部环境变迁，获得难以复制的竞争优势。

以全球化工行业领军企业巴斯夫（BASF）为例。在巴斯夫高层的战略认知中，数字化对企业发展和全行业转型升级至关重要，因此，该公司在 2018 年发布了全新的企业战略，将数字化作为重要构成单独强调。数字化与创新、产品组合、运营、员工、可持续发展共同构成巴斯夫战略的六大支柱，并被广泛应用于包括研发、生产、用户合作及供应链的整个业务价值链体系中。在研发方面，公司利用超级计算机 Quriosity 进行分子模拟等实验，深度挖掘企业创新潜力，在提升产品开发速度的同时，满足消费者需求。在生产方面，截至 2021 年年底已有超过 160 个数字化项目在巴斯夫在中国的各基地装置上线启用。例如，公司在生产基地广泛部署内置传感器的生产装置，通过集成大数据和建立预测模型来预知设备故障并主动进行维护。在商业创新方面，巴斯夫将数字技术全面应用在业务的商业模式与供应链构建上，为客户提供全新的定制化体验。在运营管理方面，公司通过成立专业的数字化团队，实现信息化与自动化"两化融合"，突破化工企业数字化转型整体架构的关键节点。在文化制度方面，公司重点培育参与化工企业数字化建设的人员，包括数字化的领导者、应用人才和专业人员。在数字化战略的指导下，巴斯夫不仅实现了自身的长足发展，还为整个化工行业开启了数字转型的路径范式。

（二）数字化技术核心能力：以数字化技术创新体系打造能力底座

数字化技术创新体系由企业数字化研发能力、产业数字化基础设施和数字技术规模化应用构成，是企业构建数字化转型技术核心能力，打造世界级核心竞争力，从企业级创新跃升至产业级创新的关键，是创新、开放、合作、转型的高度统一。企业数字化研发能力以新一代信息科技为载体，强调企业在基于自主创新的开放式创新战略引领下，一方面，潜心钻研产业底层技术架构，牢牢掌握关键核心技术；另一方面，积极同政府端、供给端和需求端进行战略合作，加速先进技术的开发转化、融合应用与体系变革，以此驱动形成产业数字化的基础设施体系，促进数字技术规模化落地，强化产业创新扩散能力，推动产业数智化发展。

以京东方为例。成立 30 年来，京东方始终尊重技术、坚持创新，凭借每年 7% 左右的高研发投入和专注包容的创新文化，快速实现消化、吸收、再创新，在显示传感领域建立起强大的技术竞争优势。在创新管理方面，开设前沿技术寻源组织，研判半导体显示及物联网产业发展趋势；在技术开发方面，人工智能、有机发光二极管（OLED）、传感等领域专利申请丰富优质；在生产运营方面，成都、绵阳两条柔性"AMOLED 6.0"生产线稳定运行；在产品市场方面，营收和利润稳定可持续，2020 年显示产品出货量和市场占有率全球第一。而今，在物联网转型战略下，京东方继续秉持技术领先、协同开发、价值共创的发展理念，积极同供应商、竞争者、互补企业等深度合作，研发智能芯片、嵌入式设计等物联网新技术，构建大数据应用、计算机视觉、图像智能、人机交互四项核心技术，搭建移动技术、云应用、终端技术等研发平台，在以技术核心能力连接现有业务、驱动新兴业务发展的同时，整合平台生态优势资源，重塑商业模式，重置产业价值链，打造物联网时代的产业数字化创新生态（图 2-4）。

（三）数字化管理核心能力：产业数字化机制创新加速共生共创

产业数字化机制创新对建立数字化管理核心能力至关重要，包含产业内激励相容合作互信机制、企业内高效协同高频决策机制和生态内多元主体共生共创机制，企业内高效决策机制和产业内合作互信体系共同促进产业的结构更新与能力提升，推动形成全新的产业生态。

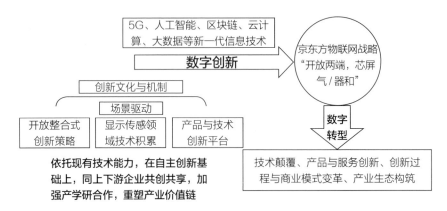

图 2-4　以数字技术为核心驱动的京东方数字化转型模式

数字化机制创新是企业运用新兴技术手段，优化业务逻辑和结构，提升生产要素关系和流程效率，并应用数字孪生思想，实现实体设备、运作过程和资源配置的全方位数字化，推动实体空间与数字空间相互映射孪生协同，完善企业决策管理机制的过程。稳定的组织结构和产业利益格局有助于提升组织效率，而数字技术的导入与应用将打破这种状态。因此，数字经济时代的管理机制创新必须突破组织惰性，触发组织变革，其难度在于组织的复杂性。这要求管理层从网络空间视角出发，优化业务体系和运作模式；积极跨越组织边界，顺应网络化、平台化和生态化的趋势；构建基于数字技术、数字流程和数据要素的产业创新生态，打造企业数字化管理核心能力，持续赋能产业数字化转型。

以美的集团（以下简称"美的"）数字机制创新与数字化管理核心能力打造过程为例。数据战略是美的数字化转型的核心战略，即通过数字化的手段实现管理的透明性、响应性、精准性、实时性和智能性。通过应用供应链云，美的拉动了上下游与客户的数据共享，实现了供需间的产能可视化，化解了供需匹配中的不确定风险。在响应性方面，通过佩戴华为智能手表，在生产线运营出现故障时，工人们能在五分钟之内赶赴现场进行维护。在精准性方面，数据能够拓展人的知识和经验，帮助管理者发现一些靠经验无法识别的问题，形成管理闭环，持续改善管理体系。在生产过程中通过数据分析识别更多异常值，能够为技术精进和精益管理提供更广阔的空间。通过云端应用程序，美的可以对物流进行实时动态管理，如物流车辆动态跟踪、车辆精准入厂管理、移动终端引导装货和机器人卸货等。此外，美的还采用人工智能视觉识别技术，帮助员工识别机器噪声，及时处理生产安装中的错误和瑕疵。通过数字机制创新，美的不仅优化了生产流程，强化了管理体系，重构了问题解决及运营管理核心能力；还推动了全价值链数据共享，引领全产业链从经验管理上升到科学管理，实现数字生产、数字运营和数字服务（图2-5）。

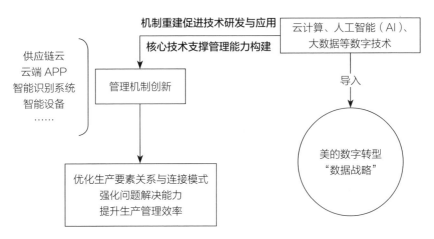

图2-5 美的数字化转型中的管理机制创新

数字化技术核心能力和数字化管理核心能力是基础，互为促进，共同支撑对内的战略变革和对外的场景化应用。作为产业数字化转型和技术市场化应用的主体，企业需要持续强化技术创新和机制创新，建立强化并革新关键技术，整合利用并发掘核心资源，以带动产业创新升级。

以华为技术有限公司（以下简称"华为"）为例。随着产业数字化和行业全云化的趋势愈发显现，根据行业特性和发展，打造全新ICT❶基础架构平台，连接产业转型和商业价值，成为华为生态观的关键导向。秉持"赋能合作伙伴，打造云圈生态"的发展理念，华为对其所拥有的强大平台和丰富资源进行针对性战略部署，在打通数字化技术与管理核心能力体系的同时，建设"融入、创新、分享"的华为生态。为了将技术创新成果转化为高品质的解决方案和产品，形成动态更新、灵活匹配的商业模式，华为将技术创新管理同组织创新管理有机整合，围绕基础理论、算法突破、技术突破、重定义技术产品架构、重定义产业节奏方向、开拓新业务等方向，进行数字基础设施创新。在此基础上，华为聚焦数字办公、智能制造、数据中心和广域网络等数字化基础设施应用场景，积极同技术开发人才、应用服务商、先锋企业等产业生态伙伴协同创新，赋能政府机构和企业客户的业务流程，解决业务问题，提高业务效率，提升用户体验，重塑商业模式，构筑健康生态。

（四）数字化场景整合能力：面向产业场景实现持续创新跃迁

数字化场景整合能力是引擎，驱动企业不断创新，面向特定产业场景和痛点，实现数字化技术核心能力和数字化管理核心能力的协同耦合，形成推动产业持续创新跃迁的产业数字化动态能力。具体而言，场景整合能力从多元产业应用场景入手，通过推动线上线下深度融合和激励跨产业合作，打通企业数字技术能力和数字管理能力，联合多

---

❶ 信息（Information）、通信（Communications）、技术（Technology）的英文首字母，是信息技术与通信技术相融合而形成的一个新的概念和新的技术领域。

元主体构建产业数字转型所需的共创平台，建设共创共生的融通生态，拓展产业内外部资源整合能力，打造面向数字化转型的产业动态核心能力。

场景驱动式创新是将技术应用于某个特定领域，实现更大价值的过程；是基于长远设想与创意，实现技术突破、创造未来的过程。在数字经济时代，大量新场景、新品类、新赛道涌现，科技创新速度快，市场需求瞬息万变。企业应坚定数字化战略，通过搭建内部的数字中台和外部开放式的数字创新平台，形成链接组织内外的生态化组织管理模式，通过嵌入式应用人工智能、数字仿真和数字孪生等先进技术手段，深入分析挖掘乃至预测消费者行为与用户需求，以此引导和创造供给，在市场竞争和场景实践中实现技术、产品和服务的迭代。与传统的从技术到市场的线性创新模式不同，在场景驱动创新模式中，创新动力从科学家的好奇心转向商业需求倒逼和需求场景牵引的技术创新；创新环境从实验室走向真实的市场环境；创新主导者从科研院所走向科技创新企业和领先用户；参与主体则从原来的研发人员转向由来自科学界、产业界、投资界各方人士乃至深度学习算法驱动的类人智能体构成的数字化创新联合体；创新过程浓缩在真实的市场验证环境中，从以往先研发后转化的历时性创新走向技术研发与商业转化同时发生的共时性和共生性创新。这种场景驱动的数字化创新过程中，能够实现制造业"微笑曲线"的研发端和市场端的实时、动态、精准和高效能匹配，在保障产业链安全、降低成本的同时实现企业自身的柔性、大规模定制化和即时生产，并能够通过产业链激励相容的数字化合作机制与区块链等数字技术保障后疫情时代的产业链高韧性与可信数字化发展。长远来看，数字化转型空间广阔，深耕"场景化"会带来无限机遇。企业应持续优化解决方案孵化能力，通过组建完整的使能团队，让场景解决方案的构建变得更简单；同时借助技术核心能力和管理核心能力，与行业伙伴合作开发，挖掘数字价值，最终引领带动产业提档升级。

京东方在进行物联网业务布局时，就充分运用场景驱动的思路，针对六大场景领域与二十余项具体场景，分别提供体系化的解决方案，包括智慧城市、智慧零售、智慧医工、智慧金融、工业互联网和智慧出行等。以公司在工业互联网领域最具特色的智慧园区场景应用为例。智慧园区是指为客户提供园区层面的物联网场景解决方案。从技术层面而言，以云资源作为基础设施，统一搭建开发平台、大数据平台、人工智能平台，为具体管理软件的开发应用提供支持。从管理层面而言，基于云平台、物联网、人工智能等新兴技术，按照客户需求对园区内的多项具体项目进行精益化和智能化管控，如人员管理、车辆管理、安全管理、能耗管理。京东方所提供的智慧园区解决方案，具有专业性强、协同度高、兼容性高、功能完整、操作简单等特点，充分体现了公司的深厚技术积累。通过场景驱动的管理模式创新，京东方将技术优势转化为服务能力，真正解决客户的实际需求与痛点问题，赋能产业内海量场景。

一直以来，美的集团都把产品领先作为企业核心竞争战略。在此基础上，公司于2020年年底正式将数字化纳入集团战略，形成了以科技领先、数智驱动、用户直达、全球突破为四大主轴的全新战略组合。其数字化战略立足核心家电制造业务，以同业竞争为核心目标，完全服务于企业战略，旨在利用数字化转型过程打造异业竞争优势。美的以"企划通"集团大数据企划系统为载体，围绕数字化洞察、数字化测评、数字化运营三个业务场景，拉通大数据、企划系统、研发系统，建立以用户、市场为中心的需求管理平台和产品企划全流程的数字化分析模型，实现"大数据输入—系统自动解析—推荐企划方案"的数字化企划闭环，在半年的时间内上线了市场分析、用户分析和产品运营三大数字驱动的业务场景板块，品类覆盖达到90%以上，实现了快速、真实和精准的用户测评效率，拉通了运营与研发的数据，大幅度降低用户调研企划和研发成本，将感性的用户体验量化后提供个性化的产品购买组合和购买路径，激活了庞大用户，实现更高效、更精准的用户触达和更高的营销转化率、产品销量，多款新品冲进销量第一。与此同时，在数字化转型过程中，美的时刻不忘核心战略，在赋能自身数字化的过程中，完善了产业数字基础设施，并通过孵化的安得智联、美云智数等数字化企业，为全行业的企业和用户提供数字化咨询、制造业云服务和产品数字化方案，推动了产业数字创新转型。

四、产业数字化动态能力理论贡献与展望

本部分针对全球数字经济发展的现状和趋势、中国企业和产业数字化转型的情境特征，以及数字中国建设对数字创新理论范式的呼唤，系统回顾了现有数字经济研究文献和创新创业理论如资源基础观、核心能力理论和动态能力理论，总结现有理论与范式的不足，基于我国特有的整合式创新理论优势，结合领军企业通过数字创新管理获得可持续竞争优势并推动产业数字化转型的最佳实践，提出驱动产业创新发展的全新能力范式——产业数字化动态能力，即通过数字技术创新和管理机制创新，打造互为支持、互为引擎的数字化技术核心能力和数字化管理核心能力，通过数字化场景应用驱动"双轮"协同耦合，形成引领产业共创、共享、共赢生态建设和数字转型持续创新跃迁的元能力，主要贡献如下：

首先，从企业创新管理和产业数字化的视角，在回溯全球动态能力构建和数字化转型理论研究的基础上，针对数字经济时代现有范式的局限，提出了产业数字化动态能力这一符合东方情境的独特数字创新范式。产业数字化动态能力是数字化战略视野驱动下的整合式创新；是数字化管理核心能力、数字化技术核心能力和数字化场景整合能力的综合体；是头部企业在数字创新战略引领下，围绕产业需求痛点，

瞄准特定应用场景，因地制宜，构建技术核心能力和管理核心能力，带动产业转型，实现数据价值的过程。这一数字创新范式弥补了以往创新理论和能力范式所缺失的场景驱动和战略引领，其中，战略引领解决核心刚性和数字经济带来的高频创新决策难题，产业场景体现产业特色。

其次，产业数字化动态能力突出强调了数字化转型过程中顶层设计、战略定力、创新驱动、开放协作、场景应用和融通整合的重要性，尤其是战略和场景的重要实践价值。对于互联网领域，需要紧密围绕特定产业链环节和业务场景的痛点，以头部企业带动产业转型，如华为的鸿蒙系统和阿里巴巴的"101战略"均是开放数字基础设施，瞄准特定产业场景进而赋能传统产业数字化转型；对于传统制造业，应聚焦领军企业自身特有的优势赛道，以数据赋能所在产业的业务场景，如京东方的工业互联网和智慧园区；对于服务业，需推进数字基础设施建设，以数字技术创新支撑业务流程创新，打造高效的商业模式和全新的业态，如贝壳的新居住服务生态和用友的商业创新平台（Business Innovation Platform, BIP）。这一范式的提出，对于深入中国数字创新领域和理解典型企业的数字化转型实践具有重要意义，有助于管理者基于数字化目标，设计和实施提升技术核心能力、管理核心能力和平台整合能力的战略，实现可持续竞争优势，进而推动产业跃迁。

最后，产业数字化动态能力是整合国家、产业和企业的战略需求，推动多元主体共建的全新能力观；是帮助中国产业建立可持续竞争优势，支撑实施科技创新强国战略的原创性理论范式；是进一步提升国家科技创新实力，强化全球创新领导力，瞄准高质量发展目标的政策设计和实践思维。一方面，产业数字化动态能力顺应技术迭代变化与商业模式演进，体现了共享信息资源、共创机会价值、共建生态体系的产业发展理念，符合数字经济和时代背景；是中国企业在数字技术领域取得突破性进展，赢得全球领先竞争地位的经验凝练；也是指导建立国家数字经济产业体系，推动 5G、人工智能、物联网等新兴领域重大技术创新同工业、农业、服务业等传统产业融合的政策着眼点。另一方面，产业数字化动态能力提供了面向政策的科学参考，有助于国家各级政府机构优化顶层战略设计，完善政策制定，强化实施机制，把握数智化、网络化和线上化方向，打造世界级科技领军企业，最大限度地发挥数字科技对中国科技自立自强和新发展格局构建的价值。

当前，产业数字化动态能力尚未在学术界、科研界和产业界得到应有的重视和广泛应用，但从产业数字化场景着手重构和升级企业动态能力理论，将数字转型战略、数字化技术核心能力、数字化管理核心能力和数字化场景整合能力相结合，正是动态能力理论与数字经济实践融合的必然趋势。基于战略引领和场景驱动的产业数字化动态能力能够帮助企业抓住技术革新、模式创新和产业变革的机遇，是助力企业塑造可持续竞争优势、带动产业数字化转型升维的全新范式，值得企业管理者、政策制定者和科研工作者持续深入地跟进研究。在政策层面，产业数字化动态能力提供了一种基于整体观和系统观的政策设计角度，即数字经济政策不应局限于单个企业数字化经济绩效提升，而应有机统筹数字经济时代的科技、经济、民生、文化、生态、教育，形成战略引领、数字要素驱动、开放合作的整合式数字创新。唯有如此，企业才能在国家创新驱动发展战略的引领下，抓住全球范围内数字技术驱动的创新发展战略机遇期，整合推进国家、产业和企业创新战略同数字科技的深度耦合，系统完善数字驱动型国家、区域和产业创新体系与数字化生态发展体系，做强做优做大我国数字经济，推动构建新发展格局。

03

第三章

方法策略篇：
数实融合　价值倍增

产业数字化转型方法论

中国产业数字化转型是瞄准中国式现代化背景下产业向高端化、绿色化、智能化、融合化发展方向，以场景驱动创新为理论指导，以产业协同数字化转型为主线，以产业数据要素畅通共享为基础，以场景驱动数字技术与实体经济深度融合为关键路径，培育产业数字化动态能力，以产业价值体系优化、创新和重构推动经济高质量发展为目标，全方位重构产业链、重塑创新链的过程。

从过程视角来看，产业数字化转型是对传统行业全方位、多角度、全链条的改造和升级，我国产业数字化已取得了明显成效和积极进展，但仍在数据要素、数实融合、数字倍增与资源保障等方面面临一系列关键问题与挑战，笔者通过广泛调研和访谈，总结提炼了产业数字化转型的方法论与策略建议。

一、转型主线

产业数字化转型主线可以归纳为"三步走"：一是以产业数据要素畅通共享为基础，二是以场景驱动数实融合为关键路径，三是以产业价值体系优化、创新和重构推动经济高质量发展为目标（图 3-1）。

数据要素是继土地、劳动力、管理、技术、资本等之后的生产要素新形态，具有非竞争性、非排他性、低成本复制和即时性等特征，是数字经济发展的基础性、战略性资源。打通产业数据链，让数据流

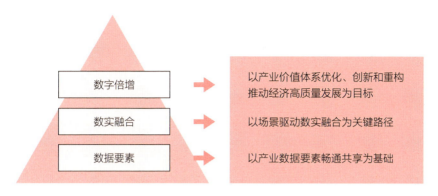

图 3-1 产业数字化转型的策略主线

引领商流、物流、人才流、信息流、技术流、资金流等要素在企业、产业乃至生态间高效协同，实现要素设施共享、企业互联融通、资源优化配置、开放协同创新，从而推动产业发展从块状经济、产业集群走向产业生态。产业数字化转型应是从技术应用对产业链的散点解构到数据化的全局表达，再到产业生态的数字化重构，通过构建包括商流、物流、人才流、信息流、技术流、资金流的高效协同体系，打造产业集群创新网络生态。然而，考虑到法律、激励与技术等问题，企业普遍对数据共享持有较低的意愿，覆盖全流程、全产业链、全生命周期的工业数据链尚未构建，导致我国产业链上下游联动较少，产业链协同困难。厘清数据要素在产业链上下游畅通共享中存在的问题，加快数据确权、数据定价、数据交易，促进数据合规高效地流通，释放数据价值，是推动产业数字化转型的基础。

党的二十大报告指出"加快发展数字经济，促进数字经济和实体经济深度融合，打造具有国际竞争力的数字产业集群"。数实融合是指数字经济和实体经济深度融合发展，实体经济是核心，数字经济通过为实体经济赋能推动传统产业的数字化转型和价值倍增。近年来，产业发展的规律性减弱趋势明显，复杂性、随机性、突发性的问题增多。数字技术与传统行业简单叠加，已经不能满足传统垂直行业的需求，产业数字化转型进入数实深度融合阶段，由技术应用向数智重构转变，由效率变革向价值变革转变，由企业层面向产业链价值链拓展。传统产业需通过实体融合、价值融合、运营融合、产业融合逐步发展成为新型实体企业，兼具实体性、科技性、生态普惠性和网络外部性。

数字场景在推进数字化转型、发展数字经济的过程中具有重要地位。数字场景是数字经济时代下的新型业务场景，是在相关业务范围内，业务数字化、模型化、柔性化运行的参与主体、行为活动、资源条件以及数据要素的有机组合。产业数字化数字场景层级可分为企业层面数字化转型、产业链上下游协同数字化转型以及产业生态数字化转型。推动产业集群式数字化转型，应该聚焦细分行业，为企业"画像"，理清企业生产经营的机理、流程、工艺，找准痛点、难点和堵点，系统梳理企业的共性问题和需求，以共性场景作为破局点，由点及面，将共性需求转变为系统化的解决方案和产品，并在全行业推广。

产业是支撑经济发展的核心和基础。产业数字化需要围绕经济转型升级展开。当前，我国经济已由高速增长阶段转向高质量发展阶段，正处在转变发展方式、优化经济结构、转换增长动力的攻关期。产业数字化将搭建传统产业和新兴技术的融通桥梁，推动互联网、大数据、人工智能、5G 等新一代信息技术在传统产业全要素、全产业链、全价值链中的深度融合应用，形成新技术创新、新产品培育、新模式应用、新业态拓展和新产业兴起，实现产业发展从量的积累、点的突破逐步转为质的飞跃、系统性提升，为经济转型升级铺设道路，助力实体经济高质量发展。产业数字化转型的根本任务就是要通过再造传统企业质量效率新优势，推动产业提质增效，重塑产业分工协作新格局，孕育新业态新模式，加速新旧动能转换，从而推动经济高质量发展。产业价值体系优化、创新和重构应以客户价值为导向，充分利用数字技术，夯实我们为客户提供的基础价值，拓展增加价值，在企业价值链和产业价值链进行全链路协同提效与优化升级，并逐步实现数智技术与业务流程、组织生态的深度融合内化与创新赋能。

二、转型关键

在数字经济大潮下，当前大部分企业不再简单地考虑数字化转型"做什么"和"怎么做"的问题，很多企业已经实现关键业务流程与设备设施、应用系统、决策辅助等技术要素的集成优化。企业与产业决策者更多考虑如何实现技术应用的商业价值落地。

产业数字化转型的最终目标应紧密围绕价值效益开展，数字化转型是否实现价值倍增是判断产业数字化转型成功的关键量规。面向数字倍增的目标，本书从国家、产业、企业三个层面研究，梳理总结出"一体—两驱—三维—四化"的数字倍增方法论（图3-2）。

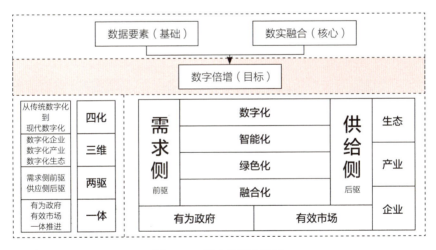

图 3-2 数字倍增方法论

在"一体—两驱—三维—四化"中，"一体"是指促进有为政府和有效市场一体推进；"两驱"是指需求侧前驱和供给侧后驱双轮驱动；"三维"是指"企业—产业—生态"三维网同频共振；"四化"是指通过数字化、智能化、绿色化、融合化并举赋能高质量发展，推动中国式现代化加速向前。

"一体"的关键是要将政府治理和市场机制深度结合。在国资委的带领下，国有企业围绕转意识、转组织、转模式、转方法、转文化，多措并举推进数字化转型工作落地。89 家央企明确数字化转型发展规划，90 多家央企组建"一把手"负责的转型领导机制；800 多家国有企业探索传统业务转型模式，推出典型企业 900 多家，建设数字场景 3200 多个，组织转型培训 3.7 万场，参加人次近千万；国有企业数字化转型"上热中温下冷"局面已得到较大改观。

"两驱"的关键是通过数字化手段，更高效地促进需求牵引供给、供给创造需求，从而促进整个产业链降本增效，促进供给侧结构性改革和扩大有效需求协同。以芯查查系统为例，通过汇集元器件产业供需数据，提供行业波动指数并开展行业市场趋势分析，为产业链供应链上下游提供数据基础，优化供需平衡，提高供应链效率，促进元器件行业信息共享，降低产业链供应链"断供"风险，同时促进数字化转型的价值释放。

"三维"的关键是从企业、产业、生态层面，围绕核心价值链做到闭环打穿。传统的数字化转型很多时候花了大工夫，但最终只是形成"局部最优"，或者在产业价值闭环链条中有"缺项"，从投入产出的角度来考量，有些企业的数字化转型甚至是失败的。

从横向贯穿角度，以京东为例，通过数智化手段打穿产业上游供应端、物流端和客户消费端，形成横向闭环。其中包含智慧采销、智能仓储、预测配送、最优路径算法、用户反馈等围绕价值链的全要素环节，最终在各个环节的价值结合之下，整体业务数字化转型迸发出广阔的价值空间。京东通过数字化的手段高效整合内部和外部的资源，实现供应链的全方位协同。通过采集生产和销售数据，并与供应链伙伴共享，可以优化生产计划、库存管理等方面，建立供应链控制塔，以及实现供应链一体化、全渠道一盘货等目标。通过智能化技术，实现生产自动化、智能化，提高生产效率和产品质量，减少人力成本。通过定制化服务，让消费者感受到个性化的服务体验，提高销售额和客户忠诚度。整体上，通过数字化的手段，使得消费者的千人千需准确、即时地贯穿到产品生产、运输、使用、售后的所有环节之中。

从纵向贯穿角度，以中国电子信息产业集团（以下简称"中国电子"）为例，中国电子在计算产业发挥产业核心环节布局完备、组织协同能力强的优势，基于系统工程的思想方法，在构建数字系统时可打开中央处理器（CPU）、操作系统、数据库、云平台及应用软件等软硬件进行系统全局优化，形成纵向闭环。中国电子构建了"行业定制、系统优化"创新模式，高度满足行业客户多样化、个性化需求，从底到顶深度提升性能指标、重构优化应用、提高可靠性能等。而纵向贯穿的重要前提是要面向计算产业，从底层到应用层进行体系化布局。缺少其中任何一个环节，纵向到底的整体调优就难以实现。具体实践中，中国电子同用户单位成立联合创新实验室，以联合开发模式进行行业定制，取得了显著成效。联合大型能源央企，针对省际交易结算自主安全的需求，开放底层核心器件，突破模拟信号分级处理、高精度计量算法等关键技术，系统调优打造自主安全特高压变电站关口表，有效解决计量精度和稳定性等难题，无功计量精度较国外同类产品提升 50%。

不同行业领域里的千企百业千差万别，不一定能完全复制以上商业模式。然而，从价值维度看，若想实现数字倍增，需要寻找属于自己领域的"闭环"，再以数字化的手段流通数据要素，贯穿、打通闭环，最终指向商业逻辑的效率提升，发挥出"数据要素 X"的倍增作用。

产业数字化的闭环打穿，除龙头企业的主动贯穿之外，更多时候还需要企业间密切配合。2023 年 9 月，国务院国资委会同工信部共同召开以中央企业产业链融通发展"共链行动"。通过共链行动，推动中央企业更好发挥在建设现代化产业体系中的引领带动作用，通过搭建开放共享、互利共赢的产业发展融通平台，打造产业链生态圈战略性合作关系，有效促进大中小企业在更宽领域、更深层次实现供需匹配、协同创新、成果共享、生态共建，共同提升我国产业链供应链的韧性和竞争力。尤其在产业数字化领域，生态间企业合作对于价值提升有极大的促进作用。如中国中车集团在2022年建成全链开放的中车工业互联网，项目基于轨道交通装备产业链各场景，提供智能化生产、网络化协同、个性化定制、服务化延伸等服务能力和解决方案，构建起统一门户和中车集团、子公司、客户、供应商、创新者五大应用场景，有效实现资源互补、价值创造。

"四化"的关键是从传统的、基础的数字化迈向与智能化、绿色化、融合化同频共振的现代数字化。

在产业数字化的初期，由于技术积累不足、数据孤岛多等原因，传统数字化转型更多具有单点尝试、信息化为主、局部单元建设、流程驱动信息而非数智驱动运营等特征。当前有部分领军企业，已经完成数字底座建设，开始用智能运营等现代数字化的方式深入到产业高端化的领域，在数字化转型的同时，瞄准智能化、绿色化、融合化方向延伸。而智能化、绿色化、融合化是产业高端化的重要战略机遇，是现代化产业体系的基本特征。

以数字化与绿色化结合为例。全球低碳转型及我国"双碳"目标的确定对产业提出了绿色低碳发展的要求，随着数字技术的进一步发展，传统产业数字化快速推进，为低碳转型提供了新的解决思路。绿色化牵引数字化，数字化赋能绿色化，二者互为支撑、协同融合，对经济长效发展意义深远。具体到企业实践中，以中国三峡集团为例，打造"智慧三峡"数字化转型，深度赋能数字化、绿色化协同发展。一方面，通过数字技术引领新能源业务跨越式发展，增加新能源市场竞争力，加快绿色化转型。中国三峡集团利用终端智能和物联网等技术打破数据壁垒，实现信息全面感知，数据全环节贯通，数字技术与新能源业务设计、施工及运行深度融合，有效提升企业经营水平。实现施工精益化，以 BIM、物联网、大数据等数字化技术作为支撑，通过作业动态模拟、可视化施工交底等提升精细化程度，通过 4D 进度管理、5D 动态成本管理提升施工管理水平。实现运行智慧化，构建新能源智慧运营系统、风光储智慧联合调控系统，建设区域集控中心，实现"无人值班、少人值守、集中监控、状态检修"，有效提升运营效率、降低运维成本。另一方面，通过数字技术引领水电建设运行转型升级，推进绿色化进程。打造"智慧水管家"，构建长江经济带"源网站厂河"五级全链条智能监管感知系统，形成"全面感知、科学评估、智能预警、调度决策"城市智慧水管家。打造长江大保护综合管理平台，全面构建由物联感知"一张网"、三维可视化"一张图"和智慧感知、水务应用等"四中心"构成的智慧水务管理体系，实现城镇污水治理问题精确溯源、精准诊断和精细管理，引领水务行业数字化转型。促进生物多样性保护智能化，建立长江上游珍稀特有鱼类保护数据库，实现对累计 500 余万尾放流中华鲟实时化智能化生态监控分析。

（一）"一体"：有为政府和有效市场一体推进

政府与市场的协同作用对于推动产业数字化转型具有重要意义。政府在产业数字化转型过程中扮演着关键引导者角色，政府应通过资金和政策支持，引导市场资源合理分配，完善基础设施建设，鼓励技术创新和应用、加强信息安全保护、推动人才培养和技能提升以及促进国际合作与交流等措施支持产业数字化转型。

⊙ 制定政策、法规和指导性文件：政府可制定有利于产业数字化转型的政策、法规和指导性文件，明确数字化转型的目标、要求和规范，为数字化转型创造有利的政策环境。

⊙ **提供资金支持**：政府可以通过财政支持、税收优惠等方式，为产业数字化转型提供资金支持。政府还可以鼓励商业银行为数字化转型企业提供资金支持，降低企业的融资成本。

⊙ **推动基础设施完善**：政府可推动基础设施建设，包括高速网络、云计算中心、大数据中心等。基础设施的完善将为企业数字化转型提供有力支持。

⊙ **鼓励技术创新和应用**：政府可鼓励企业进行技术创新和应用，为各类创新提供政策支持、财政扶持和技术支持，鼓励企业进行数字化转型。

⊙ **加强信息安全保护**：政府可加强信息安全保护，制定信息安全标准和管理制度，确保转型企业的信息安全。同时，政府可对数字化转型企业进行定期的信息安全检查，确保信息安全。

⊙ **推动人才培养和技能提升**：政府可在人才培养和技能提升方面发挥作用，制定相应政策，鼓励高校和职业培训机构开展数字化人才培养，加强员工数字技能培训，为企业的数字化转型提供人力资源支持。

⊙ **促进国际合作与交流**：政府可推动国际合作与交流，引进国内外先进技术和经验，加强与国际组织的合作，推动技术交流和贸易往来，为企业数字化转型提供国际视野和经验。

市场在推动数字化转型中发挥着根本作用，市场应积极响应政府政策，发挥企业主体作用，实现资源配置、需求满足、风险分散、合作竞争、创新产品和服务，形成良性市场环境。

⊙ **资源配置**：市场通过供求关系、价格机制和竞争机制实现资源配置。在数字化转型过程中，市场机制促使企业提高生产效率、降低成本，从而推动整个行业向数字化转型。

⊙ **创新激励**：市场通过竞争和优胜劣汰，激发企业创新。数字化转型中的企业需要不断追求技术进步，以提高效率、降低成本，从而在市场中保持竞争力。

⊙ **需求满足**：市场通过消费者需求推动数字化转型。消费者需求的变化和期望促使企业不断改进和优化其产品和服务，推动产业数字化的发展。

⊙ **风险分散**：市场中的企业需要承担一定的风险。在数字化转型过程中，市场机制鼓励企业通过创新、多元化经营等方式分散风险，以降低潜在损失。

⊙ **合作与竞争**：市场中的企业之间既存在合作，也存在竞争。在数字化转型过程中，企业间的合作和竞争共同推动整个行业向数字化方向发展。

⊙ **政策反馈**：市场中的企业通过业务表现、创新程度等方面对政策进行反馈。政府基于这些反馈调整政策，以更好地支持数字化转型。

⊙ **技术进步**：市场中的企业追求技术进步，以在竞争中保持优势。技术创新和核心技术在数字化转型过程中不断提高，从而推动整个行业的发展。

只有在政府引导、市场驱动两种机制的共同作用下才能实现产业数字化转型健康和持续发展。因此，政府与市场需要在多方面加强合作，实现互补，共同营造一个有利于数字经济发展的良好环境。

⊙ **政府政策与市场化调控相结合**：政府政策与市场机制应相互补充，以确保资源配置和供需平衡的合理性。

⊙ **竞争与协作相结合**：政府可鼓励行业竞争，提高整体效率，同时强化行业合作，促进产业集聚和发展；政府可根据市场需求，调整产业结构和资源配置，同时激发企业创新力，提高供给侧发展质量。

⊙ **宏观政策与企业微观行为相结合**：政府宏观政策与企业在转型过程中微观行为应协同一致，共同推动产业数字化转型进程。

（二）"两驱"：需求侧前驱和供给侧后驱双轮驱动

当前我国经济运行的矛盾主要集中在供给侧，传统产业从研发、设计、采购、生产到销售的链条较长，销售渠道通常还会分层和分级，链条越长，供给侧对产品销售的控制能力就会越弱，企业对终端客户的需求洞察也愈发不准确，产品供给主要靠决策层人为判断或者订单需要来判断，市场增长也主要靠供给驱动。由于无法直接触达客户需求，企业所提供的产品和服务不能有效满足消费者日益增长的高品质、个性化需求，还会造成产能过剩。产能过剩使得供给与需求失衡，市场竞争激烈，企业赢利困难，生产活动的市场价值无法兑现，经济运行难以实现良性循环。

产业数字化转型可使传统产业的产业模式和企业形态发生根本性转变，生产者和消费者之间的关系从供给驱动转向需求导向。首先，数字化可使供给侧直接触达需求侧，可以及时了解市场与用户需求，还可以让用户直接参与产品设计，供给侧掌握了大量用户需求的数据，通过大数据分析用户画像和细分用户群体，可准确掌握用户需求，根据消费者需求和偏好，通过数字化技术培育新的数字化需求，如智能产品、智能服务，还可从单一的产品向"产品 + 服务"的方向升级，提供满足消费者多样化需求的全面解决方案；同时，数字化转型推动产业智能化升级，通过模块分解、产品共线和柔性组装等方式，可完成个性化产品的批量化和规模化生产，有效满足用户个性化和多元化的产品需求。

（三）"三维"："企业—产业—生态"三维链网同频共振

产业数字化转型以企业协同数字化转型为主线。企业是产业的基本单位，是经济运行的微观主体，也是国家经济的最基本组成。以发展数字经济，推进产业数字化，大中小企业融通协同推动千行百业万企数字化智能化转型升级为主线，企业的数字化协同转型将直接推动产业的数字化进程，提高产业整体竞争力，促进产业创新和发展，从而形成中国经济发展的内核力。

企业数字化协同转型进程中将形成"数字化企业—数字化产业—数字化生态"三维一体、递阶演进的产业价值链网。企业利用数字技术对企业内部研发、生产、营销、管理等环节进行协同和改造，实现提质降本增效和企业创新发展，即形成数字化企业。产业链是企业之间由于供需关系形成的网络链条，利用数字技术打通产业链上下游企业数据通道，以数据优化供需调配，强化供应链精准对接，形成跨企业网络化协同和社会化协作，促进产业链高效协同，重塑产业分工协作新格局，数字技术与价值链各个环节的深度融合过程，还催生出全新的价值空间，重塑各个环节的价值设定，形成数字化产业链。生态强调生态内企业共建、共创、共享和共生发展，随着跨环节、跨行业、跨领域深度集成与融合，异质企业通过共建共享共生构建起广泛联盟、合作共赢的跨界多边融合生态模式，形成产业数字化生态。以用户价值为出发点建立合作关系而形成的数字化生态及平台取代企业成为未来产业生产的基本单位，企业间关系将从线性竞争向生态共赢、价值共创转变。

随着中央和地方政策陆续出台，中国头部企业数字化转型已经步入纵深阶段，从提高效率的工具转为创新发展模式、强化发展质量的主动战略，头部企业已开始通过整合产业链资源、构建生态来拓展新业务，建立新商业模式。根据中关村信息技术和实体经济融合发展联盟发布的《企业数字化转型成熟度发展报告（2022）》中的调研数据，1.9% 的企业已经开展产业链级数字化场景，推进企业网络化协作和社会化协同，0.5% 的企业开展生态级数字化业务场景，打造数字化生态（图 3-3）。

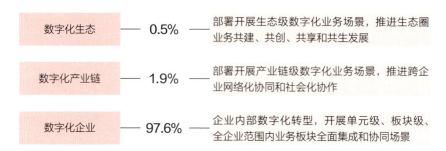

图 3-3　企业不同层级数字化场景部署情况

此外，传统中小企业依然受资金、技术、人才等因素制约存在"不能转、不想转、不会转、不敢转"等问题。"平台＋运营"是发挥大企业带动引领作用，促进产业链上中下游、大中小企业融通创新，构建数字化生态，推动产业数字化转型的有效模式。大中小企业融通发展，指的是大企业和中小企业之间通过资源要素、产品服务、技术创新、战略部署等方面的有效协同，形成大中小企业共生、共荣、共赢的产业生态。大企业尤其是产业链链长企业，利用自身业务优势和溢出效应，构建行业开放式创新平台，推动开发一批小型化、快速化、轻量化、精准化的"小快轻准"低成本产业链供应链协同解决方案和场景，通过平台运营吸引上下游企业和生态参与方在平台上互联互通，业务线上线下融合，资源与要素协同，企业间共生共赢。开放式创新平台不仅促进产业全要素、全产业链、全价值链深度互联与协同，实现人才、技术、资金等各种资源优化配置，还会衍生新需求、新产品、新服务与新模式。

产业数字化生态重塑大中小企业的融通模式。海量中小企业是数据资源的重要生产者，大企业与中小企业从传统意义的主导者和追随者关系转变为数据产销者的融合关系，中小企业和数字平台协同推动数据生产、整合、使用、再生产，形成了大中小企业的合作共生关系，有效促进产业链供应链协同转型。

（四）四化：以智能化、绿色化、融合化为方向助力现代数字化高质量发展

中国经济从高速增长阶段转向高质量发展阶段。新一轮科技革命和产业变革使产业竞争力的核心要素从以资本、劳动要素等为主转向以数据要素等为主，将把产业现代化推向一个全新的轨道。眼下，支撑数据要素发挥作用的平台型企业和新型基础设施，正以前所未有的速度发展，产业数字化是产业高质量发展的基本趋势。新技术、新产业、新业态、新模式不断涌现，一方面促进产业转型升级，另一方面对智能化、融合化、绿色化提出更高要求。在新技术影响下，产业结构、产业生态会发生巨大变化。绿色化、智能化、融合化将是产业数字化现代化的重要趋势。

绿色化是现代工业的底色。这对工业生产过程中所需的原材料以及生产工艺、最终产品、环境影响、回收循环等提出更高的标准，提高高耗能、高污染、资源型行业能源转化效率和资源利用效率，同时推动节能环保及其相关服务产业逐步成为新的经济增长点。

我国已进入高质量发展阶段，必须以更高站位、更宽视野、更大力度来谋划和推进新征程生态环境保护工作，以高品质生态环境支撑高质量发展，加快推进人与自然和谐共生的现代化，加快形成绿色低碳的产业数字化体系。持续推进产业绿色优化升级，加强资源节约集约利用。坚持把绿色低碳发展作为解决生态环境问题的治本之策，加快推动发展方式绿色低碳转型。坚持节约优先的原则，更高质量地做好节能工作。着力培育绿色增长新动能，推进能源绿色化。立足我国生态文明建设已进入以降碳为重点战略方向的关键时期，完善能源消耗总量和强度调控，逐步转向碳排放总量和强度双控制度，健全碳排放双控各项配套制度，为建立和实施碳排放双控制度积极创造条件。

智能化是工业现代化的重要特征。新一代信息技术发展使社会生产向数据驱动、实时在线、智能主导的智能化方向发展。在人工智能技术赋能下，生产设备和产品将具有自感知、自学习、自决策、自执行、自适应的能力。工业智能化将会重构工业生产方式，提高研发与生产效率，加强市场反应，改善用户服务，提升价值创造能力。智能化建立在以软件、数字传输、集成分析为主的战略性新兴产业充分发展的基础上，一些传统产业因数字赋能而焕发生机。在智能化生产范式下，产业竞争优势将向人力资本和知识密集方向转变。

推进产业体系智能化，增强产业发展新动能新活力。推进产业体系智能化，要坚持智能制造主攻方向不动摇，推动产业技术变革和优化升级，以智能化重塑制造业产业模式和企业形态。强化基础性支撑能力。推进产业智能化，离不开基础设施和基础技术能力的支撑。要加快新型基础设施建设，加强战略布局，加快建设高速泛在、天地一体、云网融合、智能敏捷、绿色低碳、安全可控的智能化综合性数字信息基础设施，打通经济社会发展的信息"大动脉"。

融合化是提升产业整体效能的必然要求。现代化产业体系是一个完整的有机体，农业、工业和服务业之间以及各部门内部分工协作日益深化，相互协同日益紧密。产业融合是顺应新一轮科技革命和产业变革，增强制造业核心竞争力、培育现代化产业体系、实现高质量发展的重要途径。要坚持各产业融合发展，避免割裂对立，推进产业体系的融合化以发挥产业体系整体效能。

推进产业体系融合化，产业创新集群建设纵深推进。建设现代化产业体系需要推动产业门类之间、区域之间、大中小企业之间、上下游环节之间高度协同耦合，实现产业深度融合。三大产业融合发展，避免割裂对立。我国现代服务业发展水平有待提升，与制造业融合发展不足。需大力发展设计、专利、品牌、物流、法律、金融等现代服务业，通过与先进制造业和现代农业融合发展提升产业体系整体质量和效率，形成一、二、三产业协同发展的格局。同时强化产业链区域化合作。当前，全球产业体系和产业链呈现多元化布局、区域化合作的态势。我国应顺应产业发展大势，同时避免同质竞争等问题，优化生产力布局，推动重点产业在国内外有序转移，促进国内外产业深度融合。推动产业协同创新，打造具有战略性和全局性的产业链，支持上下游企业加强产业协同和技术合作攻关，提高产业链协同创新和融通发展水平。

推动产业从传统数字化到现代数字化的跨越，离不开与智能化、绿色化、融合化的深度同频共振。现代数字化转型将与新型农业、先进制造业、现代服务业深度融合，全面提升产业链现代化水平，加快构建以先进制造业为骨干的现代化产业体系。统筹创新主体、创新能力、创新人才等要素资源，推进新一代数字技术应用，激发现代产业发展新动能。

最终，回归到本源，数字化转型始终是手段，提升商业价值才是企业乃至产业发展的目标和根基。

因此，研讨数字化要站在商业逻辑的视角。商业模式本质是关注企业或组织如何在市场上创造价值、获取利润。那么，数字化具有什么特征，导致很多产业进行数字化转型之后能够产生更多的商业价值？

数字化是通过数字技术将物质和非物质实体转化为可操作的数据信息。尤其在企业生产活动过程中，研发设计、生产加工、经营管理、销售服务等一系列环节，都可以转化为数据信息来加工、存储、传输、还原等（表3-1）。这些数据要素天然地具有强流动性、低消耗性。基于这两项重要特征，导致很多数字化转型后的产业发生了天翻地覆的变化。

表 3-1　生产要素的自然属性比较

生产要素	自然属性	要素形态
土地	形态示例	出让地块
	形态特征	实体性
	流动性	较强
	消耗性	较强
劳动力	形态示例	劳动证明
	形态特征	实体性
	流动性	较弱
	消耗性	较强
资本	形态示例	金融产品
	形态特征	虚拟性
	流动性	强
	消耗性	强
技术	形态示例	专利 / 科技成果
	形态特征	虚拟性
	流动性	较强
	消耗性	非消耗
数据	形态示例	电力负荷统计表
	形态特征	虚拟性
	流动性	最强
	消耗性	非消耗

1. 初期阶段，初级的数据撮合就能产生巨大的价值

例如，传统叫车模式。司机不知道想坐车的乘客在哪里，同样的，乘客不知道愿意载客的司机在哪里。因此，司机需要不断地巡航找到乘

客，乘客需要在马路边张望、招手传递信息，以示意自己有乘车需求。

出行行业数字化后，网约车运营方就能以更低的成本广播数据，即时告诉司机哪里有乘客。并且可以通过算法优化，匹配更合适的司机接乘客。同时，运营企业还可以通过收集、处理信息延伸出诸如乘客司机互相评价、危险情况报警等功能。

再例如，传统购物模式。产品从工厂生产出来，不知道客户在哪里。同样的，客户也不知道自己想要的产品在哪个工厂。因此工厂需要将产品运输给经销商，经销商需要在客流量大、租金昂贵的地方给客户展示琳琅满目的产品。而中间巨大的"广告"成本最终需要客户和产品提供方共同买单。

商业贸易数字化后，产品甚至服务，可以更简单高效地呈现给有需求的客户。无论是通过网站陈列、APP 展示的方式；还是后来基于推荐算法，从"人找货"，变成"货找人"的模式；以及近年来异军突起的直播经济，主播实时地使用、体验产品，用户即时留言反馈，带动大量的消费行为，所有这些本质都是"广告"路径的变化，更经济、更高效、更贴合用户心智的信息传输，推进交易模式的转变。

以上是商业实践的理想抽象，在现实生活中，由于市场竞争等一系列因素，会产生诸如网站获客流量、服务器运维等新增成本。但正因为整体产业数字化之后降本增效的规模远大于新增成本，才导致了新一代数字化转型后的产业模式具有更强的竞争力，在市场规模中一定程度地取代了传统产业模式。

在这种类型的商业模式进行大规模的改造完成之后，第一阶段的数字化转型已经不再是蓝海，而是逐渐饱和。因此很多寻求商业价值的数字化转型迈入了第二阶段。

2. 当前阶段，数据与数据间、数据与业务间的深度融合产生价值

例如在金融行业。贷款业务商业模式成立的关键，不仅在于资金成本、贷款利率，更要关注违约率，违约率将直接影响相关金融行业

的风险和利润。风险控制是金融行业重要的工作任务。

传统风控主要基于专家经验的人工审批，依赖于审贷人员对材料的理解与把握，且关注的信息来源相对固定且维度少。而数字化的风控基于大量数据，可以纳入更多相关变量并智能决策。随着近年来的发展，越来越多的智能风控策略表现出更好的效果：放款速度快（真实场景中，大量贷款客户对于放款时间要求高）、违约率降低（对借款方评估更准确导致还贷数据更好）、放款规模扩大（原来单一标准下无法获得放款的用户可以被纳入放贷范畴）。数字化转型带来的这些变化带来了更大的市场规模、更高的业务收益和更强的市场竞争力。这本质是基于多维数据融合、数据业务融合带来的产业价值增长。

3. 未来，需要更广泛的数据流通、更系统的制度设计、更成熟的技术手段、更深度的业务融合，共促数据要素发挥更大价值

当前，数据更深程度的流通面临一系列阻碍。例如，数据要素作为一种新型要素资源，目前尚未形成系统化、可执行性强的制度设计。这会导致一系列问题，如数据滥用会导致个人隐私泄露等。

如何在保护个人隐私、各类组织信息安全的前提下，又给相关运营企业充分的探索空间，充分发挥数据中的价值，制度设计尤为关键。此外，数据要素产权难以确定，数据要素收益难以衡量，数据要素产生的收益分配难以设计，也是阻碍数据要素进一步流通的难点。因此，很多能明确带来业务增长的数据融合领域，目前还有待挖掘。同时，随着生成式人工智能产品为代表的人工智能科技创新，挖掘海量数据中的更多价值，科学技术也将成为产业数字化转型价值增量探索之路的巨大推动力。

产业数字化转型作为一项复杂的系统工程，未来需要在制度、技术、市场多维度，从全局出发，综合施策。推动产业数据更大范围、更高效率的流通，以及与业务更深程度的融合，是未来产业数字化转型提升价值的重要方向。

数据要素，激发基础动能

一、数据要素基础背景

在产业数字化转型的全过程中，数据是整个产业数字化的基石。同时，数据作为新型生产要素，作为数字化、网络化、智能化的基础，已快速融入生产、分配、流通、消费和社会服务管理等各环节，深刻改变着生产方式、生活方式和社会治理方式。

2020 年 4 月 9 日，中共中央、国务院发布了《关于构建更加完善的要素市场化配置体制机制的意见》，这是中央关于要素市场配置的第一份文件。该文件首次将数据与土地、劳动力、资本、技术等传统要素并列为生产要素，并提出"健全生产要素由市场评价贡献、按贡献决定报酬的机制"。这正是对近年来数据在推动经济发展、提升政务效率、加强社会治理等方面发挥的重要作用的充分肯定，也是引领数字经济时代发展的开创之举。

数据要素作为新的生产要素，特点鲜明。下面围绕要素主体特征、权属流转模式、资源稀缺程度、管理规范标准、要素交叉关联、价值溢出效应等维度，综合分析土地、劳动力、资本、技术、数据这五大生产要素，从各个维度探讨数据要素与其他要素的异同点（表 3-2）。

表 3-2　五大生产要素特征对比

	土地	劳动力	资本	技术	数据
要素主体特征	主体单一	主体单一	主体多样	主体多样	主体繁杂
权属流转模式	权属明晰	权属明晰	权属明晰	权属明晰	权属复杂

续表

	土地	劳动力	资本	技术	数据
资源稀缺程度	资源稀缺	资源稀缺	资源较为稀缺	资源较为稀缺	资源富足
要素交叉关联	相对独立	存在交叉	存在交叉	存在交叉	紧密交叉
价值溢出效应	溢出不明显	溢出不明显	溢出明显	溢出明显	价值倍增

从要素主体特征来看，数据要素因其易获取、易传播的特点，主体比较繁杂，如数据产生者、数据存储者、数据处理者、数据应用者等。土地、劳动力主体较为单一，比如：城市市区的土地属于国家所有；农村和城市郊区的土地，除由法律规定属于国家所有的以外，属于农民集体所有；宅基地和自留地、自留山，属于农民集体所有。资本、技术主体较为多样，如技术主体可以是科研机构、企业以及个人等。

从权属流转模式来看，数据要素因其强动态性的特点，权属流转较为复杂，如对企业数据来说，数据是由企业行为（包括采集、加工、整理等服务增值行为）产生的，但是企业对于其收集、加工、整理的数据享有何种财产权益，企业在个人数据基础上开发的数据衍生产品及数据平台等财产权益受何种法律保护，这些权属问题都需要法律进一步界定。土地、劳动力、资本、技术均有确切的法律依据，权属界定相对明晰，如土地生产要素涉及土地所有权及由其派生出来的土地占有、使用和收益权。

从资源稀缺程度来看，数据要素因其易收集、易复制的特点，资源非常富足，如互联网用户个体每天产生 1.5 千兆字节的数据，全球每天有 50 亿次搜索。当然，高价值的数据资源还是稀缺的，这也体现出了巨头平台公司的优势。土地、劳动力资源稀缺，这也是各地政府发展产业过程中最先需要解决的两大关键要素。资本、技术资源相对稀缺。

从要素交叉关联来看，数据要素因其强外部性的特点，与劳动力、资本、技术均紧密交叉，如数据要素可深度融入劳动力、资本、技术等每个单一要素，如人才、金融科技、知识产权大数据等，切实提高单一要素的生产效率，在此过程中数据要素将变得更为丰富、全面。土地要素相对独立，劳动力、资本、技术均呈现一定程度的交叉关联性。

从价值溢出效应来看，数据要素因其全局性的特点，可兼顾各方要素实现资源统筹优化，继而实现价值倍增，如数据要素可提高劳动力、资本、技术、土地这些传统要素之间的资源配置效率，以最优资源配置组合服务于整体生产，创造更高的价值。一般来说，土地、劳动力价值溢出不甚明显，不过高附加值地块以及高水平人才团队价值溢出还是比较可观的。资本、技术价值溢出比较明显，资金流入与核心技术引入将带来不菲的价值溢出效应。

二、数据要素问题对策

作为产业数字化的基石，数据要素在与具体的产业业务融合时面临一系列问题：数据不想给，数据不敢给，数据给不了。总结起来，涉及三大重要方面：数据确权、数据定价、数据交易。当然，除了这三大基础层面，数据要素问题的解决还涉及诸如数据交换标准统一，数据脱敏技术等方面，出于篇幅原因本书不做重点讨论。此外，涉及数据与业务融合及价值的问题，本章第四节会详细讨论。

（一）数据确权

数据确权是数据要素有效配置的基础。数据确权主要分为所有权和控制权。数据控制权包括谁能使用数据，如何使用数据，以及能否进一步对外分享数据等。在公司治理中，所有权和控制权是统一的——股东拥有公司，股东大会是公司的最高权力机关。数据的所有权和控制权可以分离，特别是对所有权不清晰的个人相关数据。

尽管数据确权非常重要，但是目前为止，数据确权问题在学术界并没有达成一致。目前，解决数据确权的主要思路是，数字平台上产生的数据，其权属需要在用户和数字平台之间进行清晰界定。有学者试图在这个逻辑上，对数据确权提出统一标准。然而，在不同数字平台应用场景下，数据衍生权利存在很大的差异性，因此很难用统一标准对数据权属进行明确界定。

中国电子与清华大学联合研究团队提出一种解决数据要素确权问题的思路，让用户和数字平台围绕数字经济的生产活动进行市场化的数据分级授权，从数据产生之初就对数据进行确权，通过授权的方式对数据产业链的每一环节进行明确规定。

1. 通过授权方式厘清数据权属

在不同场景下，数据生成时就通过相关利益主体所达成的授权共识机制（如现有法律或者授权协议合同等相关文件）来实现数据产业链下每一流转环节的确权。

2. 构建分类分级数据授权体系

根据数据要素市场参与主体的角色和数据要素生成的基本特征，应从源头上建立数据市场化流程的基本制度体系，通过分类分级明确数据要素市场各参与方的权利和义务，规范数据处理行为，促进数据要素的充分流通和汇聚，最大限度实现发挥要素价值和控制规避风险的有机统一。

（二）数据定价

目前，数据定价难是阻碍数据交易、数据应用的一个重要原因。

数据要素的虚拟性、正外部性、规模报酬递增等特征，不仅让其区别于其他传统生产要素，也为数据要素价值确定的复杂性埋下伏笔。因此，为了促进数据市场交易，专家学者和业界都在探索数据定价模式，提出了一些数据定价方法，尽管这些定价方法都存在一定的局限性，不过这些方法作为对数据定价的积极探索，有利于数据市场最终形成成熟的数据定价模型。下面介绍一些数据定价方法：会计学定价法、信息熵定价法、多维度定价法等。

1. 会计学定价法

借鉴会计学的资产定价方法，数据经济价值有三种估计方法。第一，市场法（公允价值法）。数据资产的价值由市场上可比产品的市场价格来决定。市场价格法一般侧重数据的交易价格，交易价格主要受到重置成本、可变现净值等影响。第二，成本法。数据资产的价值由数据的生产成本来决定，生产成本主要包括获取、收集、整理、分析与应用数据的成本。第三，收益（贴现值法）。数据资产的价值由未来能够从数据中获取的现金流的估计来决定。

2. 信息熵定价法

信息熵指信息中排除冗余后的信息量。信息熵与信息（事件）不确定性相关，具体来说，"信息熵"公式如下：

$$H = \sum_{i=1}^{k} p_i \ln p_i$$

其中，H 为信息熵，P 为各种可能结果的概率。事件不确定性越高，其信息熵越大。"信息熵"定价法中数据价值取决于信息熵大小，信息熵越大，数据价值越高。在数据的信息熵定价中，可以考虑单位数据的所含隐私、供给价格等因素来进行定价。信息熵定价法考虑了数据资产的稀缺性，强调数据的信息量、分布。但是信息熵定价法存在很多局限，比如操作难度大、适用范围有限、信息熵不能完全代表数据质量等。

3. 多维度定价法

数据是非常复杂的一种资产。以上介绍的方法基本上都是考虑了数据的单方面属性，因此，估计出的数据价值往往存在偏差。数据价值取决于数据多维的属性，数据价值估计应该考虑数据成本、数据现值、数据特征、数据种类、数据质量、买方异质性等多维度属性。其中数据质量受很多因素的影响，比如数据的信息熵、时效性、完整性、协同性（互操作性）、可移植性、独特性、准确性等，在评估数据价值的时候需要考虑影响数据质量的主要因素。多维度定价法应该包括多个步骤：首先对数据的各个维度属性进行评估，得到数据每个维度的细分价值，然后通过一定的方法将各个部分价值进行整合，从而得出综合价值。

（三）数据交易

由于数据要素不同于传统要素，在建立数据要素市场交易体系的时候，需要探究数据要素市场与传统要素市场之间的差异，然后建立合适的数据要素市场交易体系。数据要素市场与传统要素市场存在很多差异，主要包括：第一，在核心方面，数据要素市场与传统要素市场存在差异。由于数据具有敏感性，因此原始数据的交易存在很大的风险。考虑到个人隐私保护和数据安全，原始数据不适宜进行大规模交易。相对而言，传统要素市场可能更重视要素本身的流通，数据要素市场发展的核心不在于数据本身的流通，而在于数据内包涵的信息和价值的流通，数据价值的流通有利于促进各类企业创新、总体上提高社会福利。第二，在市场的结构方面，数据要素市场与传统要素市场存在差异。数据要素的流通区别于一般要素和一般商品的流通，数据要素流通不仅包括最开始的数据授权环节的数据流通，也包括授权后的原始数据的流通，还包括原始数据加工后产生的数据产品的流通。而且这三种数据要素流通具有各自的特征，需要分别设计交易机制（表3-3）。

表 3-3　直接交易和间接交易的对比

市场级别	直接交易	间接交易
定义	数据卖方向数据买方提供没有加工的原始数据	数据卖方向数据买方提供经过一定加工的数据产品
适用条件	数据价值可预期、容易评估	数据的网络外部性较强、敏感性较强
具体交易方式	订阅模式、捆绑销售、多阶段销售等	两部定价法（固定费用＋计量费用）、拍卖、第三方平台等
案例	金融数据销售等数据中介公司往往采用这种交易模式	某互联网平台企业利用地图、消费等数据为某快餐企业提供选址服务

根据交易内容（数据加工的程度）差异，目前数据的交易一般可分为直接交易和间接交易，因此数据市场可以形成两级市场体系。

目前数据交易模式也有多种，包括以下几种典型的交易模式：

1. 数据交易所模式

数据交易所一般是政府牵头、多方参与建设的一个场内交易场所，比如贵阳大数据交易所、东湖大数据交易中心、华中大数据交易所、上海大数据交易中心、江苏大数据交易中心等。在数据交易所，数据供需双方在政府监管下进行原始数据的交易。由于信息不对称，原始数据的交易存在很多障碍，因此大部分数据交易所的交易规模有限，发展不是特别快。

2. 场外直接交易模式

现实中存在着大量的数据需求，很多无法通过数据交易所满足，因此市场上很多数据需求者通过一定渠道找到数据供给者，然后双方协商，通过数据交易合同进行数据交易。这种模式存在很多问题，比如私下交易难以监管、数据容易被二次转让等。因此，这种模式下数据提供者的数据权益难以保证，而且数据安全和隐私保护也难以实现。

场外交易主要有以下几种模式。

1. 数据云服务模式

数据供给方向数据需求方提供相应的云服务，而不是直接提供数据，这样数据需求者相当于购买了数据服务。这种模式有利于保护数据安全和供给方的权益。

2. 会员模式

数据供给方建立俱乐部，然后数据需求方通过注册会员可以享受会员服务，即可以获得相应的数据访问权限。会员可以分级，不同级别的会员有不同级别的数据访问权限。这样数据供给方就可以区分消费者，增加数据收益。

3. 数据接口模式

区别于直接提供数据，还有很多数据提供者会向数据需求者提供数据的接口，这种模式可以促进数据的流通，增加数据的交易规模，而且可以控制开放数据的范围。

4. 数据产品交易模式

数据产品交易模式可以基于隐私计算、密码学等数字技术，实现数据的加密、数据的"可算不可识"。在保障数据安全的前提下，数据提供者可以向数据需求者提供数据产品和服务。这种模式的技术要求较高，安全性也较高。

| 第三节 |

数实融合，深化场景创新

党的二十大报告中指出，"加快发展数字经济，促进数字经济和实体经济深度融合"。数实融合已经成为我国建设现代化产业体系的重要战略，并通过数字产业化和产业数字化两个维度相互促进、协同发展。

据中国信息通信研究院《中国数字经济发展研究报告（2023年）》分析：

⊙ **数字经济进一步实现量的合理增长。**2022年，我国数字经济规模达到50.2万亿元，同比名义增长10.3%，已连续11年显著高于同期国内生产总值名义增速，数字经济占国内生产总值比重达到41.5%，这一比重相当于第二产业占国民经济的比重。

⊙ **数字经济结构优化促进质的有效提升。**2022年，我国数字产业化规模达到9.2万亿元，产业数字化规模为41万亿元，占数字经济比重分别为18.3%和81.7%，数字经济的二八比例结构较为稳定。其中，第三产业、第二产业、第一产业的数字经济渗透率分别为44.7%、24.0%和10.5%，同比分别提升1.6%、1.2%和0.4%，第二产业渗透率增幅与第三产业渗透率增幅差距进一步缩小，形成服务业和工业数字化共同驱动发展的格局。

⊙ **数字经济全要素生产率进一步提升。**总体看，2022年，我国数字经济全要素生产率从2012年的1.66%上升至2022年的1.75%，数字经济生产率水平和同比增幅都显著高于整体国民经济生产效率，对国民经济生产效率提升起到支撑、拉动作用。分产业看，第一产业数字经济全要素生产率小幅上升，第二产业数字经济全要素生产率十年间整体呈现先升后降态势，第三产业数字经济全要素生产率大幅提升，成为驱动数字经济全要素生产率增长的关键力量。

在产业数字化方面，数字化转型毋庸置疑是企业发展和产业升级的必由之路。各行各业在推进数字化转型过程中，均取得了一定的成果，尤其是在上云用数赋智方面。但随着数字化转型的深化，当聚焦实体产业转型时，各行业都遇到了较大的挑战，具体表现如下：

⊙ **传统业务模式厚重，数字化与智能化推进困难重重。**

⊙ **新业务布局涉及领域广，投入大，试错成本极高。**

⊙ 传统运营以流程驱动为主，数智洞察不足，市场响应慢。

⊙ 关注领域转型，缺乏整体价值链或产业链层面的规划协同。

⊙ 技术投入产出低，开放性差，无法及时响应业务。

针对未来的数字化转型战略，企业管理者亟须回答以下几个关键问题：在传统实体业务背景下，如何确定企业转型的长期目标？实体业务与数字技术应该如何融合，有哪些领域融合的先进实践？应该构建怎样的数字化能力体系，以更敏捷地支撑业务转型？

对于绝大多数传统企业，"数实融合"的根本应以实体业务为基础，以数字技术为手段，打造"新型实体企业"。"新型实体企业"是指通过技术创新，有效提高整个供应链效率，并带动供应链上下游的企业实现数字化转型和网络化、智慧化发展的实体企业。向新型实体企业转型能够加快关键业务升级、优化客户体验服务、提升产业运营效率、促进商业模式创新，并逐步沉淀与之匹配的数字化能力体系。同时，对于行业龙头企业，以数实融合为手段，以数字倍增为目标，加快实现企业从数量型、规模型向质量型、效益效率型的转变，从注重短期绩效向注重长期价值转变，从单一价值视角向整体价值理念转变，加快建设世界一流企业。新型实体企业将积极探索商业模式创新，充分发挥企业业务数据和应用场景优势，加快企业数字化、智能化转型，推动大数据、区块链、人工智能等先进技术与业务深度融合，培育价值增长有效动力（图3-4）。

一、愿景：打造"新型实体企业"

新型实体企业是建立在实体经济基础上的，依靠技术创新和数字化驱动，改造产业链和供应链体系，推动传统产业转型并促进新产业、新业态和新模式的形成。同时，借助大企业的带动作用，加强中小企业主动融通的意愿，通过培育"专精特新"企业为切入点，共同构建大中小企业之间的创新和合作，实现共赢，助力中小企业实现高质量发展（图3-5）。

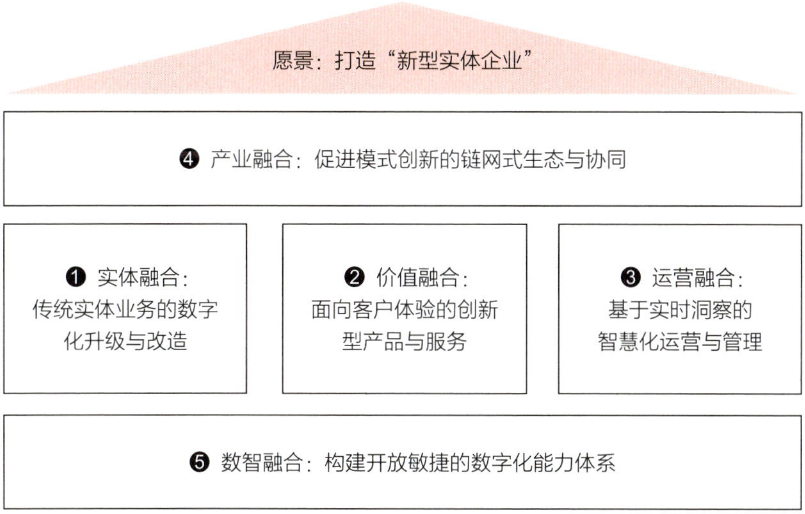

愿景：打造“新型实体企业”
❹ 产业融合：促进模式创新的链网式生态与协同
❶ 实体融合：
传统实体业务的数字化升级与改造
❷ 价值融合：
面向客户体验的创新型产品与服务
❸ 运营融合：
基于实时洞察的智慧化运营与管理
❺ 数智融合：构建开放敏捷的数字化能力体系

图 3-4　数实融合的愿景与方法

实体型企业
产业数字化
公共事业/社会责任
实体性
数字技术服务商
科技性
新型实体企业
生态普惠性
基础设施运营商
网络外部性
互联网平台
新型基础设施
平台型组织
数实创新
数据与智能融合，实体与数智融合
产业链接
从流通到供给，从单点到链网
可持续发展
从竞争到共生，从企业到社会

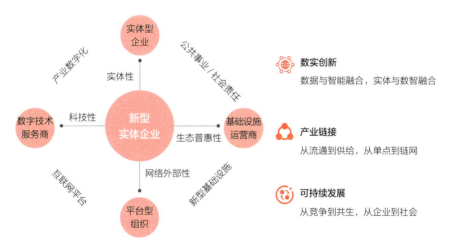

图 3-5　新型实体企业

（一）新型实体企业的内涵

随着数字技术发展的日趋成熟及与业务融合程度的日趋深入，“实体+技术融合发展"的新型实体企业被社会提及的次数越来越多。当前，以技术创新带动实体经济发展推动数字经济与实体经济融合，是解决实体经济发展所面临问题及挑战的重要抓手。而作为数字经济与实体经济融合催生出的新业态——新型实体企业，可在产业链、供应链数字化升级中起示范带头作用，同时也是实体经济应对当前外部环境变化的一个重要路径。典型的新型实体企业，如中国电子、国家电网、京东、华为等，都有着线下庞大的生态链和不断强化的数字化技术能力。

新型实体企业是数字化运营实体业务和技术性赋能产业链供应链的结晶，具有实体性、科技性、生态普惠性和网络外部性。

一是实体性。以更好满足人民日益增长的美好生活需要为根本目的，直接承担商品和服务的生产、流通任务，构成国民经济的主力军。

二是科技性。新型实体企业依托数据和技术禀赋优势，在创新自身业务模式、改善自身经营效率的同时，担当"数字科技服务商"角色，通过构建行业数字化技术体系，积极对外输出数字科技能力。

三是生态普惠性。在工业生产、商品流通、信息通信、民生保障等领域，作为基础设施运营商，建设、运营相关基础设施（以物理基础设施为主），建立技术赋能、普惠共享的生态底座。

四是网络外部性。一些新型实体企业开展业务会采用或部分采用平台经营组织形式，重在充分发挥平台的正向网络外部性优势，助力实体经济发展和科技创新。

（二）新型实体企业的价值

融实体性、科技性、生态普惠性和网络外部性四类属性于一身的新型实体企业，天生有对技术的敏感性和倾向性，通过"实体+技术+生态+网络"的融合，在面对环境的不确定性时，有如下特点：

1. 数智创新

新型实体企业坚持"技术至上"、强调技术赋能，是加快科技创新、产业转型升级的"主力军"，他们将科技创新应用视为企业长久发展的基石，积极响应科技创新、产业转型升级等国家重大战略，持续加大投入。通过技术的投入，对数据与智能的融合，以及数字技术在实体和产业的应用，都深化了技术作为先进生产力的作用，实现了以先进生产力来应对不确定性。

2. 产业链接

新型实体企业都有强大的线下实业，如生产的工厂、销售的线下门店，流通的仓储和物流体系等线下基础设施，涵盖了工业生产、商品流通、信息通信、民生保障等领域。纵观实体企业及新型实体企业，都有庞大的产业供应链体系。通过数智化技术，能打通线下与线上、供给与需求，最终通过数字技术的应用，实现整个供应链、产业链乃至社会的链接。

3. 可持续发展

新型实体企业，一方面具备生态普惠性，很多本身就是产业链上的链主或关键环节，可以通过自身的数字化平台能力，实现生态普惠。另一方面，其开展业务会采用或部分采用平台经营组织形式，充分发挥平台的正向网络外部性优势，助力实体经济发展和科技创新。通过数据和技术的合理合规应用，高效链接双边或多边市场，促进社会供需匹配，打通上下游，形成规模经济，最终形成从产业到生态乃至社会的共生共融。

新型实体企业基于自身禀赋和特点及其在产业链、生态链中所处的位置，结合在数字技术上的先进能力，通过数字化技术在生产力上的促进、数字化平台在产业上下游的链接和打通，以及对所处产业链和生态链乃至社会的共生共融，实现对外部不确定性的良好应对，最终达成降低社会成本，提升社会效率的目标。

随着数字化技术的逐渐普及和在各行各业的普遍应用，有着强大抗压和应对能力的新型实体企业，将会积极助力实体经济快速发展。

（三）大中小企业融通发展

中小企业在数字化转型过程中面临诸多问题：技术能力不足、资金和资源有限、组织结构和文化难以适应变革等。通过大中小企业融通发展，可以利用大企业的优势帮助中小企业解决数字化转型中的问题。大中小企业之间的共生、共荣、共赢关系有助于中小企业充分发挥自身优势，快速推进数字化转型，实现可持续的发展。

首先，数字基础设施为大中小企业融通发展提供了新的要素和工具。数字化基础设施的普及和应用使得数据能够在个体、企业、产业、部门之间流动，降低了中小企业的经营成本，有利于发挥专业化优势，实现与大企业的融通。大企业可以在技术方面提供支持和指导，共享技术资源和经验，帮助中小企业提升技术能力。大企业可以通过提供技术平台、培训课程等方式赋能，帮助中小企业快速掌握数字化工具和技术的应用，从而提高其数字化转型的效率和质量。

其次，数字生态重塑了大中小企业的竞合逻辑和融通模式。大中小企业的竞争不再受限于规模和体量上的差异，中小企业通过技术和商业模式创新对大企业形成挑战，进而实现竞争优势。大企业可以提供资金和资源支持，帮助中小企业解决数字化转型的资金瓶颈和资源不足的问题。可以通过投资、合作或者共享资源的模式，实现大中小企业的互利共赢。大企业可以为中小企业提供融资渠道，分享供应链网络和销售渠道等资源，加速中小企业的数字化转型。

最后，数字产业为大中小企业融通发展创造了新的场景和机会。数字产业是具有先导意义的产业门类，其高速增长和影响力催生了中小企业的涌现和大企业的成长。大中小企业融通发展还可以促进组织结构和文化的变革。大企业在管理和组织方面具有较强的能力和经验，可以为中小企业提供管理咨询、人才培养等支持，帮助中小企业打破传统的组织架构和文化束缚，建立适应数字化转型的灵活机制和开放文化。

实现数字经济促进大中小企业融通发展的有效路径包括强化数据联通，发挥大企业的牵引作用，提高中小企业的融通意愿，并构建保障融通的长效机制。政府在数字基础设施建设、重点产业选择、数字平台建设等方面的作用至关重要，可以协助大中小企业融通发展。

二、路径：场景驱动数实深度融合

数字技术与实体业务的真正融合，需要不断深入的行业实践，未来数字化的趋势必然是产业原生与数智赋能双向促进。本部分将简要阐述具备一定场景共性的典型数实融合模式，供企业和产业数字化转型参考使用（图 3-6）。

图 3-6 数实融合的典型场景

（一）传统实体业务的数字化升级与改造

通常来讲，对于企业或产业最"重"的业务领域在于商品贸易、生产制造和物流仓储，这也是实体企业的"实"之所在，如线下交易、实体门店、工厂产线、农业生产、物流运输和仓储园区等，实现这些领域业务的数字化升级与改造，对打好数字化转型基础至关重要。

1. 数字交易

实体企业的传统交易模式正在向电商交易模式转变，并且逐步实现了线上线下交易的一体化打通。S2B2B2C❶融合了 S2B、B2B、B2C、全渠道等商业模式，已经成为交易数字化的底座级平台，提供全场景、全流程、全渠道的交易提升，围绕商贸流通数字化、产业带转型升级、线上线下交易场景，打造全渠道交易平台，助力企业优化、重构业务价值链。

在行业场景方面，大型品牌商、零售商推进线上业务与数字化门店的一体化融合，同时一些传统或者新型的行业交易场景亦在不断进行线上化与平台化革新，如大宗商品交易、垂直分销电商、农批农贸市场、产业带电商、企业集采平台、出海跨境电商等。S2B2B2C 平台为交易数字化提供了核心能力支撑与业务运营服务，可以从数字技术角度支持企业和产业不同的业务场景升级，助力实体业务敏捷转型。

2. 智能制造

传统制造业的升级以全方位打造智能制造为目标，聚焦于智能装备、虚拟工厂、绿色制造、安全制造、柔性生产等领域，利用工业互联、工业大数据、数字孪生、机器人等新型数字技术手段，实现产线设备、过程控制、加工工艺、生产计划、预测维护、能耗管理等多维度、全过程的数据共享化、智能化与可视化，实现物理系统与数字系统的融合。

在智能工厂中，所有生产过程都通过数字化改造或者升级整合到

---

❶ S2B2B2C（即 Supplier-to-Business-to-Business-to-Consumer）是产业链维度的新型协同模式，融合了 S2B（即 Supplier-to-Business，供应链平台）、B2B（即 Business-to-Business，电商与分销平台）、B2C（即 Business-to-Consumer，零售电商平台）等传统交易模式。

一个数实融合体系之中，从产品设计、制造、质检到出库，从而实现更加高效、灵活、智能化的生产。利用物联边缘技术，实现设备、生产线、车间、工厂的实时数据采集；利用数字孪生等手段，实现生产过程的可视化模拟与仿真；通过数智建模分析，建立工业大数据平台，提供智能化决策支持，从而优化生产过程、提高效率和效益。

3. 智能物流

企业或产业物流涉及仓储、运输、配送、园区，以及采购物流、生产物流、销售物流等诸多方面，通常也是经营过程中最"重"的支撑性实体业务。通过链网化与智能化升级，实现物流效率提高、物流成本降低、物流安全性强化，可以为企业创造更多的商业价值。

借助自动化技术和人工智能技术，实现物流系统的自动化，包括无人驾驶物流车辆、自动化仓储和自动化分拣包装等。通过射频识别（RFID）、全球定位系统（GPS）等技术实现对物流环节的信息实时采集、分析和监控，使物流环节可视化，有利于精细化管理、缩短物流时间、降低物流成本。通过机器人、智能算法等技术，实现物流车辆规划和调度系统的自动化和优化，从而提高物流效率和服务品质。通过高清摄像头、智能打印、智能分拣、无人机巡检等技术，实现物流安全监控，从而提高物流安全性。

（二）面向客户体验的创新型产品与服务

数字化转型正在从消费互联向产业互联演进。在消费互联领域，得益于对客户需求的广泛与深度感知，已经实现从用户体验和场景出发，拉动后端研发设计和产品服务。这种需求驱动与快速闭环的模式在面向产业互联的数字化转型中同样具备参考与实践意义。

1. 协同研发

协同研发与设计管理领域面临很多新的发展趋势，企业需要通过不断创新和升级，以提高研发效率和质量，应对市场和竞争的挑战。

重视基于客户需求的定制化研发模式，通过与客户紧密合作，提高产品质量和市场竞争力；将分布式的研发团队进行整合，建立全球化的研发协同网络，以提高效率和降低成本；三维建模技术成为越来越重要的工具，可应用于各个领域的研发和生产，如机械制造、汽车工业、建筑工程等；利用人工智能和机器学习技术，以加速研发过程，提高产品的质量和可靠性，同时减少人为错误和研发成本；更加重视绿色产品的研发，注重改善产品的环保性能，并通过可持续性的设计和生产方式，降低对环境的影响；更加便捷地管理和共享研发数据和资源，加速产品研发和推出速度，并且提高创新能力和竞争力。

2. 数字产品

数字化的产品是指通过数字化技术和手段来实现生产、交付和使用的产品。数字化产品通常具有以下特点：通过软件或硬件技术实现数字化功能，例如智能化、自动化、可编程化等；可以通过网络或其他数字化手段实现远程、在线交互和服务；可以通过数字化技术获取、分析和处理产品使用的数据，以在设计和生产过程中进行不断的优化和改进。

通过对反映客户行为和偏好的数据进行分析和预测，可以开发出更符合客户需求的产品。在产品设计时，充分考虑到人机交互的流畅性、效率和易用性，提供更加智能化和人性化的用户体验。针对不同客户需求和偏好，提供个性化定制的服务和产品，如定制化软件和设备等。将不同的产品整合在一起，实现更强大、更灵活的功能，提升用户的体验和价值。通过对用户反馈和市场表现的收集和分析，持续改进和优化产品，提高产品的质量和用户体验。

3. 价值服务

当今时代，服务早已超越"客户服务"这个概念范畴，融合了售前及售后服务、消费、体验等诸多元素。从服务延伸到交易、营销、认知乃至重构等场景，也早已从被动服务转向主动服务，进而升级到用户运营，服务即营销。所有的活动都转向直接的以客户为中心，各自负责客户旅程中的某一阶段、渠道和触点，同时相互协同配合，形成端到端的完整体验。

通过对客户旅程的深入分析，在此基础上形成全生命周期全链路的价值服务体系，包括客户关系管理服务、智能服务与营销、智能外呼，以及数字人客服和机器人流程自动化（Robotic Process Automation，RPA）等能力。同时融合后市场服务履约能力，包括智能化的备品备件、服务履约管理、服务商管理，以及通过积累的售后服务经验赋能。

（三）基于实时洞察的智慧化运营与管理

传统企业在客户关系管理、供应链管理、企业资源计划等领域，采用标准化流程驱动的管理与运营机制，缺点是对市场变化响应慢。大数据、物联网、人工智能等数字技术已经可以帮助企业辅助决策或者自动化决策，企业运营与管理需要尽快从标准化的流程驱动向动态化的数智驱动转变。

1. 智慧营销运营

充分的客户互动与链接可以帮助企业沉淀用户资产，通过数字化触点进行品牌理念传播和新产品价值有效传递，依托于智能化与自动化的营销运营能力，企业可以面向全渠道建立营销触点、数字化交易平台以及线下的智慧门店，实现与客户的线上线下多场景的链接和互动。

在此基础上，实现公私域的会员身份互通、权益共享、积分互换。在私域通过数智化技术开展社区运营、直播带货，尝试全新的营销手段，例如非同质化代币（Non-Fungible Token，NFT）数字藏品，数字人等内容营销新体验方式。在公域通过异业合作、外呼、权益等链接互动为企业快速获客。通过全域用户链接可以实现用户洞察、用户分群等全域用户智能运营，从而为后续的供应链一体化提供数据驱动。

2. 一体化供应链

智能化供应链管理包括从供应商、生产线到出库全流程的监控、协同管理、预测分析等方面内容，实现供应链的智能化。对供应链的数字化描述与模型分析，将多层级的供应商信息、物料清单信息、在途及现场库存水准、产品需求预测、运营和财务指标等整合在一起，可以在详细呈现整个供应链网络的基础上帮助企业分析供应链上的潜在风险点以提前备案，并计算出不同供应链环节出现问题后带来的业绩影响，从而确定最佳解决方案。

数字能力是一体化供应链物流服务实现的基本前提，也是一体化供应链物流服务企业跨界融合的基础。一方面，基于新一代数字技术推动供应链和物流服务技术研发、经营管理、市场服务等关键环节的自动化及数字化；另一方面，通过开放服务系统，充分发挥数智技术在企业经营管理和资源整合协同等方面的巨大潜力，促进行业上下游资源整合，提升供应链预测能力，助力大中小微企业降本增效，推进产业行业企业数智化转型。

3. 智慧企业管理

智慧企业管理涉及业务的各个方面，应全面推动运营管理过程的数字化、自动化和智能化，用数智技术重塑甚至是取代传统流程。财务管理的数字化和智能化可以更加快速、准确地完成财务核算工作，避免财务错误和漏洞，同时规划业务预算，并对收支情况进行实时监控。端到端的实现采购管理流程从询价、招标、评标到合同管理的自动化和智能化。通过企业资产的数据分析和预测，实现资产维护、维修等流程的智能化管理，提高资产使用效率。实现人员招聘、员工福利、绩效管理等工作的自动化，实现人员管理数据的分析和预测，帮助企业更好地进行人力资源规划和决策支持。建立全方位的决策支持系统，实现数据集中管理和共享，支持管理者随时获取各项信息数据进行决策。智慧企业还要加强信息安全管理，建立全流程的安全管理体系，包括安全威胁防护等方面，确保企业数据、信息安全。

（四）促进模式创新的链网式生态与协同

数字化转型需要跳出单一领域，到整体价值链领域，甚至跳出企业维度，到整体产业链维度，重新思考更全面、更高维的转型路径，通过夯实价值链体系强化现有业务韧性、借助生态链能力快速实现新业务落地，并从产业链价值融合角度探索业务模式创新。

1. 价值链生态

传统供应链模式中上下游是相对割裂的，各主体只能与自己的上游和下游产生直接联系，缺乏整体链上的协同和联动。利用人工智能和区块链等技术，将消费者、生产者、供应商和其他互补机构连接成有机整体，将传统产业供应链由"链式"拓展成"网络式"，使所有主体都能进行实时动态无间隔的交互，有效避免了传统模式下人为制造的供应链堵点和断点，有助于建立共治共促共荣的供应链新型生态。

同时通过柔性供应链能够更快、更灵活地适应市场需求，将传统供应链的流水线生产变为柔性生产。一是数据运营的精细化，以数据做支撑，有效洞察需求制订合理的生产计划，最大限度地减少产能浪费和闲置；二是用户需求的精准度，通过数据精准分析用户偏好，并把这种用户偏好细分到具体的尺寸、材质和功能，生产更有利于品牌全渠道销售的产品；三是供应链流转的精确性，通过数据分析减少物流仓储压力，降低库存周转天数，提升供应商周转率。

2. 工业互联网

工业互联，作为全新工业生态、关键基础设施和新型应用模式，通过人、机、物的全面互联，实现全要素、全产业链、全价值链的全面连接，正在全球范围内不断颠覆传统制造模式、生产组织方式和产业形态，推动传统产业加快转型升级、新兴产业加速发展壮大。

通过提供一站式工业数智化技术服务平台，助力行业高效打造工业场景应用，在研发、生产、供应等工业场景上提供智能研发设计、智能生产、智能供应链等数智化产品应用技术。同时，通过供需网络的搭建，实现社会化网络化的产能调度与需求匹配，提升生产制造产业的效率。通过建设智能制造技术服务中心，提供各类线下线上综合服务，促进制造业创新发展，解决工业制造业资源、技术及人才三大问题。帮助产业从订单到生产全流程智能化升级，以面赋能，以点带动，完成各行各业的工业数智化升级改造。

3. 产业链链长

国资委持续推进中央企业现代产业链链长建设工作，以服务国家战略、推动高质量发展为主线，统筹发展和安全，推动国家战略性新兴产业发展和龙头企业保链稳链工程，促进上中下游、大中小企业融通创新、协同发展，不断增强产业链供应链安全性、稳定性、可靠性。

地方层面对区域数字经济和重点产业链、产业园区发展亦相当关注。链长制以产业集聚为基础，在推动特色产业做优做强的同时，围绕着产业特点和规划，将点状的特色产业，进一步拓展为链网状的产业联动，进而形成区域特色产业自主循环升级。

产业链链长牵头产业整体转型的创新模式，融合了产业数字化监管、行业数字化转型、产业链生态融合、云数智技术创新等诸多新型课题。行业龙头企业作为先行者赋能数字经济，并发挥行业、领域龙头企业作用，携手产业链上下游，打造承载行业、领域共性运营的平台服务，推进产品创新数字化、生产运营智能化、用户服务敏捷化、产业体系生态化。

（五）构建开放敏捷的数字化能力与体系

对非技术型企业来说，数字化技术只是其数字化转型的手段，而非核心。过去中台化的技术建设，投入产出比极低。未来数字化底座的建设应该秉持开放可控的"拿来主义"，精细化的"技术价值核算"，并且重点关注自身具备核心优势的行业数字化能力沉淀与运营。

1. 体系化的数字能力

在过去几年中，众多企业选择通过中台战略来推进企业数字化转型，也逐步意识到传统中台高昂的建设成本，复杂的技术栈体系，严重的商业化绑定以及对敏捷业务变化的支持不足，所以需要一套更适合复杂业务场景、更加敏捷的技术能力体系来帮助企业应对挑战。

在上云用数赋智的过程中，云理念和云价值也在逐步内化，促进企业自身信息技术服务模式的根本性转变，使得信息技术组织从企业信息化资源管理支持部门转变为企业数字化能力管理运营部门，甚至很多行业龙头企业已经在探索成立科技公司，在服务集团内部业务的同时服务更广阔的外部产业市场。

随着企业数字化能力的逐步发展与沉淀，企业信息技术应该致力于打造面向行业领域的数字化能力承载平台，企业信息技术也将转型为企业数字化能力管理运营部门，实现更加敏捷高效的资源供应、应用服务、数据智能、模式探索等目标，帮助企业快速响应业务需求、降本增效、协同创新。

2. 开放化的基座平台

为应对复杂多样的数字技术体系，如云计算、大数据、人工智能、物联边缘、工业自动化，以及日新月异的数字技术演进，如云原生、数据湖、大模型、元宇宙和工业应用等，企业需要建设一套自主可控、灵活有效的技术底座，能够开放地融合各类数字技术，敏捷地支持业务发展变化，而不是每次新技术体系的引入或者演进都需要重新建设一套平台。

敏捷基座是以应用为中心，在多技术栈场景下，兼具跨平台管理和运行环境供应的开放化运营模式。统一的开放平台屏蔽了底层技术的复杂性，还提供了丰富的平台即服务（PaaS）层服务和支撑企业应用开发运行的各种基础数字化能力。另外，逐渐构建的领域平台即服务和行业软件即服务应用市场，也将为企业数字化能力建设提供更多的选择。同时，借助开放化的基座平台，企业亦可以实现碎片化的技术生态到价值化的开放生态转型，信息技术组织的生态能力不仅仅停留在技术层面，也会更多向业务层面发展演进，为信息技术组织真正能够承担企业数字化转型引领重任拓展能力。

3. 商业化的价值呈现

不同于传统的建云用云或者内部信息技术管理，数字化能力平台在建设之初就应从体验、效率和成本等方面进行综合商业运营规划，并同步构建数字化的管理体系和运营指标，实现针对技术底座平台的用户体验主动提升、运营管理高效敏捷，以及持续优化降本增效。

基础技术平台应该明确地呈现技术投入的独立价值，通过持续运营实现业务增长和成本优化。在业务增长方面，可以参考或联合目前主流数字化厂商构建市场拓展、解决方案、客户服务等前端团队体系；在成本优化方面，积极对标目前主流数字化厂商的定价与成本模型，融合财务运营（Financial Operations，FinOps）和智能运维（Artificial Intelligence for IT Operations，AIOps）理念，实现资源成本和人力成本的控制与节约。更专业层面，亦可以引入成本洞察、成本优化、成本运营三个阶段的总拥有成本管理体系（Total Cost of Ownership，TCO）和支撑工具，帮助信息技术组织和业务利用数字化手段实现信息技术成本可视、可控、可优化。

| 第四节 |

数字倍增，加速价值释放

习近平总书记指出，要推动数字经济和实体经济融合发展，把握数字化、网络化、智能化方向，推动制造业、服务业、农业等产业数字化，利用互联网新技术对传统产业进行全方位、全链条的改造，提高全要素生产率，发挥数字技术对经济发展的放大、叠加、倍增作用。

据腾讯研究院《国有企业数字化转型调研报告（2022 年）》分析：

◉ 从数字化转型的进程看，六成受访者认为国有企业数字化转型仍处于初期阶段，与预期目标存在明显差距。

◉ 从数字化转型的投入规模看，近六成受访者认为国有企业数字化转型的资金投入普遍低于营收总额 5%。

◉ 从数字化转型的重点投入方向看，有七成受访者认为应用软件部署和基础设施建设是主要投入资源。

◉ 从数字化转型投入与成效之间的关系看，增加费用投入与提高转型成效并无明确正相关性。这符合企业数字化转型的典型特征：长周期、重投入、见效慢。

◉ 从数字化转型的切入点看，大多数国有企业在数字化转型之初，普遍会优先选择管理和营销环节的数字化转型，从管理和用户入手来切入和推进企业数字化转型，其次才是从产品入手推进。一般转型顺序为：从管理角度入手，优化行政和决策；从用户角度入手，优化营销和服务；从产品角度入手，优化研发和生产。

◉ 从企业数字化转型中可能存在的失败风险看，跟风上马数字化项目、资源浪费或投入不足、技术决定论是国有企业在数字化转型进程中面临的主要风险。

随着数字化转型的逐步深化，企业和产业界都在重新审视，为何众多数字化转型项目未能达到预期的价值收益。单纯的技术能力建设、单点的业务流程优化、传统的数据使用模式都是数字化转型价值落地与提升过程中所面临的问题，具体包括：

⊙ 产品或者能力驱动为主，对市场变化与客户诉求洞察不足。

⊙ 单一领域通过数字化技术实现效能提升，但在整体价值链维度产生的收益不高。

⊙ 数智应用与业务流程割裂，数据在业务处理过程中发挥的作用有限。

⊙ 缺乏将数据要素转化为生产力的组织管理模式与企业数字文化。

⊙ 数据洞察、驱动与创新过程中，数据来源局限，生态链数据整合利用难。

为提高数字化转型的价值收益，企业管理者需要回答以下几个关键问题：如何更好地利用数字化技术为客户创造价值，实现拉式产业供应链改革？如何实现企业和产业全价值链路的协同优化？数字技术该如何内化至现有流程、组织和生态之中，实现全方位的数字化转型？

为实现数字技术对经济发展的放大、叠加、倍增作用，其根本应回归至以客户价值为导向，充分利用数字技术，夯实我们为客户提供的基础价值，拓展增加价值，实现需求侧与供给侧的有效拉通与同步驱动；在企业价值链和产业价值链进行全链路协同提效与优化升级，实现企业、产业、生态等多层级链网参与方的同频共振；逐步推动数智技术与业务流程、组织生态的深度融合内化与运营创新，实现产业价值流（包括商流、物流、资金流、信息流等）的同向合流（图3-7）。

一、客户价值为导向，供需双侧联驱

以客户价值为导向是企业的一种经营理念，企业需要利用数字化技术，通过需求驱动、体验驱动、场景驱动和创新驱动，实现从产品

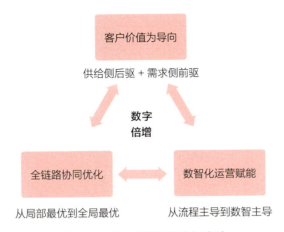

图3-7 数字倍增的理念与方法

和能力"后驱"转变到深度需求融合叠加深度数智创新的"前驱＋后驱"模式，最终实现企业的可持续增长。在数字化转型的背景下，通过与客户建立深度链接从而提供更好产品服务的同时可以获取客户反馈数据和信息，沉淀全渠道用户行为数据，进而利用大数据、人工智能等技术进行消费洞察、精准营销、产品定制和精细化智能运营等工作，保障企业用户健康增长、产品服务不断创新、业务可持续发展（图3-8）。

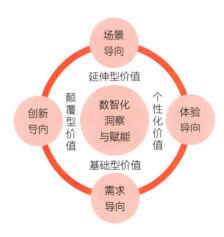

图3-8 客户价值导向的四类模式

（一）需求驱动的基础型价值

需求驱动的基础型价值是指企业必须了解和满足客户的最基本需求，以此实现客户价值的根本保障。基础性价值是客户对企业信赖的基础，也是企业与客户关系的构建基石。企业需要从根本上理解客户的需求、痛点和期望，从而获得客户长期忠诚度和持续消费，企业才能够实现品牌的稳固和长远发展。

数字化手段可以通过收集、分析和利用海量的数据，深度挖掘客户需求，从而助力客户需求的洞察。通过对市场、竞争、用户等大量数据进行分析，挖掘市场趋势、客户群体、消费习惯等信息，为企业决策提供数据支持。针对客户的基本需求提供数字化的标准产品或服务，例如，电子商务企业必须提供快捷、安全、正常运作、及时的订单处理服务，以及有竞争力的物流配送等基础服务，从而保障客户的消费体验和购买的满足感。建立一套质量保障体系，监控产品和服务的质量，不断提升和改进产品和服务，以此不断提升客户的体验和满意度。

（二）体验驱动的个性化价值

体验驱动的个性化价值意味着企业需要更加深入地了解并满足客户的个性化需求，从而实现个性化服务和定制化产品。随着市场的发展和竞争的加剧，越来越多的客户具备了个性化需求的意识，并希望购买到更符合个性化需求的产品。

用户体验设计强调将用户置于设计的核心地位，以此为基础去设计产品、打造服务和营造品牌，如利用反向定制从消费者到生产者等应用场景加速产品研发。通过数智洞察理解用户需求，在产品设计、交互设计等方面做出更合理的规划，从而实现更为个性化的定制。通过分析用户行为、历史记录，实现专业推荐服务，提供更贴近用户需求的产品和服务。对用户偏好和行为的深度掌握，可以通过自动推荐系统来实现用户需求的驱动，从而提高客户体验和产品的附加价值。采用个性化的营销策略，将营销方案和促销信息推送给不同的客户群体，根据客户的兴趣爱好、购买习惯等信息，定制不同营销策略，提高客户转化率和满意度。

（三）场景驱动的延伸型价值

场景驱动的延伸型价值主要指对于客户的场景需求进行深入了解，根据不同场景为客户提供延伸化的服务，从而提高客户体验。企业需要了解客户的不同场景，例如客户工作中的环境、客户家庭的情况等，针对不同的场景提供不同的解决方案，为客户提供更加全面和满意的服务。

很多情况下，企业需要了解其客户的客户的需求，站在客户的角度思考企业产品和服务如何为客户的客户服务，实现价值延伸。通过了解客户的场景并且给予他们对应的支持和服务，可以提高客户对企业的认可度和评价，形成更为差异化的竞争力。同时客户在不同场景之间转移时，需要企业提供顺畅的跨场景转移体验。例如，在客户离开家庭时，将该家庭的家居设备的控制权转移到他们的汽车上或者智能手机上，企业需要在不同设备上提供顺畅的转移体验，进而提高客户的整体体验。

（四）创新驱动的颠覆型价值

创新驱动的颠覆型价值主要指通过数字技术、业务模式的创新以及领域重大创新技术等手段，打破现有的传统方式与框架，进一步创造新的市场和商业机会，从而提高企业的竞争力。

传统的商业模式随着科技的迅猛发展正在不断更新，企业需要创新自己的业务模式以应对市场需求。例如，通过模式转型，企业可以从硬件转向软件，从单一产品向全球服务转型，并且为客户提供更新、更加智能和综合性的解决方案，提高企业创新的能力。

在一些行业中，颠覆性技术的诞生通常会导致此领域内的彻底变革。例如，自动驾驶技术将会深刻地改变人们的生活方式和交通出行方式。以往，人们需要人工驾驶汽车才能完成日常出行，但是随着自动驾驶技术的逐步普及，人们则可以更加方便安全地享受出行服务。企业通过领域重大创新技术的引入，可以拓展新的业务领域，创造更多的产业机会。

二、全链路协同优化，链网同频共振

面对技术及环境的剧烈变化，传统单点业务环节或领域的转型，遇到了效率瓶颈。单一价值链环节优化就像寻求"局部最优解"，即使做到极致，在整体价值链中仍不是"全局最优解"，甚至相去甚远，这也是很多数字化转型项目产生的业务收益有限的重要原因。

传统价值链上下游环节间缺乏有效协同、数据信息共享程度低等问题比较突出，全链路的协同优化可以大幅减少上下游供需波动而产生的"叠加效应"，形成基于数据驱动的企业价值链、产业价值链协同提效。借助数字化技术，通过更加精确估计和前瞻预测，并利用智能算法对企业价值链各环节进行优化，更好地适应外部环境变化。通过产业化协同，可运用数智、网络和物联技术形成产业级平台，依托产业龙头企业构建起具有强大共生关系的产业链网络生态（图3-9）。

（一）企业价值链的协同优化

企业价值链是指企业内部从原材料采购到最终产品销售的过程，

图 3-9　企业价值链与产业生态链的协同优化

主要包括采购、生产、销售等环节。企业通过优化企业内部各个环节的协同，可以提高生产力和质量，从而降低成本和提高利润。

企业全价值链要想实现深度协同，需要进行顶层设计与领域整合工作。企业通过整合内部和外部的资源，实现供应链的全方位协同。通过采集生产和销售数据，并与供应链伙伴共享，可以优化生产计划、库存管理等方面，建立供应链控制塔，以及实现供应链一体化、全渠道一盘货等目标。通过智能化技术，实现生产自动化、智能化，提高生产效率和产品质量，减少人力成本。通过定制化服务，让消费者感受到个性化的服务体验，提高销售额和客户忠诚度。全链路协同优化通过在各环节之间实现信息流、物流和资金流等方面的有机衔接，通过精细化管理实现企业价值链的高效运作。

（二）产业生态链的协同优化

产业价值链通常涵盖供应商、生产商、分销商等，以及金融机构、政府部门和其他组织。在产业价值链上，每个环节都可以为整个产业链上下游创造价值，并把创造的价值传递到下一个环节，最终形成价值交付。产业生态越完整，协同效应越显著，从而为整个产业带来更大的价值。

不同产业链上的企业之间透过交换信息，并共享资源和技术，达到共同发展的目标。各产业链之间相互衔接，实现产业的拓展和增加附加值，从而形成战略合作关系，达成共赢。领域或区域性产业平台可以通过技术创新，实现共同技术发展和资源整合，提高产业链内部生产效率和质量水平。由产业链长驱动，生产力协同、资源协同等各种新型协同机制得以在产业中形成，从而实现产业集群的共同发展。产业价值链可用于分析和评估一个产业的相互依存关系和基础架构，有助于企业和政府制定战略和政策，提高产业的创新能力和竞争力。社会化责任亦是产业价值链协同不可或缺的一个部分，如民生保障、乡村振兴、双碳治理、产教融合等领域，实现负责任的场景、模式、生态等层面的落地与创新。

三、数智化运营赋能，促进价值合流

从供应链角度看，商流、物流、资金流、信息流是业务流转的核心要素。延伸到产业链供应链的视角，这"四流"仍然是链接供给和需求的关键。过去，"四流"依靠各种各样的业务流程进行流转与协同。数智化时代，为推动产业链的整体数字化转型，我们需要更加智能的实现"四流"合一，让商流更加精准顺畅（如全渠道交易、定制化生产等）、让物流更加敏捷透明（如智能仓储、一体化供应链等）、让资金流更加匹配高效（如支付、风控、融资等）、让信息流更加实时准确（如数据生态、智能决策等），而这一切的基础正是基于数字技术的数智化运营。

目前，绝大部分企业运营仍以流程驱动为主，数智化更多作为业务运营的辅助手段而存在。流程驱动是过去信息化建设的一个重要方面，其优点是标准化和规范化，并且很多企业目前的业务、组织和生态协同都是基于相对确定的流程机制在开展。而随着数字化转型的深入，无论是业务处理、生产过程、客户交互，都有大量数据获取和沉淀，并且基于此可以做出更为全面化、智能化、实时化、场景化的决策，为提高运营效率，企业应该从流程驱动逐步向数智化驱动转变，甚至实现大规模的基于数智能力的自动化运营，而企业也需要建立与深度数智化所匹配的业务、组织、生态三位一体的体系化机制（图3-10）。

图3-10 数智化运营赋能：组织、业务、生态

（一）数智化运营赋能业务

目前很多业务的运转是靠应用系统的内置流程来驱动，而数据平台收集、沉淀、分析的数据更多通过报表、驾驶舱等形式提供给一线用户查询或者管理层决策使用，业务流程和数据应用融合不够紧密，导致数据在业务运营过程中价值发挥不足。

未来应该将数据应用逐步嵌入业务流程之中，一方面让业务人员可以更好地在业务场景中实时获得数据和智能支持进行操作，另外一方面甚至可以直接利用数据进行自动化流程推进或者审核决策，辅助以人工确认或者批量复核。同时，在数据与业务流程和具体场景深度融合时，企业应持续开发和丰富如客户洞察、全域营销、智能体验、智能履约、采购大脑、供应链优化、低碳智能、智慧仓储、生产优化和人工智能质检等具备数据和算法加持的智慧化创新应用。

（二）数智化运营赋能组织

组织必须创新人才培养模式，以实效化、落地化的培养机制激发内部的数字人才活力，引进数字化领军人才和技术能手，构建数字化专业人才梯队。同时，要在组织内部建立良性的反馈跟踪机制，通过价值观引领，对数字化专业人才进行科学管理，实现数字技术外溢的扩大化，让数字化转型价值可持续释放。

随时随地数据支持、数据嵌入智能流程、决策支持专题分析可以让组织更智能，同时通过构建领域化智能团队、业务数据责任小组等新型组织形式，挖掘数据价值，倡导数据文化，推进全民自主自助数据创新。通过创新团队、研发实验室、孵化器等途径来鼓励和推动创新，同时，创新流程应该充分考虑客户反馈和市场需求，快速响应并做出相应调整。企业应建立有效的沟通渠道和合作机制，将各部门组织协同的工作整合起来，从而达到整体运营的协作效应。

（三）数智化运营赋能生态

传统生态链的松散耦合可以借助数字化技术实现更紧密、更深入、更有效的协同。如何获取、整合、管理、使用海量产业生态数据创造经济效益，如何量化数据价值并与传统生产要素融合，驱动传统生态模式向数字化、智能化转型升级，已经成为数字经济发展的关键问题，加快推进数据价值化进程是数智化发展的关键要求。

打造产业级的数智平台是发挥数据价值驱动业务生态发展的有效方案之一，实现产业级的生态数据共享与能力复用，构建产业数字化转型的数据基础和中枢平台，为数字经济时代用技术解决商业生态领域问题提供数据资源和能力的支撑。产业链链长应该同时成为数据链长，为产业链数据的开放管控、权益归属、价值应用设计平台模式，并借助自身业务实践，引导和促进合理、安全、有效的数据交易、数据融合与数据共创，打造繁荣的产业数据生态圈。

04

科技创新篇：
关键支撑　补短锻长

中国式现代化的关键在科技现代化。科学技术创新是高质量推进产业数字化的关键基础。本章简要介绍了产业数字化转型中部分重点科技技术及创新。科学技术创新在产业数字化的关键支撑作用，一方面体现在夯实产业基础、集中布局、针对关键基础技术领域尽快"补短板"，另一方面体现在推进换道超车、瞄准前沿、面向未来重点技术领域加速"锻长板"。关键基础技术领域主要指的是关键数字技术，其中包括网络通信技术、云计算技术、应用支撑技术及网络安全技术；重点技术领域主要指的是前沿数字技术，其中包括集成电路、人工智能、卫星互联网。

| 第一节 |

关键数字技术

当前，信息革命浪潮风起云涌，在产业数字化过程中，企业通过信息技术手段将传统产业经营管理过程中的各种数据、信息和业务流程数字化，以实现业务流程、管理流程和服务流程的智能化和自动化，提高竞争力和生产效率。网络通信、云计算、物联网、大数据、人工智能、区块链等技术加速创新，日益融入经济社会发展各领域全过程。

一、技术概述

产业数字化各项技术之间存在着层级支撑关系。5G、卫星互联网、光通信技术等通信技术可以为其他技术提供更加快速、稳定的网络连接，实现更加高效和智能化的生产和管理流程。云计算技术是产业数字化的基础技术之一，为其他技术提供了基础设施和计算资源支持。在云计算基础上，物联网技术、大数据技术和人工智能技术可以更加灵活地部署和扩展。同时，大数据技术和人工智能技术可以提供更深入的数据分析和决策支持，实现设备的自动化控制和优化。区块链技术可以为各项技术提供更加安全和可信的数据交换和管理模式。网络安全技术可以有效管理和保障网络系统稳定运行（图4-1）。

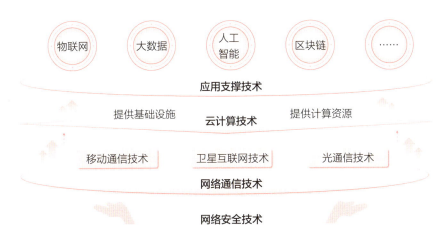

图4-1　关键数字技术

二、网络安全技术

网络安全建设和产业数字化转型是时代发展的产物，对企业发展以及国家综合实力的提升有非常关键的影响。国家需要站在宏观的角度积极打破技术壁垒，构建完善的产业链，促进数字化转型改革，以此来实现自身的发展。保障网络安全日益受到重视，它不仅仅是一项基本的任务，更是一种有效预防、控制、管理和保障网络系统稳定运行的手段。下面介绍几种常见的网络安全技术在网络安全维护方面的应用，以帮助用户更好地维护网络安全。

（一）网络身份安全验证技术

随着科技的迅猛发展，互联网的重要性不言而喻，其稳定性和安全性都得到了大大提高。然而，仍然存在一些计算机用户未能正确地认识和使用网络，从而影响服务器的访问和数据收集，并给系统带来潜在的风险。这种情况严重影响了网络安全。为了确保网络安全，计算机用户应充分利用网络身份验证技术，在网络连接过程中加强安全防护，从而有效地解决上述问题。

随着网络安全技术的飞速进步，计算机用户身份认证已经成为一种可靠的手段，并且取得了显著的成果。但由于计算机病毒和恶意软件技术也在不断进化，计算机用户仍然会遭受到攻击。这种攻击严重影响了计算机用户的安全性，还会导致用户的个人信息被泄露。为了确保公众的数据安全，政府应当高度重视信息备案的必要性，建立起服务器与计算机用户之间的双重认证体系，并持续改进和提升认证手段，最大限度地确保公众的数据安全。采用双重防护技术，可以有效地阻止不合规的验证行为、恶意窃取信息的行为等，从而为网络安全提供有力的保障，确保网络的稳定性和安全性。

（二）检测和响应技术

随着信息技术的飞速发展，网络已经成为人们日常生活中不可或缺的一部分。它不仅为政府机构提供了一个可靠的信息交流和共享平台，还为企业提供了可靠的数据管理系统，使得各种重要的文件和数据能够被快速、有效地共享。在大数据时代，要确保网络信息的安全性，人们必须加强对检测和响应技术的研究，使其形成"防御—检测—响应—预测"闭环，从而有效降低网络攻击的风险。在这个过程中，相关工作人员必须保持高度重视，充分利用大数据的优势，结合威胁情报，不断完善预警机制，避免网络遭受恶意攻击，防止信息数据被盗取或泄露。近年来兴起的可拓展威胁检测与响应（extended detection and response，XDR）技术，将预防、检测、调查和响应组合在一起，为用户提供了可见性、分析、相关事件警报和自动化响应等服务，增强了数据的安全性。

（三）边界安全防御

1. 防火墙网络安全配置

防火墙作为传统边界安全防御手段，时至今日依然发挥着不可替代的作用，同时也是符合安保要求的必要产品。在使用防火墙进行网络安全防护时，必须按照计算机网络的接入要求，对不同的防控内容进行分区控制，并对重点监控的内容，部署更高级别的防火墙。

2. 访问控制

访问控制是指防止对任何资源进行未授权的访问，从而使计算机系统在合法的范围内使用。防火墙、网络准入控制等边界安全产品通常是访问控制的落地方式。访问控制通常用于系统管理员控制用户对服务器、目录、文件等网络资源的访问。该技术的关键在于对信息内容进行分类、优化访问策略、避免网络环境中的潜在问题，从而实现对整个网络的安全保障。

近年来，零信任理念打破了传统的认证与控制机制，强调"持续验证，永不信任"，确保身份可信、设备可信、应用可信和链路可信，在保障网络安全方面跃升了一大步。

（四）隐私计算技术

隐私计算成为近年来重要的安全技术，高德纳咨询公司（Gartner Group）将隐私计算技术列为 2022 年重要战略技术趋势之一。总体来讲，隐私计算是以多方安全、联邦学习、机密计算、同态加密、可信执行环境等为代表的多种密码学技术的统称，同时还涉及人工智能等其他多个学科。隐私计算真正实现了数据分析过程中的数据安全保障问题，实现了数据的"可用不可见"。在目前已经落地的场景中，隐私计算技术更多被用于解决模型训练、预测、分析等环境下的隐私保护问题。

三、网络通信技术

产业数字化转型需要实现数据的实时传输和共享，需要使用高速、稳定的数据通信技术。当前主流的数据通信技术包括 5G 通信、卫星互联网、光通信技术等，接下来将从发展现状和产业数字化转型中的应用等两方面介绍。

（一）移动通信技术

1. 5G 技术的发展现状

5G 技术是第五代移动通信技术，相对于 2G、3G、4G 移动通信技术具有更高的带宽、更低的延迟和更大的连接数，可以实现更快的数据传输和更低的网络延迟。5G 技术的商用落地逐渐加速，应用场景不断被拓展。同时，5G 安全问题也需要引起足够的重视和关注，全球各方需要共同努力来解决 5G 网络的安全问题，为 5G 技术的发展和应用打下更加坚实的基础。

（1）商用落地逐渐加速

自 2019 年起，全球范围内开始使用商用 5G 网络，目前已经有多个国家和地区实现了 5G 网络的商用落地，如中国、韩国、美国、欧洲等国家和地区。与此同时，5G 网络的覆盖范围和速度也在不断扩大和提高。

（2）5G 终端设备逐渐普及

随着 5G 网络的商用落地，各大手机厂商也推出了多款 5G 手机，5G 终端设备的普及率逐渐得到提高。同时，5G 网络的应用场景也在不断被拓展，如 5G 智能家居、5G 物联网等，这些应用场景也需要更多的 5G 终端设备来支持。

（3）5G 网络技术不断创新

随着 5G 技术的商用落地，5G 网络技术也在不断创新和发展。例如，5G 网络的独立接入（SA）和非独立接入（NSA）两种部署方式。人们可以根据不同的需求和场景选择不同的部署方式。同时，5G 技术还在不断探索和应用新的技术，如毫米波技术、多入多出技术等。

（4）5G 应用场景不断拓展

随着 5G 技术的发展和商用落地，5G 应用场景也在不断被拓展和深入应用。例如，5G 智能制造、5G 智慧城市、5G 智慧医疗等，这些场景需要 5G 网络的高速、低延迟和高可靠性来支持。

（5）5G 安全问题备受关注

随着 5G 技术的发展和商用落地，5G 安全问题也备受关注。5G 网络的安全问题包括网络安全、数据安全和隐私保护等方面，需要各方共同努力来解决。

2. 5G 技术在产业数字化转型方面的应用

5G 技术在产业数字化转型方面有着广泛的应用，在产业数字化转型方面可以帮助企业实现数字化转型和创新，提高生产和服务效率、降低成本和风险，同时也可以为企业带来更多的商业机会和竞争优势。

5G 技术的特点包括高速、低延迟和大连接数等，在产业数字化转型中可以发挥重要作用：5G 技术可以帮助智能制造实现实时监控和控制，提高生产效率和产品质量；可以帮助物流管理实现实时物流信息的监控和追踪，提高物流效率和降低成本；可以帮助医疗行业实现远程医疗和智能诊疗，提高医疗效率和诊疗质量等。

（二）卫星互联网技术

卫星互联网技术在全球范围内得到了广泛关注和发展，其应用前景广阔，同时也面临着多方面的挑战和竞争。随着技术的不断发展和完善，卫星互联网技术有望为人类的生产生活带来更多的便利和机遇。目前，全球有多家公司投资和开发卫星互联网技术，如美国太空探索技术公司（SpaceX）、全球卫星电信网络初创公司（OneWeb）、亚马逊公司（Amazon）等，它们计划通过发射大量的低轨卫星，实现全球范围内的互联网覆盖，使全球任何地方都可以接入互联网。同时，卫星互联网技术可以提供高速的数据传输能力，有望满足人类对于大数据、高清视频等高带宽应用的需求。例如，美国太空探索技术公司的星链卫星互联网系统可以提供高达 1 千兆比特每秒（Gbps）的数据传输速率。在应用场景方面，卫星互联网技术可以应用于多个领域，如移动通信、航空航天、农业、物流、能源等，为这些领域提供更加便利和高效的通信服务。

（三）光通信技术

光通信技术是一种利用光作为信息传输的媒介，将信息以光的形式传输到接收端的技术。它采用了光纤、光源、光探测器等光学元件，利用光的高速传输和低损耗特性，实现了大容量、高速率、远距离的信息传输。在实际应用中，光通信技术已经广泛应用于各种领域，如互联网、移动通信、卫星通信、数据中心、医疗等。同时，随着科技的不断发展，光通信技术也在不断地得到提高和创新，包括高速率、大容量、低功耗、高可靠性等方面，为人类社会带来了更加便捷和高效的通信服务。

光通信技术在产业数字化转型中的应用非常广泛，它可以为各个行业提供高速率、大容量、低延迟、高可靠性的数据传输服务，实现各种设备间的高速数据传输和实施监测，从而促进产业数字化转型的加速推进：在工业互联网中，可优化生产流程、提高生产效率；在智能制造中，可实现智能化生产管理；在无人驾驶领域，车辆之间的高速数据传输和实时通信可确保无人驾驶系统的安全性和可靠性；在医疗健康领域，可提高医疗服务的效率和质量；在金融服务领域，可以实现金融机构之间的高速数据传输和实时交易，提高金融服务的效率和安全性。

在未来发展中，光通信技术的传输速率和容量将不断提高，以满足人们对于更高效、更快速地通信需求。而且，其成本和功耗将不断降低，以提高其可持续性和经济性。在信息安全和网络安全问题日益凸显的背景下，只有不断提高光通信技术的可靠性和安全性，才能保障数据传输的安全性和稳定性。同时，光通信技术将与其他技术相融合，如无线通信、云计算、人工智能等，以实现更加智能化、高效化的通信服务。其应用领域也将得到不断拓展，如智能制造、智慧城市、智能交通、医疗健康等，为各行各业提供更加高效、智能的服务。

四、云计算技术

（一）云计算技术

云计算可以将计算资源、存储资源、网络资源等虚拟化，通过互联网提供给用户，为企业提供数字化转型的基础设施和支持，帮助企业实现业务创新、业务转型和业务扩展。

1. 云计算技术的发展背景

计算体系架构是信息系统中的各种应用的基础，云计算技术的出现是由于信息技术的快速发展和企业对计算和存储需求的不断增长所推动的。

在传统的企业计算环境中，企业需要购买和维护大量的计算设备和存储设备，同时需要投入大量的人力和物力资源来维护这些设备。这种传统的计算模式存在诸多问题，如硬件成本高、管理和维护难度大、资源利用率低等，这都不利于企业的快速发展和创新。

云计算技术的出现，为企业提供了一种新的计算和存储模式，即将计算和存储资源放置在网络上，通过云服务提供商提供的服务来实现计算和存储。这样，企业可以按需购买和使用计算和存储资源，不需要投入大量的资金和人力来购买和维护设备，同时还可以享受云服务提供商提供的高速、高效、安全的计算和存储服务。

此外，随着移动互联网和物联网的快速发展，企业对计算和存储资源的需求也日益增长。云计算技术可以为企业提供更加灵活、高效、安全的计算和存储资源，满足企业不断变化的需求。

2. 云计算技术的发展层级

云计算技术的发展过程可以分为以下几个层级。

（1）基础设施即服务（IaaS）

基础设施即服务阶段是云计算技术的起步层级，主要提供基础的计算和存储资源。企业可以通过云服务提供商购买和使用这些资源，实现按需付费、弹性扩容和灵活部署等需求。

（2）平台即服务（PaaS）

平台即服务阶段是云计算技术发展的第二层级，它在基础设施即服务的基础上，提供了更加高级和完整的服务，如开发环境、运行时环境、数据库和缓存等服务，为企业提供了更加便捷和高效的应用程序开发和部署环境。

（3）软件即服务（SaaS）

软件即服务阶段是云计算技术发展的最终层级，它提供了完整的应用程序服务，包括应用程序的开发、部署、运行和管理等环节。企业可以通过订阅和使用云服务提供商的软件即服务，实现按需使用、快速部署和低成本运营等需求。

除了以上三个层级外，云计算技术的发展过程中还出现了一些新的技术和概念，如容器化技术、微服务架构、无服务器计算（serverless）计算等。这些新技术和概念为云计算技术的进一步发展和创新提供了新的思路和方向，也为企业提供了更加高效、灵活、可靠和安全的计算和存储服务。同时，随着新技术和新概念的出现，云计算技术的发展和创新也将日益加速，为企业带来更多的机遇和挑战。

3. 云计算技术的创新发展

云计算技术的发展和创新已经深刻改变了企业的信息技术基础设施使用方式，为企业提供了更加灵活、高效、可靠和安全的计算资源和服务。同时为了更好地满足企业对云计算的需求，它也在不断地发展和创新中。

（1）多云和混合云

多云和混合云是云计算技术的新趋势。多云是指企业利用多个云服务提供商的服务，以满足不同场景下的需求。混合云则是将公有云、私有云和本地信息技术资源相结合，形成一个统一的云资源池，以提高云计算的灵活性和可扩展性。

（2）云原生

云原生是指在云环境下构建和运行应用程序的一种方法，它采用轻量、可扩展、可编排的架构模式，以提高应用程序的可靠性、弹性和可管理性。云原生还包括了一系列的工具和技术，如容器化、微服务、自动化部署和管理等，为企业提供了更加高效、灵活和可靠的应用程序运行环境。

（3）人工智能和机器学习

云计算技术与人工智能和机器学习的结合，可以为企业提供更加智能化的服务和决策支持。云计算服务提供商纷纷推出了自己的人工智能和机器学习服务，为企业提供了更加高效和精准的数据分析和决策支持。

（4）云安全

云安全是云计算技术发展的一个重要方向。随着企业对云计算的依赖程度不断加深，云安全问题也愈发突显。云服务提供商应不断加强自身的安全保障能力，并提供多种安全服务和工具，如身份认证、数据加密、漏洞扫描和安全监控等，以便为企业提供更加可靠和安全的云服务。

（二）边缘计算技术

边缘计算技术是一种将计算和存储资源放置在离数据源较近的地方的技术，可以为企业提供更加快速、低延迟的计算和存储服务。云服务提供商也在积极推动边缘计算技术的发展，并提供相应的服务和工具，以满足企业对边缘计算的需求。它是一种分布式计算模型，可以将计算和数据存储从中央节点移到靠近数据源的边缘设备和节点上，以减少数据在网络中传输的时间和带宽成本、更快地响应实时应用程序的需求。它通过在边缘设备上运行应用程序和服务来提供本地计算和存储能力。这些设备包括传感器、智能手机、智能家居设备、路由器、无线接入点和边缘服务器等。边缘设备可以与云服务和数据中心等中心节点之间进行通信，并支持各种通信协议和技术。边缘计算技术可以帮助企业提高应用程序的性能和可靠性、减少网络延迟和带宽成本，以及拥有更高的安全性。在物联网、智能制造、智能城市、智能交通等领域，边缘计算技术已经得到广泛应用。

五、应用支撑技术

物联网技术可以实现设备之间的联网和数据交换，收集设备的运行数据和状态信息，实现设备的智能化监控和管理。大数据技术可以对海量的数据进行收集、存储、分析和处理，提取有价值的信息和知识，为企业决策提供更加科学、准确的参考。人工智能技术可以通过机器学习、深度学习等方法，对数据进行分析和建模，实现自动化决策和智能化控制。区块链技术是一种去中心化的分布式账本技术，可以实现安全、透明、不可篡改的数据交换和价值转移。多种技术项目结合可以提高生产效率、降低成本、提高产品质量和降低生产风险，以及为企业数字化转型提供更加科学、准确和高效的支持。

（一）物联网技术

1. 物联网技术的发展背景

物联网技术的发展背景可以追溯到 20 世纪 90 年代。当时，美国麻省理工学院的学者凯文·阿什顿（Kevin Ashton）提出了"物联网"这个概念，指的是通过互联网将不同物体连接起来，形成一个互联的物体网络，从而实现更加智能化的应用。

随着计算机技术、通信技术和传感器技术的不断发展，物联网技术得到了长足的发展。特别是移动互联网、云计算、大数据等技术的快速发展，为物联网技术的应用提供了更加广阔的空间和更加丰富的数据资源，推动了物联网技术的快速普及和应用。

目前，物联网技术已经广泛应用于各个领域，包括智能家居、智能城市、智能交通、智能制造、智能医疗、智能农业等。物联网技术可以实现设备之间的互联互通，智能化的数据采集、传输、处理和应用，从而在提高生产效率、优化资源配置、改善生活质量和保障环境安全等方面发挥重要作用。

随着 5G、人工智能、区块链等技术的不断发展，物联网技术将会更加智能化、安全化、可靠化和高效化。可以预见的是，未来物联网技术将会在更多领域得到广泛应用，为人类社会的数字化转型和智能化升级创造更多的机遇和挑战。

2. 物联网技术的发展趋势

未来物联网技术的发展趋势主要包括以下几个方面。

智能化：未来物联网技术将更加智能化，通过人工智能、机器学习等技术，实现更加智能化的数据采集、处理和应用，从而提高生产效率和生活品质。

安全化：随着物联网设备数量的不断增加，安全问题也越来越成为人们关注的焦点。未来物联网技术将更加注重安全，通过加密、认证、防护等技术，保障物联网设备和数据的安全。

5G 化：未来物联网技术将更加依赖于高速、低时延、大带宽的 5G 网络，实现更加快速、可靠和低延迟的数据传输和互联互通。

大数据化：未来物联网技术将更加依赖于大数据技术，通过数据采集和处理，实现更加精准的数据分析和预测，提高生产效率、优化资源配置和改善生活品质。

区块链化：未来物联网技术将更加注重数据的安全和隐私保护。区块链技术将会在物联网领域得到广泛应用，实现数据的去中心化，保障其可追溯性和安全性。

生态化：未来物联网技术将更加注重生态建设，打造开放、共享、合作的物联网生态圈，促进各个环节的协同和共赢，推动物联网技术的快速发展和应用。

除了以上几个方面，未来物联网技术还将在更多领域得到广泛应用，如智能交通、智慧医疗、智能能源等。可以预见的是，随着物联网技术的不断发展和完善，其应用场景将会得到不断扩展和深化，为人类社会的数字化转型和智能化升级带来更多的机遇和挑战。

3. 物联网技术在产业数字化方面的助力

物联网技术在产业数字化方面具有广泛的应用前景，可以帮助企业实现更高效、智能和可持续的生产和管理，在实时监测和控制、数据分析和预测、自动化和智能化、物流和供应链管理、全面质量管理等方面，对产业数字化成功转型发挥重要的作用。其不仅可用于智能家居、智能城市和工业自动化等领域，还可以将物理世界与数字世界连接起来，实现设备之间的智能互联和数据共享，如智能家居、智能物流、智能农业等领域，可以为产业数字化转型带来更多的智能化应用和创新模式。

（二）大数据技术

1. 大数据技术的发展现状

大数据技术的发展一直保持着高速增长的态势，不断涌现出新的技术和应用场景，正在不断推动着数字化转型和创新，为各行业和领域带来了更多的机遇和挑战，同时也促进了经济的快速发展和社会的进步，以下是大数据技术发展的现状。

（1）数据采集和存储技术

随着物联网、云计算和边缘计算等技术的不断发展，数据采集和存储技术也在不断创新。例如：传感器技术和无线通信技术的发展，使得数据的采集和传输更加高效和便捷；云计算和分布式存储技术的应用，使得数据的存储和管理更加灵活和可靠。

（2）数据处理和分析技术

大数据处理和分析技术是大数据应用的核心。随着数据量不断增大，传统的数据处理和分析方法已经无法满足需求。因此，大数据处理和分析技术也在不断发展，例如，分布式计算、机器学习、深度学习、自然语言处理和图像识别等技术的应用，使得数据处理和分析更加高效和精确。

（3）数据安全和隐私保护技术

随着大数据的应用范围不断扩大，数据安全和隐私保护问题也越来越受到关注。因此，数据安全和隐私保护技术也在不断发展，例如，数据加密、身份认证、访问控制和数据脱敏等技术的应用，使得数据在传输和存储过程中更加安全和可靠。

（4）大数据应用场景的拓展

随着大数据技术的不断发展，越来越多的行业和领域开始应用大数据技术，如金融、医疗、智能制造、智慧城市等。同时，数据可视化和数据挖掘技术的应用，也使得数据分析结果更加直观和易于理解，从而进一步推动了大数据应用场景的拓展。

2. 大数据技术在产业数字化转型方面的应用

大数据技术在产业数字化方面可以帮助企业实现数字化转型和创新，提高生产效率和产品质量，降低成本和风险，同时也可以为企业带来更多的商业机会和竞争优势，在产业数字化方面有着广泛的应用。

（1）生产和制造

大数据技术可以帮助企业实现生产和制造过程的数字化转型，例如，通过传感器和监控设备实时采集生产过程中的各种参数、数据分析和挖掘技术对数据进行处理和分析，从而得到更深入的业务洞察和预测，帮助企业优化生产流程和提高产品质量。

（2）供应链和物流管理

大数据技术可以帮助企业实现供应链和物流过程的数字化转型，

例如，通过物联网技术实现实时物流追踪和库存管理、数据分析和机器学习算法实现供应链的优化和智能化管理，从而提高物流效率和降低库存成本。

（3）营销和客户服务

大数据技术可以帮助企业实现营销和客户服务的数字化转型，例如，通过数据分析和挖掘技术实现用户画像和行为分析，从而精准地推送个性化的产品和服务，同时通过智能客服和自然语言处理技术实现更高效的客户服务和沟通，提升客户满意度和忠诚度。

（4）质量和安全管理

大数据技术可以帮助企业实现质量和安全管理的数字化转型，例如，通过传感器和监控设备实时监测设备和产品的状态、数据分析和机器学习算法实现质量和安全问题的预测和预警，从而及时采取措施，保障生产安全和产品质量。

（5）人力资源管理

大数据技术可以帮助企业实现人力资源管理的数字化转型，例如，通过人力资源管理系统实现员工信息的数字化管理和分析、数据分析和机器学习算法实现员工绩效评估和晋升规划，从而提高员工满意度和团队合作效率。

（三）人工智能技术

1. 人工智能技术的发展背景

人工智能技术的发展背景可以追溯到20世纪50年代。当时，计算机科学家们开始探索如何用机器模拟人类智能，尝试构建能够自主学习和推理的智能系统。在接下来的几十年中，人工智能技术经历了多次兴衰，但总体上得到了不断的发展和完善。

21世纪初，随着计算机硬件和算法的进步，人工智能技术得到了长足发展。特别是深度学习技术的出现，使得计算机可以通过大规模数据的训练，自动学习和提取特征，从而实现更加精准和高效的任务执行。此外，云计算、大数据、物联网等技术的发展，也为人工智能技术的应用提供了更加广阔的空间和更加丰富的数据资源。

目前，人工智能技术已经广泛应用于各个领域，包括自然语言处理、计算机视觉、语音识别、智能推荐、机器翻译等。它已经成为数字化时代的重要工具和核心竞争力，对推动社会的数字化转型和智能化升级具有重要意义。

2. 人工智能技术的应用场景

人工智能技术在许多领域得到了广泛应用，例如自然语言处理、计算机视觉、机器学习、自动驾驶、人工智能芯片等。

自然语言处理：人工智能技术已经可以实现自然语言处理，包括语音识别、自然语言理解、机器翻译等任务。该技术已经在智能客服、智能助理、智能翻译等应用场景中得到了广泛应用。

计算机视觉：人工智能技术已经可以实现计算机视觉，包括图像识别、目标检测、人脸识别等任务。该技术已经在安防监控、智能交通、智能家居、医疗影像等领域得到了广泛应用。

机器学习：机器学习是人工智能的核心技术之一，可以实现数据分析、预测、分类等任务。该技术已经在金融、电商、广告、医疗等领域得到了广泛应用，如金融风控、商品推荐、广告投放、疾病预测等。

自动驾驶：人工智能技术已经可以实现自动驾驶，包括感知、决策、控制等任务。该技术已经在汽车、物流、农业等领域得到了广泛应用。

人工智能芯片：人工智能技术的发展需要高性能的硬件支持，因此人工智能芯片的研发和应用也成为关键领域之一。人工智能芯片已经在数据中心、智能终端设备等领域得到了广泛应用。

除了以上领域，人工智能技术还在金融风险管理、智能制造、智能城市等领域得到了广泛应用。可以预见的是，随着人工智能技术的不断发展和完善，其应用场景将会得到不断扩展和深化。

3. 人工智能技术在产业数字化方面的应用

人工智能技术在产业数字化方面的应用非常广泛，可以帮助企业实现智能化和自动化、提高效率和降低成本。以下是一些典型的应用场景。

（1）智能制造

人工智能技术可以在制造业中实现智能化生产和管理，包括生产计划、质量控制、设备维护等方面。例如：通过对生产数据进行分析和预测，可以实现智能调度和优化生产线；通过对设备数据进行分析和诊断，可以实现智能维护和预防性维修。

（2）智能物流

人工智能技术可以在物流行业中实现智能化管理和优化，包括路径规划、运输调度、配送管理等方面。例如，通过对物流数据进行分析和优化，可以实现智能调度和优化运输路线，提高物流效率和降低成本。

（3）智能零售

人工智能技术可以在零售行业中实现智能化营销和服务，包括商品推荐、个性化定制、智能客服等方面。例如：通过对消费者数据进行分析和挖掘，可以实现个性化商品推荐和营销策略；通过自然语言处理技术，可以实现智能客服和精准沟通。

（4）智能金融

人工智能技术可以在金融行业中实现智能化风控和客户服务，包括信用评估、投资管理、客户关系管理等方面。例如：通过对大数据进行分析和模型训练，可以实现智能风险控制和信用评估；通过机器学习和自然语言处理技术，可以实现智能投资和客户服务。

（5）智能能源

人工智能技术可以在能源行业中实现智能化管理和优化，包括能源消耗预测、智能供应链管理、能源交易等方面。例如：通过对能源数据进行分析和预测，可以实现智能化的能源消耗管理和优化；通过区块链技术和智能合约，可以实现能源交易的智能化和去中心化。

除了以上几个方面，人工智能技术还可以在医疗、教育、农业等领域实现智能化和自动化，推动产业数字化和智能化的发展。可以预见的是，随着人工智能技术的不断发展和完善，其在产业数字化方面的应用将会更加广泛和深入。

（四）区块链技术

区块链技术在新行业数字化转型中发挥着重要的作用，可以提高数据安全性、交易效率和信任度，促进产业协同，推动商业模式创新。随着区块链技术的不断发展和应用，它将在行业数字化转型中发挥越来越重要的作用：为云计算提供安全的计算和存储方式，实现数据的安全和隐私保护；为物联网技术、边缘计算技术提供安全的数据交换和管理方式，实现设备之间的可信交互；为大数据技术提供安全的存储和验证方式，保障数据的隐私；为人工智能技术提供数据的安全存储和验证，保障数据的安全和隐私，同时通过智能合约实现数据的自动化处理和管理，提高数据的精度和效率。

通过结合区块链技术，各项技术可以实现更加安全和可信的数据交换和管理模式，降低数据泄露、篡改和冒用的风险，提高数据的安全性和可靠性。这样可以促进各项技术的应用和发展，推动数字化转型的进程。

1. 区块链技术的发展现状

区块链技术是一种去中心化的分布式账本技术，可以实现安全、透明、不可篡改的数据交换和价值转移。区块链技术的发展一直保持着高速增长的态势，呈现如下的发展态势。

（1）应用场景得到了不断拓展

随着区块链技术的不断发展，越来越多的行业和领域开始应用区块链技术，如金融、物流、医疗、公共服务等。同时，随着区块链技术的不断成熟，越来越多的新的应用场景正在被发掘和探索。

（2）技术在不断进步

区块链技术一直处于不断进步的状态，例如，随着区块链技术的不断发展，新的共识算法、隐私保护技术、可扩展性方案等也在不断涌现。同时，区块链技术的性能也在不断提升，例如，一些新的区块链平台采用了分层结构和侧链技术，可以实现更高的交易吞吐量和更快的交易确认速度。

（3）政策支持力度在加大

随着区块链技术的应用场景不断拓展，越来越多的国家和地区开始重视区块链技术的发展，并加大对区块链技术的政策支持力度。

（4）区块链与其他技术得到了更好的融合

随着区块链技术的应用场景不断扩大，区块链技术与其他技术也实现了进一步的融合，如人工智能、物联网、云计算等。这些技术的融合可以进一步扩大区块链技术的应用范围，带来更多的新的商业机会和创新。

（5）区块链标准化工作在逐步推进

随着区块链技术应用的不断拓展，区块链标准化工作也在逐步推进。例如，国际标准化组织（ISO）已经发布了多项与区块链相关的标准，促进了区块链技术的国际标准化和规范化，使得区块链技术的应用更加规范和安全。

2. 区块链技术在产业数字化转型方面的应用

区块链技术在产业数字化转型方面有着广泛的应用，在产业数字化转型方面可以帮助企业实现数字化转型和创新、提高生产效率和产品质量、降低成本和风险，同时也可以为企业带来更多的商业机会和竞争优势。区块链技术的特点包括去中心化、不可篡改和可追溯等，在产业数字化转型中发挥着重要作用。

（1）供应链和物流管理

区块链技术可以帮助企业实现供应链和物流过程的数字化转型，例如，通过区块链技术实现供应链的透明度和可追溯性，从而帮助企业优化物流流程、降低物流成本和提高顾客满意度。

（2）生产和制造

区块链技术可以帮助企业实现生产和制造过程的数字化转型，例如，通过区块链技术实现生产数据的实时记录和共享，从而提高生产效率和产品质量。

（3）质量和安全管理

区块链技术可以帮助企业实现质量和安全管理的数字化转型，例如，通过区块链技术实现生产和物流过程的实时监控和追溯，从而防止质量问题和安全问题的发生、提高生产效率和产品质量。

（4）数据隐私和安全

区块链技术可以帮助企业实现数据隐私和安全的数字化转型，例如，通过区块链技术实现数据的加密和分布式存储，从而保障数据的安全和隐私。

（5）金融服务

区块链技术可以帮助金融机构实现数字化转型，例如，通过区块链技术实现数字货币和智能合约，从而提高金融服务的效率和安全性。

（6）知识产权保护

区块链技术可以帮助企业实现知识产权保护的数字化转型，例如，通过区块链技术实现数字版权的溯源和保护，从而保障知识产权的合法性和权益。

综上所述，产业数字化各项技术之间是相互支撑和相互促进的关系。它们的发展和应用相互融合，可助力产业数字化的全面推进和升级。

| 第二节 |

前沿数字技术

近年来，前沿数字技术创新日益活跃，随着我国在"国家重点研发计划""国家自然科学基金"等方面进一步加大对高端芯片和集成电路、操作系统和关键软件、人工智能、量子信息、类脑智能等领域基础研究和战略前瞻布局的支持力度，数字技术创新研究得以持续深入。本节以集成电路、人工智能、卫星互联网为例，对部分前沿数字技术的发展趋势、技术特点以及在产业数字化转型应用场景等方面进行研讨。

一、集成电路

世界正经历百年未有之大变局，全球主要半导体国家和地区纷纷开启半导体本土化发展战略，集成电路产业发展面临的形势依然复杂。本节的主要内容有集成电路产业的特点、发展形势，以及笔者对于推动集成电路产业创新发展的建议。

（一）全球集成电路产业的发展背景

1. 集成电路产业的特点

（1）先导性和长远性：实现动能转换和共同富裕的必由之路

集成电路作为现代产业体系中最具资金和人才密集特征的产业，

具有典型的马太效应。先发国家和地区的集成电路龙头企业往往大者恒大、赢者通吃，具有跨技术代际、跨技术领域的领先优势。以英特尔、英伟达、高通、博通为代表的集成电路企业多年来持续投入，构筑起技术产品和产业生态的行业壁垒，在全球范围内维持着超高的市场占有率和冠绝电子信息技术产业的利润率。

目前，我国国民经济的增长动力来自投资、消费、出口。考虑到当前国际竞争格局和我国经济体量，现有产业结构难以实现从富起来到强起来的转变。大力投资布局集成电路等具有高额技术附加值的产业，积极开拓国际国内市场，推动产业发展和技术升级，能进一步激发企业活力和创造力，带动产业链协同可持续发展。

（2）系统性和竞争性：举国体制和市场化机制同台共舞

集成电路产业发展是一个极其复杂的系统工程，不仅涉及微电子学、物理学、机械学、材料学、化学等众多学科领域的专业技术，还需要资本、政策、人才等一系列生态要素协同发展。全球集成电路技术和产业取得飞速发展的成就也依赖于整体工业基础的发展和产业主体的通力合作，如芯片制造光刻环节亟须最先进的光学技术作为支撑，集成电路装备取决于机械工程、精密制造、仪器仪表等多领域支持。

我国持续加大战略性的投入，不仅能加速补齐传统硅基领域技术产业短板，更能为后摩尔技术发展和化合物半导体产业的换道超车，积累有效的产业培育基础。然而，集成电路全产业链协同发展单靠市场化手段无法完成：一方面要借助"两弹一星"发展经验，在量大面广的高端通用芯片领域由大型央企发挥战略定力，包容试错和投入，持续聚集优势资源，实现以应用引领的技术产业迭代升级和批量替代发展；另一方面，要发挥新型举国体制优势，充分利用市场在资源配置中的决定性作用，面向"专精特新"细分领域，全球比拼成本、效率，借助强有力的龙头企业作为牵引，"换道超车"抢占新应用、新场景、新领域的优势地位。

2. 国内集成电路产业发展形势

自 2000 年以来，我国相继出台 18 号文件、4 号文件等支持集成电路产业发展。特别是党的十八以来，以习近平同志为核心的党中央亲自谋划部署了集成电路产业的发展，并统筹制定了《国家集成电路产业发展纲要》、8 号文件等一系列重要文件。至此我国集成电路产业发展的完整政策框架基本形成。随着我国集成电路产业布局顶层设计逐渐落地，国内已初步形成长三角、粤港澳、京津冀、中西部四大产业集聚区。新基建、数字经济等催生了广阔的市场空间，大基金、北交所等进一步为国内集成电路企业提供了资金保障，引导集成电路成为全社会发展焦点。我国集成电路产业保持良好发展态势。

（1）市场持续增长，但自给能力远不能满足国内需求

从市场规模看，据中国半导体行业协会统计，2018 年，我国集成电路产业规模为 6532 亿元，同比增长 20.7%；2019 年我国集成电路产业销售额为 7562.3 亿元，同比增长 15.8%；2020 年我国集成电路产业销售额为 8848 亿元，同比增长 17%，远超全球同期市场增速。

但从供应情况看，根据 IC Insights 统计，2020 年我国集成电路市场规模约 1434 亿美元，而其中在我国本土生产的仅 227 亿美元，自给率仅 15.9%。同时，我国集成电路产品的进口量逐年增长。据海关总署统计，2020 年，中国集成电路进口量为 5435 亿个，同比增长 22.1%。从进口产品类型来看，2020 年处理器及控制器的进口最大，占总进口额的 49%。存储器和放大器分列进口第二位和第三位，占总进口额的 27% 和 4%。上述集成电路产品广泛应用于数据中心、计算机、移动终端、嵌入式等关乎国计民生的领域。

由此观之，我国高端芯片尚未摆脱对进口的依赖，而需求旺盛、供给不足是我国集成电路产业面临的现实问题，也是今后我们将长期面对的矛盾。

（2）产业持续投入，但总体不足与主体分散问题仍然存在

"十三五"时期，我国政府发布了《新时期促进集成电路产业和软件产业高质量发展的若干政策》等相关产业支持政策，以强化政府引导作用，取得了显著的效果。

从投入规模看，近年来，我国政府相继出台了多项政策并下达了一系列重大项目，通过税收减免、重大项目专项资金支持等方式，加快推进我国集成电路产业发展。国家集成电路产业投资基金一期募资1387亿元，已完成全部投资，有效带动我国集成电路全产业链发展。大基金二期规模约2000亿元，持续支持集成电路产业各环节行业骨干龙头企业做强做大及相关生态建设。在国家大基金的带动下，地方政府资金和民间资本向集成电路产业大幅集中。然而，相较于美、韩、欧的半导体投资计划和法案，以及基于我国集成电路产业明显落后于领先国家的事实，我国在集成电路产业的投资仍显不足。

从投入集中度看，我国已成为全球最大集成电路市场。无论在集成电路设计、制造、封测等领域，政府和民间都投入了大量人力物力财力，但投入分散和低水平重复建设现象突出。如各地在布局集成电路制造项目时，工艺水平大多集中在55~180nm，产品主要面向消费者和中低端工业市场，甚至出现大量"烂尾"项目。这些低水平重复投入不仅造成了资源分散，也导致了资源浪费、人工成本与原材料价格偏高、行业恶性竞争等不良后果，使得国内集成电路企业竞争力被削弱，不利于我国芯片行业长期发展。

（3）产业布局完善，但整体实力和关键环节竞争力较弱

我国集成电路产业已经历60余年的发展历程。在国家战略引导以及近年来科技市场的持续带动下，我国逐渐建立起涵盖设计、制造、封测、电子设计自动化、装备、材料的完整集成电路产业链，并在部分领域取得了阶段性突破。但放眼全球集成电路市场，我国集成电路产业链尚不具备竞争力。

　　从市场能力看，根据美国半导体行业协会（SIA）统计，在 2020 年全球集成电路 4123 亿美元规模的市场中，我国集成电路企业仅占有 5% 的份额。在集成电路产业各环节中，我国也仅在劳动密集、附加值较低的封测环节占据超过全球 20% 的份额；在电子设计自动化、设计、装备、材料等高附加值环节的全球市场占有率均低于 10%。

　　从技术能力看，设计方面，目前我国高端逻辑、功率模拟、存储等主要芯片的设计水平与国际先进水平仍存在较大差距：高端中央处理器、亿门级现场可编程逻辑门阵列（FPGA）、高速高精度 ADC、大容量存储器等产品严重依赖国外产权架构和技术体系；制造方面，国内 28nm 全套制程工艺（28LP/28HK/28HKC+）已实现量产，14nm 工艺芯片也已实现量产，12nm 先进工艺研发正加快推进，但整体与国际先进水平仍存在 3 代的差距，产线工艺丰富度、产能规模也无法有效满足国内设计企业的需求；封测方面，由于我国企业进入封测行业时间较早，技术研发持续性较好，目前已掌握 WLP、Fan-Out、Flip Chip、2.5D/3D 等技术，整体达到世界先进水平，但与台积电公司、三星公司和英特尔公司等相比，仍有较大差距；EDA 方面，我国目前已拥有模拟电路设计全流程工具，数字电路设计、测试验证及良率分析工具等方面仍与国外巨头差距明显；装备方面，我国已在集成电路关键制造设备领域取得一定突破，光刻机、气相沉积设备、离子注入机、化学机械研磨设备等十几种关键设备均已通过国内产线验证并实现销售，但集成电路装备业仍是我国集成电路产业发展的薄弱环节，国产装备市场占有率仍不足 10%；材料方面，我国企业在硅片、靶材、光刻胶、抛光液、电子气体、掩膜版等材料方面均实现了突破，部分材料已应用于 12 英寸❶生产线，但总体技术水平仍大幅落后于发达国家，国内市场占有率不足 20%。

---

❶　1 英寸 =2.54 厘米。——编者注

（4）企业主体增多，但缺乏具有核心竞争力的龙头企业

据统计，目前我国集成电路相关企业数量已超 6 万家，仅 2020 年第二季度就新增注册集成电路企业 0.46 万家，同比增长 207%，环比增长 130%，远高于同年我国集成电路市场规模 20.3% 的增速，产业主体分散的情况仍在加剧。与此同时，在 IC Insights 公布的 2020 年全球 15 大集成电路厂商榜单中，我国企业无一上榜；在集成电路产业链各主要环节的全球排名中，我国仅有长电科技、通富微电等企业在集成电路封测领域位居全球前十；在设计、制造、材料等领域，我国企业均不具备全球顶尖的竞争力。由此观之，我国尚缺乏拥有强大核心竞争力与较强产业整合能力的集成电路产业龙头，强大的集成电路生态与集成电路产业利益共同体也尚未形成。

综上所述，集成电路产业具有技术门槛高企、产业链条复杂、资金人才密集、回报周期较长等特点。我国集成电路产业的发展，面临大国博弈的战略影响和对国际龙头企业技术产品路径依赖。近年来，我国涌现出一批在细分领域有一定技术积累和市场份额的民营集成电路企业，但仍然难以保障我国产业链供应链安全，也无法推动产业整体水平向高端迈进。其原因有三：一是多数企业聚焦利基市场，不具备面向关键核心领域投资布局的意愿；二是资金和人才动员能力有限，难以支撑产业高强度的持续投入；三是企业布局缺乏战略层面的统筹，难以有效分工、形成合力，系统地保障自主供应链安全。

中央企业可以发挥其良好的技术研发实力、市场推进能力、产业协同水平、资源整合效率，以及产业要素支撑能力，贯彻国家意志，布局长周期高投入型科技产业，围绕国家需求塑造自身业务，将国家资源与关键产业进行有效衔接，重点突破产业链关键环节和关键技术。中央企业应带动民营企业共同发展，以实现"大企业顶天立地，小企业铺天盖地"的合作共赢局面。

（二）关于推动集成电路产业创新发展的建议

我国应加快集成电路核心技术和关键共性技术的联合攻关，提升产业核心竞争力；加大产业投入，细化产业布局，重点发展产业链短板及核心环节；大力推进资源整合，培育具有国际竞争力的产业联合体；提升产业发展质量和效益，深入参与国际产业细化分工，提高产品国内供给能力；优化产业生态环境，打造中央企业间的"芯机联动"协同机制，为工业转型升级、数字化建设以及国家信息安全保障提供有力支撑。

1. 发挥举国体制优势，打造行业龙头企业

从国外集成电路强国的产业发展经验来看，龙头企业汇聚主要创新资源和市场资源，牵头带动不同产业主体共同形成丰富的产业生态群落是业界普遍的成功之举。对我国而言，集成电路产业布局存在一定程度的重复部署、资源分散等问题。在未来的布局调整中，坚持资源集中是构建我国自主安全产业生态体系的客观要求。我国需将资金、人才、市场等各类创新要素集中到集成电路"链长"企业，以"链长"为牵引强化分工协作、优势互补、开放融合的资源使用格局，推动形成与国际龙头企业同台竞技的实力。

（1）有序推动业务整合

第一步，围绕网络强国、制造强国国家战略所需的安全先进计算和工控车规级领域，优先实施"设计+制造"核心业务的整合。在较短时间内形成以"设计+制造"[含电子设计自动化（EDA）]为核心的产业链较为齐备的龙头企业。后续在安全先进计算芯片设计方面，中央处理器、现场可编程门阵列、网络交换芯片、通信芯片等重点产品领域形成与国际龙头的对标能力，整体设计业务规模进入全球前五名；在先进逻辑工艺制造方面，解决国内先进计算、工业、国防等关键领域的集成电路应用需求问题；在特色工艺制造方面，绝缘栅双极型晶体管（insulated gate bipolar transistor，IGBT）、碳化硅（SiC）器件

等产品性能达到国际领先水平，进入全球第一梯队；在电子设计自动化方面，补齐数字电路设计、生产制造、封测等环节工具，持续提升对先进工艺制程的支持能力，在 7 纳米以上工艺节点，实现电子设计自动化工具全流程。第二步，以"设计＋制造"产业优势，带动国产装备、材料产业实现突破。建议通过集聚资源实现快速突破，支撑国内集成电路产业快速发展。同时，龙头企业发挥自身集成电路"设计＋制造"产业核心能力，带动国产装备、材料产业发展。

（2）加快重大项目建设

重大项目建设是加快提升产业竞争力、带动产业链上下游高效协同发展的重要途径和手段。我国集成电路产业应聚焦集成电路生产线项目，以生产线建设为抓手汇集资金、人才、市场等创新要素，不断提升集成电路核心自主制造能力的同时，进一步保障高端芯片设计需求，推进集成电路装备、材料等支撑环节的技术迭代和产业化突破。

（3）推进核心资源导入

集成电路产业属于长周期、高投入的产业，只有将各类产业资源的集中、持续、高效投入，才能够打造出与国际巨头相抗衡的龙头企业。将资金资源集中到各重点领域主导企业，明确"链长"企业应承担职责的同时给予其一定的资金使用主导权，以任务结果为导向充分激发企业市场化运营活力。推动龙头企业积极融入国家部委相关专项行动，如国家重大科技计划、产业创新任务揭榜挂帅、"专精特新"小巨人企业培育行动等，通过重点专项实现国家重大战略推进实施。

（4）加大行业应用牵引

充分发挥新型举国体制优势，汇聚党政办公、汽车制造、轨道交通、电网电力等领域中央企业的规模应用场景，构建紧密协同的"芯机联动"发展机制。以我国超大规模市场为牵引，将央企主导的应用市场与中国电子等已形成供给能力的集成电路业务充分结合，开展专项合作，快速打造在云计算、汽车、通信、电力能源、轨道交通、航空航天等领域的定制化集成电路产品体系；在保障我国关键领域集成电路产品供应链安全的同时，以企业间的"芯机联动"机制打造利益共同体，进一步提升我国自主集成电路产业化能力，持续通过技术改造、资本积累和市场开拓的生态互动实现产业的滚动发展。

（5）收购兼并补齐短板

围绕龙头企业现有产业布局的关键环节短板，对于市场上具有集成电路产业垂直细分领域核心技术优势的中小型民营企业，在国务院国资委的统筹指导下，通过兼并重组纳入龙头企业产业链生态圈，打造完整产业链，提升国内产业链整体竞争力。

2. 创新发展，锻造"非对称"技术

根据摩尔定律，以硅为主体的经典晶体管微缩很难维持集成电路产业的持续快速发展，集成电路产业进入后摩尔时代，技术发展进入多要素综合创新阶段。未来我国布局集成电路技术发展，要立足于原生技术突破，在弥补传统技术路线短板、夯实技术基础的同时，更应瞄准后摩尔时代新架构、新材料、新集成等技术方向，锻造自身独有的技术领先优势。系统集成类创新技术，加快发展以先进封装技术为核心的前后道工艺融合发展技术。大力推进 3D 封装、系统级封装等先进封装技术发展，并以此为基础发展"小芯片"（chiplet）异构集成技术及其产业化应用，以集成创新加快缩小差距追赶前沿。

在新兴材料类创新技术方面，以 5G、新能源汽车为代表的市场正成为继电脑、手机之后新的半导体增长点。传统硅基半导体无法有效满足其高频、高压、高功率的特性需求，应加快布局宽禁带半导体和 SOI（即绝缘衬底上的硅）硅片，抢占未来发展先机。

在计算结构类创新技术方面，应换道新赛道提前布局计算机结构体系颠覆性创新技术。有效应对未来智能物联时代快速迭代、定制化与碎片化的芯片需求，布局以开源指令集架构（RISC-V）为代表的开放指令集设计模式。面向计算架构的颠覆性创新，积极布局存内计算（存算一体）、

量子芯片、碳基芯片、类脑计算、光子芯片等基础研究和技术研发。

3. 重点突破，完善国家产业链

（1）打造安全先进计算生态

围绕国家重大战略需求以及信息技术领域关键点，聚焦国家科技产业最基础、最核心、最关系国家科技命脉的计算生态，构建符合安全先进计算生态需求的"芯片＋操作系统＋安全防护＋计算整机＋行业应用"完整产品体系。同时，以中央企业为"链长"发展安全先进计算产业链，发挥中央企业在产业链关键环节所具备的较为广泛的布局基础、较强的科技创新水平和市场引领能力，整体推动跨组织合作创新和协同发力，体系化构建和改善产业发展的基础设施、人才、资金、安全等要素协同生态系统，推动形成产业链上下游要素集成、利益共享、协同共进的产业链生态新格局，实现创新链、资金链、应用链、供应链等全面融合，释放安全先进计算产业链活力和效能。

（2）推动国产工业级、车规级芯片联合研发和市场应用生态

为更好地应对汽车电子芯片供应短缺的突出问题，企业需要发挥各自优势：在技术上联合攻关，解决汽车电子芯片产业关键技术问题，突破高温芯片研发和生产难题，形成核心自主可控；在产业链打造上，形成芯片、零部件、整车的纵向协同发展，研发、制造的横向协同发展，逐步实现关键环节的推广验证和国产替代。进一步推动集成电路企业与国内汽车、家电、手机等市场应用需求大的整机企业开展专项合作，打造"芯机"联动机制和合作体系，持续通过技术改造、资本积累和市场开拓的生态互动实现产业的滚动发展。

4. 协同共进，构建利益共同体

建立适应社会主义市场经济体制下的新型举国体制，发展"政产学研用"五位一体的协同创新模式，更加充分发挥企业在技术创新中的主体作用，建立以市场为导向、企业为主体、政策为引导的创新体系，使企业成为创新要素集成、科技成果转化的生力军。中央企业和

国有企业作为中国特色社会主义的重要物质基础和政治基础，从制度起点上即与国家战略同频共振，在战略性产业、支柱性产业以及大型科技攻关中，适宜成为承担创新协作平台重任的主要载体。

（1）央企创新联合体

以"央企+"创新联合体为引领，实现全产业创新跨越发展。积极吸引民营企业、高等院校、科研机构、用户等广泛参与，将分散的创新资源和创新要素组织起来，形成目标一致、相互协同、内生动力强、创新效率高、创新成果迸发的体制机制。同时，建立国家级新型科技创新平台，通过项目合作、产业共建、搭建联盟等方式，形成技术研究、产业应用、协同共进的产业闭环，打通科技研发到产业化应用的壁垒，解决科研和经济"两张皮"问题，实现我国集成电路产业创新跨越发展。

（2）国家集成电路战略应急储备平台

聚焦重要行业、关键领域、核心环节，整合各央企集成电路战略储备资源，面向短期内难以实现国产替代的关键集成电路产品，建设统一的集成电路战略应急储备平台。

（3）新型研发机构

鼓励企业建立新型研发机构，面向国家重大战略需求、数字经济时代安全发展需求、数字原生时代用户需求，加大研发投入，重点开展原创性技术研究，打造"原创技术"策源地。以原生技术研发为核心，垂直打穿从基础研究、应用基础研究到关键核心技术研发和产业化的通道，形成对产业高质量发展的示范效应，引领带动产业链上中下、产供销实现良性互动、深度融合，实现全链价值创造能力提升。

二、人工智能

当前，随着新科技革命和产业变革深入发展，我国人工智能技术快速发展，科研数据和算力资源日益丰富，顺应新时代新趋势，利用新技术新优势，推动人工智能赋能产业数字化转型恰逢其时、大有可为。本节主要介绍人工智能的发展背景以及技术特点。

（一）人工智能的发展背景

人工智能发展早已进入新阶段。经过 60 多年的发展，特别是在移动互联网、大数据、超级计算、传感网、脑科学等新理论新技术以及经济社会发展强烈需求的共同驱动下，人工智能加速发展，呈现出深度学习、跨界融合、人机协同、群智开放、自主操控等新特征。大数据驱动知识学习、跨媒体协同处理、人机协同增强智能、群体集成智能、自主智能系统成为人工智能的发展重点，受脑科学研究成果启发的类脑智能蓄势待发，芯片化硬件化平台化趋势更加明显，人工智能发展进入新阶段。当前，新一代人工智能相关学科发展、理论建模、技术创新、软硬件升级等整体推进，正在引发链式突破，推动经济社会各领域从数字化、网络化向智能化加速跃升。

人工智能多年的发展之路并非一帆风顺，其间经历了两次高潮和低谷。剖析其原因：一方面是由于缺乏高质量的数据以及计算机运算能力薄弱；另一方面是当时的研究者对人工智能研究的难度估计不足，提出了一些不切实际的预言，难以实现其承诺的"宏伟目标"。近年来，随着高质量的"大数据"的获取、计算能力的大幅提升、以深度学习为代表的算法模型不断丰富，人工智能研究再次进入了快速发展的时期，同时不断地影响、渗透、推进着相关众多产业、行业的快速发展。人工智能"精彩回归"，受到政府、学术界、产业界等社会各界的广泛关注。

近几年，党中央、国务院将人工智能视为新一轮产业变革的新引擎，并高度重视人工智能技术在产业数字化为代表的领域进行研发和落地应用。2017年7月，国务院印发《新一代人工智能发展规划》，提到"推动人工智能与各行业融合创新，在制造、农业、物流、金融、商务、家居等重点行业和领域开展人工智能应用试点示范，推动人工智能规模化应用，全面提升产业发展智能化水平""到2030年人工智能理论、技术与应用总体达到世界领先水平，成为世界主要人工智能创新中心，智能经济、智能社会取得明显成效，为跻身创新型国家前列和经济强国奠定重要基础""人工智能产业竞争力达到国际领先水平。人工智能在生产生活、社会治理、国防建设各方面应用的广度深度极大拓展，形成涵盖核心技术、关键系统、支撑平台和智能应用的完备产业链和高端产业群，人工智能核心产业规模超过1万亿元，带动相关产业规模超过10万亿元"。2022年12月，中共中央、国务院印发的《扩大内需战略规划纲要（2022—2035年）》中，提到了"推动5G、人工智能、大数据等技术与交通物流、能源、生态环保、水利、应急、公共服务等深度融合，助力相关行业治理能力提升"。

当前，人工智能在产业数字化领域已经有一系列重要应用。如在金融、交通、医疗、制造业等领域的产业数字化深度融合，带动新业态迅猛发展。在金融产业数字化领域，人工智能的典型应用有智能客服、无人柜台、智能投顾、反欺诈等。在交通领域，人工智能的典型应用有自动驾驶、交通管理和道路监控、智慧停车等。在医疗领域，人工智能的典型应用有医学影像、药物研发、医疗助手、生物技术与疾病风险预测、医院管理等。在制造业领域，人工智能的典型应用有不规则物体分拣、复杂质量检测、供应链风险管理、融资风险管控、设备运行优化、复杂质量检测等。

因此，人工智能已经成为引领未来的战略性技术。世界主要发达国家把发展人工智能作为提升国家竞争力、维护国家安全的重大战略。人工智能的发展的重点之一，就是要大力突破关键共性技术体系。

（二）人工智能能力特点

当前，生成式大规模语言产品成为人工智能领域现象级热点。这些产品之所以能有强大的能力，原因可归结为三个方面：大模型、算法优、数据好。

1. 大模型

生成式预训练 Transfomer 模型（generative pre-trained transformer, GPT）和双向编码器表征法（bidirectional enoceder representations from transformers，BERT）是近几年自然语言领域广受关注的预训练语言模型。其中，GPT-1 由美国开放人工智能研究中心（OpenAI）于 2018 年 6 月发布，BERT 是同年 10 月谷歌人工智能团队推出。两者都是基于 Transformer 模型架构（2017 年 6 月由谷歌团队提出），但是 GPT 以生成式任务为目标，主要是完成语言生成，如聊天、写作等；BERT 模型更注重判断决策，强调语言理解相关的任务，如问答、语义关系抽取等（表 4-1）。

表 4-1　大模型分类对比

	训练	通用性	可控性	训练数据	工业界应用	典型
生成式模型（类似于问答题）	难	好	差	自监督（无标注）	少	GPT
判别式模型（类似于是非选择题）	易	差	好	有监督（有标注）	多	BERT

2. 算法优

以生成式的大规模语言模型为例，其底层技术包括 Transformer、有监督微调训练、强化学习等已在人工智能领域有广泛的应用，并非算法上的实质性创新。很多大规模语言模型产品巧妙地叠加了这些技术，成功展现了由于模型规模带来的突现能力。经过近几年不断迭代部署，量变的积累产生质变，形成了当前的强语言智能。本质上讲，当前的人工智能产品基于大规模语料训练的生成式模型，相比于目前广泛运用的判别式模型，它不局限于在已有的内容基础上进行判断、预测（如人脸识别），而是进一步学习归纳后进行演绎，基于历史进行模仿式创作，并生成合意的内容（如文本创作）。

以 ChatGPT 为例，其训练原理可大概归纳为三个步骤：第一步，训练大语言模型；第二步，有监督精调训练；第三步，基于人工反馈的强化学习。在大语言模型训练基础上，往复多次采用有监督的精调学习和基于人工反馈的强化学习，从而不断加强模型的参数质量，实现模型对话能力的关键性突破。

3. 数据好

当前人工智能应用产品之所以成效显著是因为数据侧的整理、清洗、人工标注等工程化细节起到了关键作用。产品训练语料主要来自各类网页、书籍、论文及百科，其中的数据处理和工程化过程，包括四个阶段：数据筛选方法——如何在海量网页文本进行数据的质量判断和选取；数据收集设置细节——如何确定网页文本、代码、公式和论文的比例，以用于第一步训练大语言模型；粗加工技术，例如对千亿级 tokens[1] 的编码技术；精加工技术，例如如何在第二步训练中选择和确定进行人工标注的上万个问题。

以 ChatGPT 为代表的生成式人工智能在促进产业智能化领域实现了两个方面重要突破：一是通用性大大扩展，这种通用性建立在预训练大模型的基础上，并推动数据、算法、算力在研发层面功能性地深度融合。二是实现了与自然语言的融合，使人工智能可以真正融入百

---

[1] 词语的片段。——编者注

业千行。随着技术迭代创新，人工智能将在更深层次上广泛赋能政务、新闻、金融、制造等垂直行业领域，不断形成新质生产力。

从人工智能重点技术分析我们可以看出，在工程领域进行人工智能应用的突破很多时候需要的不仅是技术单点创新，更重要的是组合式创新与关键场景应用。未来我国提升人工智能与产业数字化转型的深入融合，建议可从八个方面着手：建立多渠道投融资机制；重点突破关键共性技术；布局重大科技工程项目；搭建多方协作服务平台；建立融合创新试点基地；健全复合人才培养机制；加强技术标准体系建设；构建信息安全保障体系。

人工智能技术的场景应用在推动产业体系智能化的过程中具有非常重要的作用。同时，人工智能是新质生产力重要的驱动力，加快发展新一代人工智能对于抓住数字经济时代机遇、加快形成新质生产力具有重要意义。

（1）人工智能助力制造业智能化升级

随着新一代信息技术在制造业的融合应用，智能制造已经成为产业转型的重要方向。其中，人工智能技术的引入为实现制造业端到端的智能化提供了可能。在产品设计端，人工智能支持生成设计、自动作图，通过学习大量设计样例进行创新设计方案的迅速产出。在生产制造端，工业机器人、AGV搬运车等应用机器视觉、自主导航规划等算法实现流水线柔性调度和精准组装。在质量检测端，通过计算机视觉深度学习实现全面和更快速的质检。在预测维护端，基于传感器和操作数据，构建数字孪生工厂并运用机器学习算法实现制造系统的预测维护。通过端到端的深度智能化，人工智能技术将助力制造业实现柔性化和个性化定制生产，进一步实现智能定制化制造。

（2）人工智能赋能农业智慧化升级

在农业领域，人工智能也在发挥越来越大的作用，使农业向着精细化、智慧化方向升级。在农田生产端，通过植保无人机、农业物联网设备的多源异构数据融合，形成高质量的农业大数据。在此基础上训练算法模型，可以指导种植决策、场景诊断和精准施肥用药。在养殖环节，通过视频监控、传感器等设备，运用计算机视觉和语音识别技术实现猪牛羊等的在线健康监测和预警，还可进行自动喂食和环境调控。在仓储运输端，人工智能还可深度融入冷链物流，进行质量风险预测和分级储存，降低农产品损耗。人工智能的引入，将全面推动农业实现从经验型到数据驱动型决策的转变，迈向精细化、精准化、智慧化的现代农业。

（3）人工智能助力零售业智能服务转型

在零售消费领域，人工智能也正在引领新的消费场景和商业模式的产生。以无人零售店为代表的新零售业态正在蓬勃发展。在购物便利性、商品鲜度、消费体验等方面都具有明显优势。通过深度学习和数据挖掘技术，可以实时预测用户购物偏好和需求，进行精准营销，提升商业转化率。应用计算机视觉等识别购物者细微表情、动作和反应，实现"意图识别"，进一步提供个性化服务。

三、卫星互联网

信息网络基础设施、算力基础设施、新技术基础设施是数字经济发展的三个基础设施要素。卫星互联网作为新一代通信网络的核心组成部分，是信息网络基础设施建设的重点技术创新方向。本节介绍了卫星互联网的发展背景，同时探讨了卫星互联网技术中的大规模星座运管控制技术、数字孪生仿真技术。

（一）卫星互联网的发展背景

2020年4月，卫星互联网被国家发展改革委划定为"新基建"信息基础设施之一，卫星互联网与5G、物联网、工业互联网一并被列为新基建中的通信网络基础设施。2023年1月1日起施行的《北京市数字经济促进条例》中，专门提到"信息网络基础设施建设应当重点支持新一代高速固定宽带和移动通信网络、卫星互联网、量子通信等，形成高速泛在、天地一体、云网融合、安全可控的网络服务体系"。

1945年，英国科幻作家阿瑟·查尔斯·克拉克（Arthur Charles Clarke）在《世界无线电》杂志发表的著名论文《地球外的中继》中提出利用通信卫星实现全球通信的科学设想，指出利用三颗同步轨道卫星即可实现全球通信，卫星通信的概念也因此诞生。卫星通信发展历程可分为试验、模拟卫星通信、数字卫星通信、卫星移动通信、窄带卫星星座、高通量卫星通信和宽带卫星星座等阶段。卫星互联网即利用人造地球卫星作为中继站转发或发射无线电信号，从而实现两个或多个地球站之间的通信连接。卫星互联网通过一定数量的卫星形成规模组网，从而辐射全球，构建具备实时信息处理的大卫星系统，是一种能够完成向地面和空中终端提供宽带互联网接入等通信服务的新型网络。卫星互联网是继有线互联、无线互联之后的第三代互联网基础设施革命。

赛迪智库无线电研究所在2020年3月发布的《6G概念及愿景白皮书》中指出，5G的通信对象集中在距离陆地地表10km以内的上空高度的有限空间范围，无法实现"空天海地"无缝覆盖的通信愿景。对于智能工厂，6G能够将时延缩减至毫秒（ms）级甚至是微秒（μs）级，从而逐步取代工厂内机器间的有线传输，实现制造业更高层级的无线化和弹性化。6G总体愿景是基于5G愿景的进一步扩展和升级。从网络接入方式看，6G将包含多样化的接入网，如移动蜂窝、卫星通信、无人机通信、水声通信、可见光通信等多种接入方式。从网络覆盖范围看，6G愿景下将构建跨地域、跨空域、跨海域的"空—天—海—地"一体化网络，实现真正意义上的全球无缝覆盖。

卫星的使用场景，包括空中高速上网、全域应急通信抢险等。6G

网络是 5G 网络、卫星通信网络及深海远洋网络的有效集成。卫星通信网络涵盖通信、导航、遥感遥测等各个领域，可实现"空—天—海—地"一体化的全球连接。"空—天—海—地"一体化网络将优化空（各类飞行器及设备等）、天（各类卫星、地球站、空间飞行器等）、海（海上及海下通信设备、海洋岛屿网络设施等）、陆（现有陆地蜂窝、非蜂窝网络设施等）基础设施，实现太空、空中、陆地、海洋等全要素覆盖。卫星通信作为其中一个重要子系统被纳入 6G 网络。我们需要对网络架构、星间链路方案选择、天基信息处理、卫星系统之间互联互通等关键技术进行深入研究。

（二）大规模星座运管控制技术

卫星互联网的实现需要较多的技术创新，大规模星座运管控制即为其中的一项重要技术。

在低轨互联网星座出现之前，人类部署的最大规模星座也就是 20 世纪 90 年代的铱星，该星座拥有 66 颗在轨卫星。这个规模的星座可以支持语音通话，但难以支持上网服务。这是因为互联网卫星和地球上的移动通信基站具有一样的特性。一个基站只能提供一定数量的带宽，用户数量越多，每个人分到的带宽就越小，上网速度就越慢。所以人们有两种选择，一种是把低轨道卫星做得很大，每颗卫星都能提供大量带宽；另一种是把卫星做小，用大量小卫星来提供足够带宽。考虑到大卫星价格昂贵，一旦出现发射失败或者器件故障损失太大，因此在实用阶段重点选择小卫星方向。

为满足全球宽带上网的需求，小卫星星座规模越来越大。加拿大的电信卫星公司"光速"星座仅针对船只、飞机、石油钻井设施等专业用户，所以其规模比较小，只有 200 多颗小卫星。为全世界所有人提供服务的"一网"和"星链"就不同了："一网"的规模可能达到

900 颗，"星链"更是达到了 42000 颗。面对这样巨大的星座，如果采取传统上的一颗一颗卫星单独测控的方式，我们就要设置海量的测控设备和测控人员。如果一颗卫星安排一个测控岗位，24 小时测控至少需要 3 个人 8 小时轮换，那么"星链"就要聘用 10 多万人来测控星座。而且当卫星飞行在无人区、海洋、沙漠上空的时候，我们不可能用地面测控站来进行测控。

另外，为了满足波束切换和干扰抑制方面的一些要求，星座的每颗卫星之间都要保持相对精确的几何关系，这种结构被称为编队飞行或者网络星座。卫星数量越多，间距就越小，对保持几何关系的要求就越高。因此，我们必须让卫星实现自主运行。星座自主运行是指卫星在不依赖地面设施的情况下，自主判定星座的状态、维持星座的几何构型，自主完成飞行任务所要求的功能或操作。除非发生非常意外的事情，一般情况下不需要人力干预。实现自主运行需要具备两个关键技术：一是自主导航，即卫星需要自主判断是不是飞行在正确的轨道上，如果有偏差，要能够自动纠正。二是自主控制，即，卫星要根据任务，自主控制其上的电力分配、热控制、姿态控制、通信有效载荷等工作。

星座的自主运行比单颗卫星的自主运行更复杂。每颗卫星之间要保持相对固定的几何关系。一般来说，一颗或者几颗卫星会被设置为参考卫星，其他卫星可以参考它们的实时位置来确定自己的飞行计划。互联网星座一般运行在低轨道上，由于受到地球非球形、大气阻力、太阳光压等摄动因素干扰，参考卫星的轨迹也会发生不断的变化，其他卫星需要做出实时调整。其他卫星一方面要做出相应调整，另一方面还要考虑与其他卫星的相对位置，不发生碰撞。

（三）数字孪生仿真技术

目前，在新技术发展和多样化需求的双驱动下，更多大型卫星工程的实现成为可能，同时也为卫星产业带来了相应的新挑战。如基于低轨卫星通信系统的卫星互联网项目，近年引起了高度关注，形成了全球性的发展热潮。英国卫星电信网络公司、美国太空探索技术公司、加拿大通信卫星公司、卢森堡卫星互联网公司等相继发布了其通信卫星星座计划，并紧锣密鼓地开展了相关建设工作。中国航天科技集团的鸿雁全球卫星星座通信系统与中国航天科工集团的虹云工程也以实现全球卫星通信为目的而被提出。卫星互联网项目星座规模大（从 100 颗到 12000 颗）、建设周期短（轨道和频率资源有限，先到先得，星座建设分秒必争）、项目流程长（星座设计、轨道设计、网络设计、批量制造、卫星发射、在轨组网、网络运维等）、投入成本高（卫星批量化制造、卫星高密度发射、卫星星座维护等），由此卫星工程的设计、实施、管理等方面仍面临巨大挑战。卫星互联网等项目的各阶段虽已开展了一定的数字化工作，如基于模型的系统工程（model based system engineering，MBSE）等研究，但在卫星工程全生命周期中仍存在部分系统数字化程度低、系统间信息交互能力弱、流程间模型演化与数据关联能力差等不足或问题，且卫星产品、卫星车间、卫星网络等的数字化、网络化、智能化、服务化水平仍不能满足快速响应、实时管控、高效智能、灵活重构、便捷易用等多样化需求。

　　上述卫星工程面临的新挑战与发展趋势，对卫星产业发展提出了新需求。在卫星系统工程管理上，各部分间模型、数据、软件、服务的壁垒依旧存在。各专业合作、各阶段协作、各系统协同的需求变得更强烈，要求变得更严格。物理为主、信息为辅，人工为主、软件为辅的卫星产业模式与需求变得更加多样。工程更加复杂、应用更加广泛的卫星产业借助数字化、网络化、智能化、服务化手段发展创新模式，改进传统方式，突破相关技术，是卫星产业进一步发展的必然要求。

　　数字孪生作为一种实现数字化、网络化、智能化、服务化转型升级的有效手段，与新信息技术具有极高的融合度。它在产品设计、制造、运维等阶段以及全生命周期管理中得到广泛的应用与探索。航空航天产品、航空总装线、军事复杂系统等领域对其均有相关研究与应用，这与上述卫星产业发展新需求不谋而合。针对卫星互联网产业项目大、周期长、投入大的特征，应用数字孪生的仿真技术，可以极大地节约项目成本，加快项目运作的效率。

"孪生"的概念最早出现于1969年美国的阿波罗项目中。美国国家航空航天局（NASA）制造了两个完全相同的航天器，形成"物理孪生"。两者虽没有直接的数据连接与信息交互，但可以借助留在地面的航天器在一定程度上反映和预测在地外空间执行任务的航天器的状态，进而进行任务训练、实体实验并辅助任务分析和决策。随后，这种"物理孪生"或"物理伴飞"的方法虽仍在部分系统中被应用，但由于航天器的系统和任务的复杂性越来越高，且数量迅速增长，航天系统难以支撑大量并完整构建物理孪生的成本，借助数字化手段仿真、分析、验证航天器的研究逐渐出现。随着数字化相关技术的发展成熟，NASA于2010年提出将数字孪生技术应用于未来航天器的设计与优化、伴飞监测以及故障评估中。美国空军研究实验室于2011年提出在未来飞行器中利用数字孪生实现状态监测、寿命预测与健康管理等功能，自此引起了数字孪生在航空航天及其他领域中的广泛关注，并在航空航天产品设计、制造装配、运维使用、系统整体管控等方面形成了大量研究应用。

法国达索公司借助基于数字孪生的3D体验平台，利用用户在虚拟空间的产品体验不断修正产品设计模型，进而对物理实体产品进行提升。中国北京世冠金洋科技发展有限公司研发了航天飞行器数字孪生技术及仿真平台，实现了对卫星各子系统仿真模型的集成及数字卫星的组装构建与仿真评估。中国精航伟泰测控仪器有限公司正致力于卫星数字孪生设计技术的开发研究，以期提升卫星设计研制效率。

在数字系统管控方面，中科院信工所提出天蛛工程计划。基于数字孪生模型提出数字孪生卫星网络的应用设想，在国产平台上，构建了一个综合中心和八个区域中心（临近靶场），形成了分布式部署的大科学装置平台，赋能卫星互联网产业链上中下游（研制、产品、服务），链接党政、金融、交通、应急、智慧城市、智慧海洋、自然资源监测等应用领域，形成"1+1+8+X"体系，提供卫星数据服务、卫星数据安全服务等。

05

第五章

组织生态篇：
强化韧性　保障安全

产业数字化的发展离不开组织生态的推动。我们应强化产业数字化组织生态，聚合人力资源、信息资源、企业资金、技术资源等组织资源，提升产业数字化；关键问题应加强集智攻关能力、集约建设能力、集链补链能力，共同促进产业数字化转型，以支撑产业高质量发展。

| 第一节 |

组织生态构建对产业数字化的意义

一、集智攻关，突破关键核心技术

我国对于集成电路、高端装备等产业链关键环节控制力与主导权较弱，产业链"断点""堵点"较多，缺少具有国际竞争力的"撒手锏"技术。我国的基础研究、技术研发、工程应用及产业化协同创新链有待进一步畅通。在一些产业和领域，尤其是高端装备、核心零部件等领域，我国产业基础还很薄弱，关键核心技术受制于人，产业链供应链风险不容忽视。国内市场对创新内循环的牵引作用有限，国内企业仍然存在引进国外技术和部件、配套组装或整机采购的路径惯性。综合分析国内外形势，国家安全、经济发展面临的新形势、新问题需要我们坚持走中国特色自主创新道路，把核心技术掌握在自己手中，真正掌握竞争和发展的主动权。通过组织模式创新，加强组织统筹、提升组织效率，有助于推进关键核心技术攻关，更好地满足现阶段产业发展需求。

二、集约建设，避免重复投入

"集约化"是经济领域的专业术语，可理解为集合要素优势、节约生产成本，提高单位效益的方式。集约化指在社会经济活动中，在同一经济范围内，通过经营要素质量的提高、要素含量的增加、要素投入的集中以及要素组合方式的调整来增进效益的经营方式，是指在充分利用一切资源的基础上，更集中合理地运用现代管理与技术，充分发挥人力资源的积极效应，以提高工作效益和效率的一种形式。强化产业数字化的组织生态构建，即是充分利用各种组织资源，以最大化发挥资源作用。

三、集链补链，快速补齐产业链短板

充分发挥组织生态的力量，加快推动数字产业链"扬长补短"，即着力推进补短板锻长板：补短板的重点在增强产业链、价值链、供应链控制力与韧性，消除重大核心技术"断链"隐忧，夯实国内产业基础，完善制度环境；锻长板的关键是充分利用国内超大规模的市场优势，深化要素市场化配置改革，以全球视角打造现代产业链，支持竞争优势明显的龙头企业做好产业全球化布局、提升产业链整合能力、增强国内产业协同互补。双管齐下以在开放合作中形成更强创新力、更有掌控力、更高附加值的产业链，解决产业内外纵深发展的不平衡不充分的问题。

组织变革加速数字发展

一、国家层面的组织形态

（一）新型举国体制

　　党的二十大报告在"完善科技创新体系"中明确提出："坚持创新在我国现代化建设全局中的核心地位""健全新型举国体制，强化国家战略科技力量""提升国家创新体系整体效能""形成具有全球竞争力的开放创新生态"等工作。

　　新中国成立之初，出于国家安全和经济赶超的需要，中国共产党充分发挥了政治优势，在贫穷落后的条件下，集中力量办大事，采用举国体制推进科技和重大经济项目建设。举国体制在国防和独立完整的工业体系建设中发挥了不可替代的重要作用，可以说，没有举国体制，就不会有尖端的国防科技"两弹一星"，也不会形成相对独立完整的科研体系。在计划经济时期，传统举国体制的内涵和作用主要体现在"集智攻关"与"合力建设"两方面，有两大特点：第一，建立在单一公有制和计划经济体制之上。主要依靠党政命令来组织动员各个单位，而非通过市场交易。在当时基本固定的价格和工资制度下，所有人力和物力资源都以较低的价格获取，从而大大节省了成本。由于物质奖励有限，所以当时主要采用精神激励的手段，这也使"集体主义"成了传统举国体制的精神内核。第二，举国体制在当时解决的是"有没有"的问题，而不是"好不好"的问题。这一时期的产业和科技发展，主要目标是填补空白，而不是获取利润或是参与国际市场竞争。主要算政治账而非经济账，是传统举国体制的显著特点。

改革开放以后，我国培育了数量众多的市场主体。为赢得市场竞争，新兴的市场主体日益重视科学技术。于是，产业和科技进步的动力，在原来单一的国家基础上，多了无数市场主体，举国体制的作用也不再像过去那样突出。但是，在国防和高科技领域，以及一些国民经济命脉产业，举国体制在自主创新领域仍发挥着重要作用。在国防领域，最先进的武器装备是买不来的，只能依靠自主创新。特别是在高科技领域，如载人航天、探月工程、深海探测等，关键核心技术是一国的高度机密，也是买不来的，只能走自主创新之路，因而也仍然沿用着举国体制。在国民经济命脉行业，如特高压输电技术，虽然国际上有先进技术可供引进，但中国幅员辽阔，电力资源集中在西部地区，而用户却集中在东部地区，因此中国需要的是超长距离输电技术，这是其他国家所没有的，因此只能依靠自主创新；又如北斗卫星导航系统，涉及国家安全，必须自主可控，同样只能自主创新。在上述领域，举国体制不仅发挥着作用，而且其制度和机制也发生了变化，那就是此时的举国体制是建立在社会主义市场经济基础上，并且相当部分是以市场化的方式组织资源，用招投标、申报立项等方式选择工程和科研力量，在项目研发和制造过程中，会以购买的方式吸收社会力量参与其中。

2011 年 7 月，科技部发布《国家"十二五"科学和技术发展规划》，提出"将实施国家科技重大专项作为深化体制改革、促进科技与经济紧密结合的重要载体，加快建立和完善社会主义市场经济条件下政产学研用相结合的新型举国体制"。这是我国首次提出"新型举国体制"这个词。在党的十八大之前，从总体上来看，我国除了在积极实施以"863"计划、北斗卫星导航系统以及航天等为代表的带有新型举国体制性质的科技发展规划和项目外，在民用科技方面，凡是能够通过贸易、合作等方式获得国外先进科技的，都主要采取引进外资、合作、购买等市场方式，通过"引进、消化、吸收、创新"国外先进技术和管理来发展。

党的十八大以来，中国特色社会主义进入新时代，我国的经济发展面临着新的形势和挑战。就国内看，我国的经济发展到了爬坡过坎的关键期，传统的要素红利已渐趋枯竭，产业迈向高端、经济转向高质量发展是唯一出路，且刻不容缓，因此科技作为第一生产力，创新作为发展的第一动力，在实现产业结构优化升级和高质量发展中的作用，就更加凸显出来。就国际看，中国不仅经济规模和总量为世界第二大经济体，而且工业门类最齐全，是名副其实的"世界工厂"。更为重要的是中国转向高质量发展后，产业结构正在快速优化升级，在国际产业链中的地位正在由中低端向中高端攀升，在相当多的科技和产业领域，已经由过去的"跟跑者"向"并跑者"和"领跑者"转变。因此中国与西方发达国家在世界经济中的关系开始由以互补为主转向以竞争为主。

在中国产业升级与发展方式转型的关键期，"卡脖子"问题成为全国关注的焦点。2018年，《科技日报》推出了系列文章，其中提出了35项"卡脖子"的技术清单。以习近平同志为核心的党中央多次强调核心技术的重要性。2018年5月28日，习近平总书记在中国科学院第十九次院士大会、中国工程院第十四次院士大会上强调："实践反复告诉我们，关键核心技术是要不来、买不来、讨不来的。只有把关键核心技术掌握在自己手中，才能从根本上保障国家经济安全、国防安全和其他安全。"2019年2月20日，习近平总书记在会见探月工程嫦娥四号任务参研参试人员代表时指出："这次嫦娥四号任务，坚持自主创新、协同创新、开放创新，实现人类航天器首次在月球背面巡视探测，率先在月背刻上了中国足迹，是探索建立新型举国体制的又一生动实践。"

2022年9月6日，习近平总书记主持召开中央全面深化改革委员会第二十七次会议，审议通过了《关于健全社会主义市场经济条件下关键核心技术攻关新型举国体制的意见》。这次又将"健全新型举国体制，强化国家战略科技力量"写入党的二十大报告中。

目前我国正处于实现第二个百年奋斗目标的新发展阶段，贯彻新发展理念，构建新发展格局，建设现代化强国，尤其是制造强国、科技强国，离不开新型举国体制。但是新的发展目标、任务和条件，决定了新型举国体制具有许多新特点。新型举国体制要面对国民经济主战场，不仅要实现技术突破，而且要达到量产标准，满足一致性、稳定性和成本控制等要求，能够以性价比取得国际竞争优势。与此同时，新型举国体制还可以通过市场来助推国家科研的发展。新型举国体制不仅要使用国家力量解决市场无法解决的问题，而且要用市场机制来优化国家力量的作用方式。

（二）推进专业化整合

专业化整合，是指企业通过资产重组、股权合作、资产置换、无偿划转、战略联盟等方式，打破企业边界，将资源向优势企业和主业企业集中。不同于战略性重组，专业化整合往往不改变两家集团公司的隶属关系，更多是发生在集团所属企业之间，或者集团内部之间的资源优化配置。

从专业化整合的目的来看，有的是为了进一步提升产业集中度之所需，以求强者更强，有的是为了补链延链，补齐上下游短板，或者区域布局上的短板，从而大幅提升央企的资源配置效率和发展质量，切实增强企业市场竞争力、国际影响力和话语权。

放眼全球，世界一流企业非常重视专业化整合。一些巨头企业通过同质化企业之间、科研院所与实体企业之间的整合，可将人才、技术、产品等聚集起来，形成强大的技术攻关能力与关键技术突破能力，从而加强创新力量，加大创新投入，攻克"卡脖子"核心技术。

对于中央企业而言，推动专业化整合，有利于有效解决中央企业之间的同质化竞争、重复建设等问题，打造主责主业更加聚焦、业务结构更加清晰、核心能力更加突出的优势企业。

（三）关键技术策源地建设

中央全面深化改革委员会第二十四次会议审议通过了《关于推进国有企业打造原创技术策源地的指导意见》，习近平总书记在主持会议时强调，要推动国有企业完善创新体系、增强创新能力、激发创新活力，促进产业链创新链深度融合，提升国有企业原创技术需求牵引、源头供给、资源配置、转化应用能力，打造原创技术策源地。

2022年我国《政府工作报告》中提出，深入实施创新驱动发展战略，巩固壮大实体经济根基；推进科技创新，促进产业优化升级，突破供给约束堵点，依靠创新提高发展质量。

当前，国有企业科技创新成果不断涌现，创新能力显著增强。国务院国资委党委持续深入推进国有企业坚持高水平科技自立自强，发挥好出题者、引领者、攻关者作用，为国有企业打造原创技术策源地提供有力保障。

中国中化原党组书记、董事长宁高宁认为，中国许多产业都面临着高质量发展带来的转型挑战，仅能满足基本需求、成本驱动的商业模式已经走入发展瓶颈期，创新驱动已经成为企业生存和发展的唯一出路，"创新有很多种，体制创新、管理创新、商业模式创新等，我最想说的是技术创新、产品创新，中国企业过去在这方面有很多短板，跟随、同质化比较多，差异化、原发性创新比较少。而今天，很多中国企业已经开始走出这一步"。

绝大多数发展好的企业都是因为有了技术创新、产品创新，开创了新的市场、新的需求，带动了产业链的整体创新。从《政府工作报告》中可以看出，国家加大了对企业创新的激励力度，包括资金支持、税收优惠、人才激励、孵化平台建设，以及国有企业业绩评价对创新的鼓励等。因此，创新一定是企业下一步发展的重要路径。

二、地方政府层面的组织形态

数字政府建设是"十四五"期间地方政府发展的重中之重，作为走在全国数字化发展前列的广东省敢为人先，在实践中探索出了广东的数字化发展之路，率先采用"政企合作、管运分离"的数字政府建设模式。2017年广东省政府就发布了《广东省"数字政府"改革建设方案》，率先启动"数字政府"改革。经过前期的规划与建设，现在的广东数字政府建设已经初见成效，为全国数字政府建设积累出了"广东经验"。

2017年以来，广东省以"政企协同，管运分离"的模式开展数字政府改革建设工作，将数字政府改革建设作为推动广东省经济高质量发展，再创广东营商环境新优势的着力点和突破口。在这一大背景下，数字广东网络建设有限公司（以下简称"数字广东公司"）于2017年10月正式成立，这艘承载着广东省数字政府改革建设重任的巨舰由此正式启航。2022年3月30日，经广东省政府批准，数字广东公司加挂广东省数字政府建设运营中心的牌子。

数字广东公司成立以来，特别是从管理变革开展以来，在广东省委、省政府的坚强领导下，在省政数局的悉心指导下，在全省各级、各地、各部门、社会各界的关心厚爱下，立志服务好全省工作大局，加快核心能力提升。公司始终秉持"人民至上"的价值理念，切实履行建设运营中心职责使命和央企主力军、国家队的责任担当，牢记数字政府公益性、基础性、平台性、保障性定位，聚焦数字政府公共服务、基础设施、平台建设的主责主业；依托中国电子网信事业核心战略科技力量，数字政府建设运营能力领跑全国，自主可控核心能力加快提高，科技创新示范效应持续彰显，规范化管理水平不断提升，战略规划稳步推进，有力支撑了全省经济社会高质量发展，为国家治理体系和治理能力现代化贡献了广东实践。公司是广东数字政府改革和建设事业最值得信赖和托付的中坚力量之一。

三、产业层面的组织形态

（一）企业间数字化与专业化优势互补合作

加快数字新兴产业培育，布局新一代信息技术、人工智能等战略性新兴产业，中央企业成立数字科技类公司近 500 家，包括华润数科、中粮金科、中建数科、昆仑数智、中国电子数据产业集团等，以加快产业新旧更迭和动能转换。在数字化转型进入企业间协同的阶段后，组织协同方式正在发生变革，使得企业内的协同走向组织间、产业链的大协同。通过企业间数字化与专业化优势互补合作：一是将数字科技型企业多年沉淀的数字化转型经验和能力赋能业务型企业，引领及带动更多企业、行业加快数字化转型发展，服务数字中国战略；二是充分参与市场竞争，形成更具市场竞争力的业务能力，联合打造一揽子专业化、数字化的产品与解决方案，以及一站式数字科技运营服务能力，能更好地接受市场的考验与淬炼，提升数字产业核心竞争能力，加快数字市场快速迭代发展；三是以外促内，更好地服务企业产业智能化发展和数字化转型；四是以内促外，加强中央企业数字管理、运营、业务的提升，发挥国民经济领头军作用，带动上下游产业链供应链和数字经济高质量发展。

（二）以数字平台拉通产业链上下游

我国经济由高速增长阶段进入高质量发展阶段，产业发展的内外部环境发生深刻变化，对供应链产业链协同创新发展提出更高要求，需要以数据要素流动为基础，建立安全稳定高效的"双链"驱动体系，助力经济高质量发展。互联网平台是供应链产业链协同创新发展的重要支撑：以用户需求为核心，以数据要素流动为基础，拉通供应链，高效强链，不断增强韧性，实现上下游协同创新；基于供应链韧性发展产业链，补链延链，高效匹配供应链，实现产业链协同创新；以园区为载体，通过供应链产业链双轮驱动，产生虹吸效应和溢出效应，带动产业集群发展，实现价值链重构与提升。产业互联网平台的本质是借助大数据、人工智能、物联网和混合云等信息技术拉通全产业链的需求侧和供给侧，构建生态圈效应，从而提升企业运营效率，增强企业核心竞争力。

1. 重塑传统产业资源

产业互联网的本质是拉通产业链需求侧与供给侧，构建生态圈效应。这就意味着企业需要通过创新业务模式进行产业整合，并结合数字化手段完成产业重塑，进而实现资源的高效配置和规模效益。目前，企业内部的信息化建设已经广泛完成，在新常态和数字化的时代背景下，企业需要延伸和拓展数字化领域的深度和广度：深度，是指借助人工智能、大数据等技术将企业内部的信息化能力深化为智能化能力，将业务流程中的数据转化洞察客户及市场的能力，实现数据支撑的智能决策；广度，则是通过物联网、混合云等技术构建产业平台，外延企业内部的数字化能力，联通产业上中下游合作伙伴，形成生态圈效应。

2. 制定开放的平台服务战略

产业互联网的重要支撑是企业的平台战略和基于云原生构建的平台技术体系：业务层面上，平台需要保持开放，接受用户的反馈并快速演进，从而应对不断变化发展的市场需求；技术层面上，开放式混合云架构的平台，应该兼具丰富的行业应用和创新技术，这是平台能够不断迭代发展，助力企业推进数字化转型，实现产业互联的技术基础。

3. 融合行业标准和客户体验

行业标准是产业互联网的重要组成部分。只有形成统一的行业标准才能达成行业共识，实现规模化效应。因此，企业通过构建产业互联网平台，在平台实现产业链上各环节的业务场景，进而定义产业的行业标准，形成数据基础和规模效应。同时，与面向客户端的消费互联网相比，面向企业端的产业互联网更多关注的是如何根据企业用户自身的需求，打造个性化方案、建立生态黏性。在产业互联网领域，企业需要融合行业标准与客户体验，以基于行业标准形成的数据赋能生态圈合作伙伴，将数据价值转化为企业的影响力，构建产业协同的生态圈。

比如，为深入贯彻"四个革命，一个合作"能源安全新战略，2018年11月9日，在国务院国资委的指导及有关部委的共同推动下，国家电力投资集团有限公司联合14家国有能源企业和1家民营高科技企业作为首批股东，共同出资组建中能融合智慧科技有限公司（以下简称中能融合）。

中能融合以"建设能源工业互联网平台，让能源更安全更智慧"为企业使命，以建设"国家能源大脑，数字能源平台"为企业愿景，秉承绿色、创新、融合，真信、真干、真成核心价值观，开展工控安全态势感知、智慧能源应用、智慧能源交易、能源气象和能源金融等业务，服务国家能源安全和能源智慧发展。目前，已建成连接有关国家部委、国有能源企业的能源工业互联网平台，实现发电侧工控安全态势感知系统的有效覆盖，在能源行业建成广泛适用的数据标准规范，常态化汇聚各能源央企、地方能源国企经济、消费类数据，全国气象数据及部分发电场站生产类数据，持续开展数据治理及价值挖掘工作，吸引了一批智慧应用在平台部署和推广，积累了平台运营经验。

中能融合聚焦国家能源工业互联网平台建设运营，以推动能源数字化转型为己任，发挥与生俱来数字化基因优势，集聚培养专业人才，提速数据能力建设，畅通能源使用微循环，以数字技术为能源行业发展赋能。围绕建成高可用、高可靠、高弹性的能源工业互联网数据平台为目标，中能融合"谋定而后动"。

以高站位观全局的统一数据思想，体系化开展数据能力建设，先后制定能源工业互联网平台"十四五"发展规划、科技创新"十四五"发展规划及相关业务子规划，为数据能力提升"立柱架梁"。

中能融合根据平台汇聚的海量多源异构能源数据进行自主研究，建立数据分级分类规则、数据资源目录，构造完整的能源数仓，并着手人工智能数据治理研究，自动化提高平台数据质量，打造全链路、全生命周期管理和作业指导书。从消费互联网到工业互联网，变化的不只是服务对象，工业互联网成为撬动行业高质量发展的杠杆，已是广泛共识。

在"数字经济＋双碳＋新型电力系统"背景下，能源行业迫切需要能够深度撮合供需、快速响应市场、线上线下相融合的智慧能源交易新生态。依托多层次、立体化的能源工业互联网平台，中能融合已建成能源预警、工控安全、智慧能源应用、电力气象、智慧交易等多个系统平台，通过更广泛的互联互通，为能源供需两端提供更丰富的数字能源服务。与此同时，按照"双网双市场"发展战略，中能融合全面强化平台服务功能，深化应用服务体系建设，在市场化前提下，让数据这一重要砝码，实现能流动、可流转、快流通，产生更大价值。

（三）实体龙头企业主动拥抱数字化转型

中国机械工业集团以高质量推进"数字国机"建设为总体目标，坚守"目标导向、创新引领、统建共管、协同共享、安全可控"五项原则，聚焦主责主业，以数字技术赋能产业转型升级，推动集团科技研发、装备制造、工程承包、设计咨询、产融服务以及海外业务等板块数字化、智能化发展；重点开展了"制造＋数字化""检测＋数字化""供应链服务＋数字化""设计＋数字化"等典型应用场景建设，提升高端重装、农机、纺机等企业智能制造水平，推动传统产业与数字技术深度融合发展；积极探索平台经济模式，推动"农机云"和"机械装备行业云"落地，突破了农机全程作业智能检测、监测与管理技术，创建了国内首个农业全程机械化管理服务平台，服务"粮食安全""乡村振兴""农业强国""制造强国""数字中国"等国家战略。

四、企业层面的组织形态

在数字经济、数字政府、数字城市、数字中国等的助推下，企业数字化已经从最初解决对数字化的认知问题、打破信息孤岛的问题、构建数据中台的问题等，逐渐进入"深水区"，开始面临通过组织创新统筹推进整体数字化转型的所有问题。毫无疑问，数字化转型是企业的战略，组织创新是数字化转型战略全面落地的保障。数字化转型的关键在于重新定义业务模式、重新构建运营和管理模式，完成企业由流程驱动向数据驱动的变革，而绝不仅仅是在原有业务模式基础上实现信息化，这是一个系统性的、全局性的变革，必须通过组织创新统筹推进数字化转型各个方面的任务。面向数字化转型的组织创新，其目标就是构建数据驱动型组织。

数据驱动型组织应具备以下四个方面的特征：

一是高速迭代。高速迭代是数据驱动相比流程驱动的突出优势。企业的运营模式是在不同阶段逐渐发展和演进的，经历了从人的驱动、到职能驱动、再到流程驱动的转变过程。在实行数字化之前大部分企业是流程驱动的，其迭代方式是流程再造。流程驱动时代，核心是流程，数据驱动时代，核心是数据。流程的本质是规则，最终的决策还要依赖于管理者在规则基础上结合经验和直觉去做出判断。在数据驱动下，基于机器学习基础上的智能化，输出的直接就是决策结果，这样的迭代方式和迭代速度只有数据驱动型企业才能做到。

二是自我进化。自我进化是数据驱动的内在特征。数据驱动的内核是数据智能，自然具备机器学习能力、外在适应能力和柔性改进能力，基于实时或准实时的市场数据、用户数据和生态数据，数据驱动模式会自动调整决策、优化模型、修改规则、改进产品。但是，流程驱动下的每一次修改调整、优化模型、改进产品都需要人的介入。

三是生态协作。在数字化时代，企业的产品模式和运营模式被重新定义后，企业和上下游合作伙伴的协同方式也会做出调整，企业的边界会被重新划定。譬如供应链的重构，柔性制造一定会对供应链带来革命性的颠覆，企业和合作伙伴的合作方式必将发生颠覆性改变。再譬如不再直接生产某些产品或部件，而是交给合作伙伴去生产，形成新的协同模式。一切都将在数据驱动下做出灵活的调整。所以，数据驱动型企业一定是和生态伙伴协作共生的。

四是以客户为中心。从 Web1.0 到 Web2.0，再到 Web3.0，其演进的内在逻辑就是去中心化，走向以客户为中心。在流程驱动型企业，流程代表的是规则，企业的决策、优化都是由管理团队从内部角度出发，许多规则利于内部管理而非客户需要。在数据驱动型企业，其决策和运营模式由数据驱动而不是人的经验和直觉，通过客户数据和市场数据的变化，自动输出决策结果，最终实现以客户为中心。

数字化转型落实的关键是企业的战略、组织和文化，是上上下下对数字化转型的理解，是全体员工树立数字化的意识并具备基本的数字化能力，这些都是组织创新的范畴。坚定不移地推进企业数字化转型，下决心以组织创新为统领、以数据驱动为抓手，将数字化转型战略真正落到实处，才能使企业获得数字化时代的竞争能力。

数字产业生态强化产业韧性

党的二十大报告明确提出"着力提升产业链供应链韧性和安全水平",这是以习近平同志为核心的党中央从全局和战略的高度做出的重大决策部署。面对新变局、新挑战,着力提升产业链供应链韧性和安全水平,形成具有稳定畅通、安全可靠、抗击能力的产业链供应链,是我国实现高质量发展、建设现代化产业体系和构建新发展格局的根本路径,是增强我国产业国际竞争力、应对风险挑战和维护经济安全的必然要求。

当前,世界之变、时代之变、历史之变的特征更加明显。新一轮科技革命和产业变革风起云涌,国际产业分工格局和竞争版图深刻调整,全球产业链供应链加速重构。各种外部冲击导致风险趋升,国际循环出现局部性梗阻,"卡链""断链""掉链"现象频繁出现,我国产业链供应链脆弱性凸显,安全稳定面临不少困难和挑战。

我国作为世界第二大经济体、第二大消费市场、货物贸易第一大国,一直是全球产业链供应链的重要参与者和维护者。我国已形成规模庞大、配套齐全的完备产业体系,成为名副其实的"世界工厂"和世界制造业第一大国,是全球唯一拥有联合国产业分类中全部工业门类的国家。我国在诸多行业积累形成了完整的产业链供应链体系,诸多领域在国际产业分工中占有举足轻重的地位,创新动力进一步加强,大中小企业融通发展格局正在形成。产业链供应链自主可控能力的稳步提升,产业链供应链数字化、绿色化转型的加速,产业链供应链风险应对机制的初步形成,为提升我国产业链供应链韧性和安全水平奠定了基础。但也要看到,我国产业链供应链局部梗阻和关键环节"卡脖子"问题突出。

面对新变局、新挑战，我国应充分发挥制度优势、超大规模的市场优势和产业齐全的配套优势，坚持经济性和安全性相结合，以夯实产业基础能力为根本，以安全稳定为目标，以数字化、智能化、绿色化为方向，以扩大国际合作为途径，推动产业链向国际延伸、供应链实现全球整合、价值链向高端提升，打通产业链供应链卡点、堵点并连通其断点，打造抗风险能力强、安全稳定可靠的产业链供应链，以加快提升我国产业链供应链韧性和安全水平。

一、产业链是生态建设的重要组成

（一）现代产业链

根据学界定义，产业链是上下游企业或各个产业部门之间基于一定的技术经济关联和时空布局关系而形成的链条式分工协作与关联形态，是一个包含价值链、企业链、供需链、创新链（科技链）和空间链五个维度的概念。产业链内部的企业群体存在相互依存关系和价值交换等关系，彼此构成一个生态系统。

现代产业链，既包括面向未来的以信息技术为基础的新兴产业链布局（例如打造"以传感器为底层数据基础、以工业互联网为数据交互媒介、以智慧应用为数据处理场景"的工业互联网产业链），也包括对传统产业进行数字化、智能化改造实现的产业升维和核心价值再造（例如破除传统制造业的数据壁垒和信息孤岛，推动全方位、全过程、全领域的数据实时流动与共享，在制造业企业整个业务流程中实现跨部门的系统互通、数据互联，促进基于数据的跨区域、分布式生产、运营，提升全产业链资源要素配置效率）。

目前，"产业链"已成为中国经济领域的热词。国务院国资委提出推动央企打造现代产业链链长，工业和信息化部表示将培养一批具有生态主导力的产业链"链主"企业，各省市也纷纷出台"链长制"规划，并由省市主要领导挂帅，担任"链长"。

产业链问题之所以受到如此高的关注，有其历史和现实的背景。我国在过去的快速工业化过程中，实现了制造业规模居全球首位，建立了门类齐全、体系完整、规模庞大的产业体系——拥有 41 个工业大类、191 个中类和 525 个小类，是全世界唯一拥有联合国产业分类中全部工业部门的国家。

但同时，过去的快速工业化解决的是量的扩张和有无的问题，并不是解决质的提升和好坏的问题。南京大学长江产业经济研究院院长、教授刘志彪指出，目前我国并没有真正形成与数字经济高质量发展要求相适应的现代化产业链，产业附加值偏低，在全球价值链上的增值能力较弱。

产业链现代化涉及国际竞争力、安全稳定性、创新引领性、经济价值创造能力等方面的内容。当前，新一轮科技革命和产业变革正重塑全球经济结构，百年未有之大变局加速演变，大国之间的竞争不断加剧。

在上述背景下，产业链稳定发展问题对于我国这样的大国变得日益重要。立足新发展阶段，贯彻新发展理念，构建新发展格局，推动高质量发展都需要以产业链安全稳定和现代化为基础和前提。

（二）产业链现代化建设思考

我国"十四五"规划中将"提升产业链供应链现代化水平"作为单独一节予以强调，要求坚持经济性和安全性相结合，补齐短板、锻造长板，分行业做好供应链战略设计和精准施策，形成具有更强创新力、更高附加值、更安全可靠的产业链供应链。

在推进产业链现代化中，产业链链长扮演着至关重要的角色。链长是企业之间的纽带，负责协调各个环节之间的合作，解决各种问题，促进产业链的顺畅运转，负责制定产业链的发展战略，推动产业链的创新和发展，提高产业链的核心竞争力。

1. 产业链现代化的原则

一是系统思维。链长要具备系统思维，要全面了解现代产业链的各个环节之间的关系，以及各个环节之间的互动机制。链长不仅要关注各个环节之间的分工合作，还要注意各个环节之间的冲突和协调。因此，链长需要有全局视野和系统思维，能够从整体上把握产业链的发展方向和战略。

二是创新思维。链长还要具备创新思维，要能够引领产业链的创新和发展。创新是现代产业链发展的重要驱动力，链长要积极推动各个环节之间的创新活动，鼓励企业之间的合作和创新，推动产业链的技术进步和发展。

三是开放思维。链长要有开放思维，要能够推动产业链的国际化发展。随着全球化的加速，产业链的各个环节之间不再是简单的分工合作关系，而是更加紧密地联系在一起。因此，链长要积极推动各个环节之间的开放合作，促进产业链的国际化发展。

2. 推进产业链现代化建设的目标

一是提高产业链效率。链长的首要目标就是提高产业链的效率，让整个产业链运转更加顺畅。链长要关注各个环节之间的流通，要及时发现和解决各个环节之间的问题，确保产业链的高效运转。

二是推动产业链升级。链长的第二个重要目标就是推动产业链升级。随着科技的发展和市场的变化，产业链也需要不断升级。链长要关注各个环节之间的技术和产品升级，鼓励企业之间的合作和创新，推动产业链的技术进步和发展。

三是提高产业链竞争力。链长的第三个目标就是提高产业链的竞争力。在现代经济中，产业链的竞争力决定了一个地区或国家的经济实力。因此，链长要积极推动各个环节之间的合作和创新，提高产业链的核心竞争力。

3. 产业链链长是推进产业链健康发展的重要抓手

在现代产业链的共生群落中，链长相当于"领头雁"，是起领飞作用的，与其他企业之间的关系不是支配控制，而是为企业提供联结条件或者技术支撑的，负责组织协同攻关和共性技术研发，是作为"队长"带队一起奋进的。在产业链中，链长更多的是要勇于担当奉献而非索取，应在以下四个方面有所作为。

一是推动各个环节之间的创新和发展。创新是现代产业链发展的重要驱动力，只有不断推动各个环节之间的创新和发展，才能提高产业链的核心竞争力。因此，链长要积极鼓励企业之间的合作和创新，推动各个环节之间的技术进步和发展。

二是制定产业链发展战略和规划。现代产业链是一个复杂的网络体系，各个环节之间的联系更加紧密。因此，链长要积极制定产业链发展战略和规划，引导各个环节之间的发展方向和目标。同时，链长还要关注各个环节之间的政策和法规变化，及时调整产业链的发展策略和规划。

三是建立产业链合作平台和机制。现代产业链是一个分工合作、相互依存的经济链条，各个环节之间的合作平台和机制至关重要。因此，链长要积极建立产业链合作平台和机制，促进各个环节之间的分工合作和协同发展。同时，链长还要关注各个环节之间的市场变化和需求变化，及时调整产业链的合作平台和机制。

四是协调各个环节之间的矛盾和合作。在现代产业链中，各个环节之间不可避免地会出现各种问题和矛盾，如利益分配不均、物流不畅、产品质量不达标等。这些问题如果不能及时解决，就会影响整个产业链的运转和发展。因此，链长要积极协调各个环节之间的矛盾和合作，及时解决各种问题。

二、央企铸链，推动数字产业生态建设

（一）央企打造产业链链长，是历史使命

中央企业作为中国特色社会主义经济的顶梁柱，是党和国家最可信赖的依靠力量，在补齐产业短板、锻造产业长板上肩负重任，在捍卫我国经济安全、产业安全上责无旁贷。中央企业要勇挑重担、敢打头阵，勇当原创技术的"策源地"、现代产业链的"链长"。

推动中央企业打造现代产业链链长，是习近平总书记和党中央着眼党和国家事业发展全局，向国资央企直接交办的重大政治任务，是关系中央企业高质量发展、关系国家和民族根本利益的一件大事，对国资央企也是巨大鼓舞和有力鞭策。

国务院国资委召开多次中央企业现代产业链链长建设工作推进会，强调要着力推动中央企业提升基础固链、技术补链、融合强链、优化塑链能力，不断增强产业链供应链韧性和竞争力，在现代产业体系构建中更好发挥支撑引领作用。链长是央企的新身份。链长建设是新型举国体制的探索和实践，是发挥中央企业整体优势、增强产业链安全稳定和竞争力的重要组织形式，也是提升我国产业基础能力和现代化水平的重要举措。

（二）补齐短板，巩固长板

在支撑数字产业生态建设中，在计算、通信、数字应用等领域的中央企业主动担当，充分利用其在技术、人才、资金等方面的优势，巩固提升其在核心数字产业领域的国际领先地位，加快补齐产业链关键领域、关键产品、关键技术的短板，维护好产业链稳定安全。

中国移动通信集团公司（以下简称"中国移动"）充分重视技术

创新的重要性，选择向下扎根，牵引移动信息产业基础能力提升。具体做法包括：攻关方向下沉至关键芯片／器件和基础软件等领域，以及集成电路、算网融合、人工智能等多领域融合，并进一步延伸至更上游的"五基"领域（基础元器件、基础工艺、基础材料、基础技术、基础软件），协同上游芯片／器件／基础软件等厂家，通过深度联合研发、对外揭榜挂帅、研投协同、能力合作多种模式，共同筑牢产业发展根基。

中国电子信息产业集团有限公司（以下简称"中国电子"）围绕以数字技术支撑国家治理体系和治理能力现代化、服务数字经济高质量发展、保障国家网络安全三大核心任务，着力发展计算产业、集成电路、网络安全、数据应用、高新电子等重点业务，打造国家网信事业核心战略科技力量。按"芯、端、网、云、数、智"全链条，梳理形成自主安全先进计算产业链，并聚焦44个核心关键短板，首创"总体设计＋单品先进＋应用创新"体系化攻关模式，开展100余项强基补短工程，突破80余项重大首创、独创技术，有力支撑重点领域国产化应用需求。

习近平总书记指出"要构建以数据为关键要素的数字经济"。2020年，中国电子超前布局数据要素化，联合清华大学组织近百名专家，率先在数据要素的理论、制度、市场和技术等方面取得了实质性突破，提出数据安全解决方案，首次定义"数据金库"和"数据元件"产品，实现了数据流通的全过程可管可控，相关成果已在6个城市和1个行业落地实践并验证。此外，中国电子成立了央企首家数据产业集团，聚焦探索自主计算、数据安全、数据要素化等领域，以赋能数字政府和行业数字化转型为主战场，持续推进数据安全与数据要素化工程的落地实践。

（三）产业生态加速培育

旨在打造现代产业链链长的中央企业，除了补齐短板、巩固长板，还有一项重要的使命，就是作为链长企业，能够整合调动数字产业链全链的资源要素，带动全产业链协同合作发展。

中央企业应结合企业产业基础和特色优势，把准方向重点，梳理产业链关键环节、产品、技术清单，聚焦重点发力、务求实效。强化锻长补短，重塑产业优势，不断增强关键产品和基础原材料保障能力；积极搭建关键共性技术平台，推动研发人才和资源集聚，组织上中下游、大中小企业深度交流、优势互补，在关键核心技术攻关上取得更大突破。

当前，我国经济发展正处在转变发展方式、优化经济结构、转换增长动力的攻关期，面临结构性、体制性、周期性交织叠加的困难和挑战。我国虽拥有相对完整的产业体系，但总体仍处于产业链供国际分工中低端，供给体系质量不高、高端供给短板明显等问题，依然是制约我国经济高质量发展的突出短板。

在中国电子所在的计算产业链条中，有些企业虽然规模小，但处于核心连接的位置，因此需要保证这样的企业稳定运行，而这正是链长的职责所在。链长需要对整条产业链的堵点、卡点、痛点进行梳理，然后用市场的方法进行解决，比如通过产业基金对企业进行注资，或是锁定企业相关产品，提前下订单，使得产业链能够健康稳定发展。

中国电子牵头成立产业生态联盟，联合国家管网、中国通号、中国华能、中国华电等央企兄弟单位发布"护航央企数字化转型倡议"，并发布了计算白皮书。未来，该联盟将为数字化转型提供基础计算能力，为安全先进计算产业和各行业搭建常态化长期化平台。2023 年 5 月，中国电子与华为提出共同推进双方计算生态融合，打造同时支持鲲鹏和飞腾处理器的鹏腾生态，并启动了鹏腾生态伙伴计划，聚焦软件合作伙伴，围绕"鲲鹏＋飞腾"计算平台推出的一系列伙伴支持政策，旨在助力鹏腾生态软件合作伙伴构建核心竞争力，通过技术优化适配、产业特色推广、人才权威认证等举措，携手共建鹏腾生态，实现合作共赢。中国电子与华为将在标准构建、技术协同、生态推广、人才发展等方面，构建持续繁荣发展的鹏腾生态，为我国先进计算产业高质量发展构筑坚实根基。

中国电信集团有限公司（以下简称中国电信）勇当现代产业链"链长"，大力推进技术生态、应用生态、渠道生态、服务生态协调发展，从产业链、供应链合作进一步向创新链、服务链上下游延伸拓展。强化数据融通共享，释放数据要素的乘数效应，助推生产方式、生活方式和社会治理的数字化转型。加大优质高效的数字化产品和服务供给，以融云、融人工智能、融安全、融平台为驱动，为数字中国提供更精准、更高效的解决方案，为各行各业上云用数赋智，累计打造 5G 定制网项目超 6000 个，5G 行业商用项目近 2 万个，形成了智慧矿山、智慧工厂、智慧城市等一系列典型案例。

在打造现代产业链链长过程中，央企还积极落实国家区域重大战略，依托各地资源禀赋和产业基础，建设了一批具有良好示范作用的高质量现代产业链集群，充分发挥了链长企业的产业主导优势。

在开展链长建设工作过程中，央企实现了与其他所有制企业同合作、共同融合、共同建设相互依存的生物链，实现差异化定位、共同发展。比如，北京奕斯伟科技有限公司是一家集成电路领域产品和服务提供商。该公司相关负责人表示，中国移动在发起和成立信息通信芯片产业链创新中心、联合攻关核心芯片和技术、整合拉动整个产业链资源等方面做出了杰出贡献。

| 第四节 |

安全理念保障生态

党的二十大报告中"安全"一词贯穿全篇，特别是报告第十一部分用专章对维护国家安全和社会稳定进行安排，突出了国家安全在党和国家工作大局中的重要地位。党的二十大报告提出"以新安全格局保障新发展格局"，蕴含着统筹发展和安全的重要战略思想。

在产业数字化转型的浪潮中，安全无疑已经成为数字化转型过程中企业组织必须面对的核心要素。因为当数字化转型技术一旦无法保护业务、客户或者其他关键资产，就会变得毫无意义。同时，在复杂的基础架构、大规模的运营，以及愈加严峻的安全形势下，组织依然需要对敏捷性、灵活性和快速决策的数字化转型能力不懈追求。因此，统筹发展和大安全同样是现代化企业在产业数字化转型浪潮中生存的两大关键。

传统数字化转型中，网络安全是作为设计中的辅助性功能的，在当今数字化转型的浪潮中，新时代的大安全理念是在产业数字化转型建设之初就同步考虑构建安全体系，安全与发展同步进行，贯穿始终。因此产业数字化转型的大安全理念首先要保证自主可控，这是安全的前提。安全策略可以总结为：创新迭代，对抗演练。

一、原生安全

在产业数字化转型的过程中，基于当前变幻莫测的国际大背景，保证安全的首要任务是独立自主、安全可控，尤其在与数字经济密切相关的关键基础设施、新基建等领域。倪光南院士曾提出，新基建从一开始就要考虑采用我国安全可控的信息技术体系，形成新一代安全架构，以保证基础设施的安全。

在国家安全层面，产业数字化领域的自主可控是组成国家安全、数字经济安全的重要部分。党的二十大报告提出"着力提升产业链供应链韧性和安全水平"，这对于维护国家经济安全、加快构建新发展格局、着力推动高质量发展，具有重大战略意义。党的十八大以来，伴随经济持续稳定发展，我国产业链、供应链及数字化转型有了长足发展，核心竞争力不断增强，自主安全能力进一步提升。

但与此同时，我国产业链、供应链数字化发展不平衡的问题较为突出，不同产业在发展速度、发展阶段和数字化现代化水平上有明显差异。尤其是世界进入新的动荡变革期，大国博弈加剧，来自外部的打压遏制随时可能升级，"卡链""断链"风险加大，"脱钩"趋势隐现。在这样的外部背景之下，我国产业链、供应链数字化的可靠性和安全性面临重大挑战。因此，我们必须坚持底线思维，做到未雨绸缪，加快补短板、强弱项，着力提升产业链、供应链数字化韧性和安全水平，把发展主动权牢牢掌握在自己手中。

同时，我们要两手抓：一方面，要独立自主地创新发展关键核心技术，把关键核心技术牢牢掌握在自己手里，赢得主动权；另一方面，也要优化国际先进技术和产品的融合。

二、场景安全

一方面，我们要保证产业链稳定的底线；另一方面，产业数字化领域中的安全理念尤为关键。网络安全理念的底层逻辑可以从"六论"的视角来看：一是从认识论视角看，网络安全是整体的而不是割裂的；二是从进化论视角看，网络安全是动态的而不是静态的；三是从实践论视角看，网络安全是开放的而不是封闭的；四是从相对论视角看，网络安全是相对的而不是绝对的；五是从方法论视角看，网络安全是共同的而不是孤立的；六是从矛盾论视角看，网络安全是妥协的而不是互斥的。在六论的视角下，产业数字化转型的场景安全方法论可以聚焦于八个字：创新迭代，对抗演练。

所谓创新迭代，就是随着新技术的不断涌现，就会不断地衍生出新的网络安全问题。网络安全攻的一方，会使用新的技术方法、技术路线；作为防的一方，更要与时俱进，用新技术来更新迭代，提升安全防御能力。例如，当今人工智能领域是一个典型的新技术方向，一方面，黑客利用人工智能拓宽界限，人工智能驱动的自主黑客攻击机可以制作敏感信息并发现计算机系统中的漏洞；另一方面，安全防守可以引入人工智能，革新密码技术，更准确地识别垃圾邮件、钓鱼邮件等。数据保护、风险与合规专家指出，要加快采用人工智能和机器学习技术来动态管理来自外部威胁和组织内部的风险，以使安全和隐私团队能够最大限度地提高自己的生产力。网络安全在新技术的发展之下，变得更加富有挑战性。作为防守方，我们要利用新技术的赋能效应，增强网络安全的能力。

所谓对抗演练，就是为了解决网络安全能力的创新迭代何以更高效的演进的问题，这就需要更加强大的网安对抗实验场作为支撑。网络安全产品的安全能力是在实践中不断被打磨来获得提升的。传统的网络安全产品的认证模式已经不能适应当前这种网络安全态势快速变化的需要。在当今时代，一个网络安全产品通过认证之后，很有可能会出现一种让该产品无法应对甚至直接攻垮该产品的攻击方式。因此，追求对网络安全产品和可靠、可信信息技术产品的动态、持续的测试愈发重要。

产业数字化中网络安全、信息安全、数字安全的建设，从安全理念的角度，并不能依赖于某一款产品，或某项具体的技术。而是要从对抗演练的方法出发，构建安全攻防平台，我们称之为"影子系统"。如果在攻防过程中，"影子系统"屹立不倒，说明系统孪生所对应的在线运行系统具有强悍的安全防御能力，长期在网络靶场上屹立不倒的系统也会树立起安全口碑。如果"影子系统"被攻垮了，安全攻防平台会通过网络靶场的监测了解到问题所在，重新提升"影子系统"安全性能，对应的在线运行系统的安全防御也会得到加强。

基于"创新迭代，对抗演练"的思路，我们构建起产业数字化中的安全防线，为产业生态发展保驾护航。

06

第六章

人才培养篇：
产教融合　人才引领

产业数字化转型的基石是人才培养。随着数字技术的不断演进和发展，人类的思维，以及生产生活和学习方式也在同步变化。这些变化催生出大量新的职业和就业形态。拥有数字化思维和能力，已经是当代人才的基本要求，面对新的技术发展趋势，我们必须对传统的人才培养方式进行革新。

我国的数字化、智能化正在加速迭代升级，新兴数字技术广泛被应用到各行各业。推动高质量发展、构建新发展格局是我们的愿景，但我国数字化高技能型人才供给存在严重不足，这种结构性短缺正成为制约数字化发展的重要因素。为符合时代发展要求，大力培养创新型、复合型、应用型的高质量数字化技能人才，是我国现阶段数字经济发展面临的重要任务。

| 第一节 |
产业数字化人才培养与产业发展的内在联系

数字化人才是指具备大数据、人工智能、云计算、智能制造等多个专业领域技能和素养的人才，包含数字化管理人才、数字化应用人才、数字化技术人才，是企业数字化转型的领导力量、创新力量和支撑力量，是国家实现数字经济发展、数字强国战略的必备要素。

习近平总书记在二十大报告中强调："必须坚持科技是第一生产力、人才是第一资源、创新是第一动力，深入实施科教兴国战略、人才强国战略、创新驱动发展战略，开辟发展新领域新赛道，不断塑造发展新动能新优势。"

人才是先进生产力和文化的重要创造者和传播者，是一个产业发展的核心竞争力。2023年2月，中共中央、国务院印发《数字中国建设整体布局规划》中关于强化人才支撑，提出增强领导干部和公务员数字思维、数字认知、数字技能；统筹布局一批数字领域学科专业点，培养创新型、应用型、复合型人才；构建覆盖全民、城乡融合的数字素养与技能发展培育体系。

自"十四五"规划和2035年远景目标纲要发布以来，"建设数字中国"已经成为中国社会发展确定性方向。这就需要我们深刻认识到中国新时代数字化人才队伍建设的重大意义，加强前瞻性布局，培养更多具有复合能力的"数字化工匠"，为数字中国建设提供高质量人才支撑。

一、产业数字化人才建设是产业发展的第一资源

习近平总书记强调："人才是创新的第一资源。没有人才优势，就不可能有创新优势、科技优势、产业优势。"当今时代，强国竞争就是人才竞争，创新驱动就是人才驱动。我们应把人才资源放在数字化产业发展各类资源的首要位置，把管理的落脚点定位在让数字化人才资源释放最大能量上，建设一支规模宏大、结构合理、素质优良的数字化创新人才队伍。

（一）数字化人才储备是产业升级的第一助力

根据麦肯锡全球研究院对过去25年数字化进程的跟踪调查结果，只有14%的企业在转型中不断进步，只有3%的组织转型成功。导致企业转型失败的核心因素之一就是数字化人才储备不足。

数字化人才是提高产业数字化转型效率和效果的基石。随着人才结构的"数字化升级"，产业从单纯的技术型人才需求转变为高素质、高科技、创新型人才需求。但由于数字产业实用性强、技术迭代快，在数字经济转型升级高质量发展过程中，我们需要加快推进实施人才产业化，以产聚才、以才促产，加大人才培养及储备力度，助力产业发展，力争解决人才培养供给侧和产业需求侧在结构、质量、水平上的"脱节"问题。

（二）数字化人才支撑是行业前行的重要基石

伴随着数字经济产业的发展以及人工智能、大数据、云计算等数字新技术的落地和数字化应用的升级，社会上涌现出很多数字化、信息化、智能化新岗位。这急速拉升了各行各业对数字化人才的需求。几乎所有行业都以科技为根本，将数字化转型、技术置于商业战略的核心，对于自带数字化基因的职位，如人工智能、物联网、边缘计算、云网融合、隐私计算、区块链、量子计算、增强现实/虚拟现实及数字孪生等高端技术人才的争夺，已经达到白热化的状态。

2023 年 3 月，聚焦数字中国建设的《产业数字化人才研究与发展报告（2023）》，首次对互联网、智能制造、人工智能、金融等 11 个重点行业的数字化人才发展做出了全面分析，并预计到 2035 年，中国数字经济市场规模将接近 105 万亿元，市场数字化人才总体缺口在 2500 万至 3000万，且仍在持续扩大。如何精准匹配和吸引数字化人才、加速数字化人才的供给与培养俨然已经成为各行业数字经济发展的重大挑战。

（三）数字化人才培养是企业转型的关键引擎

数字化升级已是企业的发展共识，如何对接行业和企业数字化发展的创新需求，培养发展需要的数字化人才，已经成为一个时代的关键课题。

在数字化转型过程中，企业最头疼的是虽然软硬件升级完成了，但能够使用软硬件实现数字化价值的人员少之甚少，各部门的工作人员不理解、不愿用、不会用是普遍问题，根本无法打通业务、技术和组织三大领域整体价值链。这进一步阻碍了企业数字化建设的成果和价值实现。

产业高质量的数字化发展，有赖于够专业、懂业务、可持续的数字化人才作为根基。企业在探索数字化转型过程中，可以引进外部专业数字化人才，但内部培养数字化人才才是数字化组织建设和数字化人才储备的可持续发展路径。企业应通过实践来提升企业员工的数字化能力、数字化思维能力和数字化敏感度。

二、产业数字化人才培养是产业发展的同频共振

人才兴则产业兴，产业强则人才强，以人才兴产业，以产业聚人才，才能提高人才与产业的匹配度。培养数字化人才，需要发挥数字化人才生态产业中各个主体的作用和积极性，尤其要体现企业在数字化人才培养中的主体作用，发挥企业的主动性和能动性，突出以数字化产业需求为导向，精准育才，实现数字化人才集聚与数字化产业发展的"同频共振"。

（一）适配产业升级的数字化人才培养机制

人才资源并不是一种自然资源，是需要培养和开发的。只有企业不断地开展结合实践的继续教育，不断探索有效的管理机制，才能培养造就出创新型、技能型、实用型人才，满足劳动生产率不断提高的

现实需要，有效推动人才链、创新链、产业链有效对接、深度融合。

数字经济时代的人才培养主要有三种机制模式：

一是加强培养"高素质"数字化人才。积极引导员工形成数字化意识，以及与时俱进、主动学习和工作的态度，构建其独立解决问题的能力，从而保证人才质量，提高人员的发展潜力。

二是强调技术实践能力。提倡师带徒、实际项目介入式培养，培养人员的实践能力和实践素质。

三是重视创新意识能力的培养。合理配置培训时间及教育资源，加强理论学习、课题研讨、项目实践、平台建设等，以增强人员的创新意识。

总之，数字化人才培养要注重综合培养，以为国家经济社会发展提供高素质人才。

（二）强化产业转型的数字化人才培养措施

在产业数字化转型推进过程中，人才和技术是决定产业数字化转型成功与否的重要因素，产业不仅仅要最大限度利用企业存量人才资源，实现人才有效供给，更要自觉承担培养人才的重任，保持领先优势。

企业应优先培养数字化产业治理型/管理型人才，利用其深厚的专业知识和领导力，带领数字团队推动数字化转型，同时可以吸引更多的数字化人才，搭建数字化人才矩阵。

企业应在内部发掘数字化人才，通过提高现有员工的数字化技能来满足紧急人才需求。企业可以建立一定的机制，包括人岗匹配标准、人才选拔配置，鼓励员工与有经验的工程师一起学习，主动参与数字化项目，在实践中不断提高自己的数字技能。

企业应该主动培养数字化人才，建立专门的培训部门，有计划地培养更多具备数字技能的人才，通过内部培训、结构化学习、项目体验等机会，让员工对数字技能产生兴趣，助其形成主动学习意识。此外，企业还可以通过聘请外部培训团队，为员工提供更为专业的数字培训课程，从而更好地满足员工学习需求。

三、产业数字化人才分类是产业发展的基础保障

随着大数据、人工智能、云计算等数字技术的发展，我国数字经济逐渐释放强劲动能，通过数字技术与传统产业的深度融合，传统产业数字化、智能化的水平不断提高，各行各业数字化转型浪潮迭起，企业对数字化人才的需求急剧增长，数字化人才日益成为国家创新驱动发展、企业转型升级的核心竞争力。对数字化人才进行合理而有效的分类将有助于梳理国家未来数字化人才需求和针对性培养工作。针对数字化人才，从供给侧和需求侧角度分析，我们可将其按照人才画像和输送需求进行分类。

（一）根据人才画像进行基础分类

2022 年人力资源和社会保障部发布了新的《中华人民共和国职业分类大典》，新增了数字技术工程师一职。结合产业数字化转型和重点行业的数字化转型需求，我们认为未来的数字化人才将包括以下几类。

第一类是数字化产业治理型/管理型人才。此类人才属于产业数字战略管理者，具有行业前瞻力、洞察力和决策力，可以对产业数字化转型及降本增效做出总体的顶层规划布局，并领导从业人员推进产业数字化转型全过程。

第二类是数字化的应用融合型人才。这类人才的特点是具有很强的技术应用能力、产品能力、协同能力以及项目管理能力，擅长通过实践将数字新技术应用到不同的业务场景，助力各行各业实现数字化

转型，将数字化应用技术与业务模式融合以创造新的价值。

第三类是数字化基础型 / 研发型人才。这类基础性技术人才更注重数字化专业技术能力的打造，具备深度的分析能力。这一类人才不仅包括芯片研发工程师、软件开发工程师等传统信息与通信技术专业人才，也包括用户体验设计师等新型数字化体验人才（通过底层技术的研发推动数字化转型发展）。

第四类是数字化信息系统运维人才。为保障业务系统长期稳定运行，保障企业数据信息安全，构建监控报警体系，企业需要信息系统运维人才，解决以下普遍存在的问题：建设地域广、时间紧、业务系统部署周期长、大量遗留应用、产品碎片化、组合适配难、版本管理乱、信息孤岛、资源利用率低、重复建设、扩展困难、维护成本高、缺乏云计算、大数据、智能化、移动化等。

（二）不同维度的人才输送需求

1. 岗前数字化人才的来源

一是校园招聘。以校招的形式获得院校毕业人才，再进行培养。随着我国职业教育的不断发展，职业院校的专业技能人才也成为行业技能人员的重要来源。

二是社会招聘。从社会上招聘有行业经验的专业人才，他们可以立即投入工作岗位发挥作用。

三是产教融合培养。通过与高等院校、职业院校在数字化技能、数字化管理能力等方面的产教融合培养，可有效地促进数字化人才的社会化培养。

2. 岗中岗后人员数字技能素养的提升

一是全面提升教育数字化的能力和水平。教育领域要紧随数字经济的发展步伐，快速融入数字产业的整体生态发展之中，提升教育数字化水平，支撑在岗行业人员提高专业的数字技能，建成教育强国。

二是产业数字化人才培养要坚持始终以数字化为导向、以产业发展内生需求为目标的培养模式。教育部于 2022 年推动实施的教育数字化战略行动已经明确要加速教育数字化转型和智能化升级进程，提升教育质量和水平。国家产业体系整体都在经历数字化升级和改造，我们要进一步推动教育行业的升级与重构，实现教育理念、人才培养和组织管理的数字化。打造专业高水平的数字化人才团队未来将会加速，这会支撑中国新一代信息技术的重构。

| 第二节 |

产业数字化人才现状分析

数字化转型已经成为产业发展的必然选择，而数字化人才正是产业数字化转型中的关键驱动力。随着各产业数字化转型进入更深的阶段，大量数字化、智能化的岗位相继涌现，相关行业对数字化人才的需求与日俱增，人才短缺已成为制约数字经济发展的重要因素。

一、产业数字化人才的发展现状

下面将从产业数字化人才发展的数量、质量和层次三个角度，对我国数字化人才目前面临的状况和未来的发展方向进行论述和说明。

（一）数量

产业数字化人才面临整体数量和各类专业人员数量双不足的局

面。在现今的数字经济时代，企业进行数字化转型是大势所趋，数字化人才是数字化转型升级的重要支撑。目前总体来看，企业数字化人才在数量上还处于相当稀少的状态。

1. 对企业数字化建设有深刻理解的人员数量显著不足

一方面，缺乏致力于数字技术研发的高层次领军人才。在国家信息产业安全与发展的双重需求下，数字技术全产业链的建设迫在眉睫，行业需要全力聚焦于关键核心技术，解决现存的关键核心技术问题。目前国家大力发展以芯片、操作系统等为代表的高精尖产业，强化科技创新构建韧性产业供应链。

另一方面，数字化管理人才数量不足成为普遍现象。数字化转型是一个企业发展和战略变革课题，需要自上而下统筹规划，是典型的"一把手"工程，而数字化领导者对于数字化转型的成功起着决定性作用。值得关注的是，数字化领导者的缺乏是产业的普遍现象。在相关调研中，55% 的受访企业表示，企业的数字化领导者储备不足，缺乏数字化领导者已经成为产业数字化转型最主要的挑战之一。

随着数字经济对各行各业的渗透，企业对于外部的预判及内部的决策都需要数字化领导者的引领。传统以企业管理为核心的领导者，可能缺乏对数字技术的深入理解。

2. 咨询师、架构师、规划师、操作员等实战人员数量不足

在全面推进数字化的趋势下，越来越多传统行业中的企业开始探索数字化转型，但受制于传统行业内人才的数字化技能储备不足等因素，大部分企业难以仅仅凭借自身力量规划并实施数字化转型。更多企业通过与数字产业生态厂商及专业人才合作，获得从顶层架构设计到技术落地应用的全面赋能和支持。

一是市场亟须兼备顶层架构能力、丰富的实施经验及深刻的行业理解的数字化转型咨询专家。很多企业在决定启动数字化转型计划后，不知道从哪里开始，需要数字化转型咨询专家提供端到端的顶层设计

和路径规划。这类人才不仅要能够基于对技术和商业本质的理解，设计企业架构、信息技术架构、数据架构、云平台解决方案等顶层框架，还要熟悉云计算、大数据、人工智能等新兴技术发展趋势，熟悉主流厂商的平台及服务层服务产品和解决方案，为客户构建最合适的数字化实施路径。同时，架构的顶层设计要匹配业务战略，这对数字化转型咨询专家在行业洞察、知识积累和经验沉淀方面都提出了较高的要求。

二是能够协助企业用好数据、释放价值的业务咨询专家尤为紧缺。产业数字化的核心目的仍是能够获取明确的价值增量，在如何创造、识别、衡量数字化转型期间以及转型后的业务价值方面，传统企业的经验不足，需要业务咨询专家提供赋能。业务咨询专家需要在了解数字技术及其发展趋势的同时，具备业务专业技能（业务需求分析、企业现状诊断、业界实践对标等），此外，还应结合行业认知发现转型的业务价值，找准突破口。这需要他们对特定行业有深刻的洞察，能够协助客户快速形成基于数字化精益运营需求的场景化解决方案，如搭建业务指标体系、制定数据分析策略等，并基于数据分析需求，协同交付团队进一步优化数字化产品及服务。

（二）质量

数字化转型推进的程度和效果取决于参与其中的各类人才的水平和能力，故人才质量决定着整体数字化发展的进程。

第一，数字化人才应具备运用数字化技能解决实际问题的能力。数字化技能包括计算机编程、数据分析、网络安全、人工智能等方面的知识和技能。我国的数字化人才培养要求数字化人才具备较强的数据分析和处理技能，具备基本的编程和软件开发技能，树立搜索引擎优化和数字营销的理念，掌握人机交互设计和用户体验研究技能，善于利用人工智能和机器学习技能，进行相应的预测和决策。

第二，数字化人才应具备推动企业实施数字化转型的能力。产业数字化是一种在新一代数字科技支撑和引领下，以数据为关键要素，以价值释放为核心，以数据赋能为主线，对产业链上下游的全要素数字化升级、转型和再造的过程。推进产业数字化需要相关人员利用数据要素驱动的方法和原则，基于科技平台支撑实现转型和落地。相关人员要善于借助品牌实现数字价值的赋能作用。最重要的是企业要能够促进生态的融合发展，融合是产业数字化的核心本质，未来产业数字化推进将更多依托生态共建形式落地。

（三）层次

数字化人才可被划分为高层、中层、基层。高层要推动产业制定数字化转型战略以及实施路径。中层需要理解产业数字化转型战略，基于这样的战略去开发和创新各种各样的数字化产品和数字化创新应用。基层要实施数字化转型过程中的产品和实施数据分析、数据治理等具体工作。

二、产业数字化人才现状的成因

数字化人才培养任重而道远，现阶段我们面临诸多困难和不利局面。对于这些现状，我们要厘清现状背后存在的因果关系，为后续人才培养工作的顺利开展提供支撑。

（一）缺乏战略、体系、统筹

缺乏顶层设计和战略规划是产业数字化转型中普遍存在的问题。一些企业已经充分认识到数字化转型的重要性，但缺乏清晰的战略目标与实现路径，缺少对数字化转型路径的全面规划和系统性思考。专业机构调查结果显示，在推进数字化转型的产业中，约有 60% 的企业尚未建立转型发展路径，35% 的企业高管认为没有明确的转型战略是实现转型的关键壁垒。一些企业的高层管理者认为数字化就是简单的信息技术系统重建和升级，没有将数字化转型提升到顶层设计的战略高度，缺少关键的制度设计和组织重塑，缺乏有效的配套考核和激励机制。

（二）缺乏成本中心意识

成本中心是指对产品或劳务的成本负责的责任中心。成本中心不负责产品或劳务的销售，其业绩与销售收入或利润无关。企业建立成本中心的目标是以最低的耗费完成既定的产量，或在预算既定的前提下增加产出。企业数字化人才的培养，需要较长时间的投入，负责培训的部门就其职责内容而言，应归属于成本中心。企业数字化人才培养的负责人不仅需要精通培训业务，同时还应具有成本中心意识，既要考虑能有足够的预算投入人才培养工作，也要能够提前对培训效果做出合理的预判，即确保在有限的成本内，达到最佳的培训效果。

（三）缺乏人才评价标准

数字化人才培养的首要任务是建立人才评价标准，包括普适性一般性的数字化人才标准，以及与行业、产业高度结合的人才标准。数字化人才广泛存在于企业内部的各个岗位中，既包括传统信息技术部门的技术人员，以及和业务部门中精通信息系统并能熟练操作的专业人员，也包括在数字化转型中新兴的、横跨各种组织职能的角色，如产品经理、敏捷专家、数字化营销专家、信息安全专家等。合格的数字化人才，其技能和素质不仅包括拥有信息技术、数据分析等技能的"硬技能"，还包括拥有成长性思维、批判性思考、创意、敏捷适应性、设计思维等"软技能"。如何分类、分级、量化、评价、认证"硬技能"和"软技能"，目前都还没有完整、权威的标准体系进行说明。

2022 年，人力资源和社会保障部对数字领域的部分新职业包括人工智能工程技术人员、大数据工程技术人员、数字化管理师进行了定义，为数字化人才的标准制定工作建立了范式。

（四）实施培养计划能力不足

数字化人才培养缺乏前端输入，企业缺乏主动参与数字化人才培养的动力，究其根源在于企业领导者缺乏长期的战略眼光，没有认识到人才是数字化建设的根基。高质量的教培和考核内容同样关乎人才培养的成败，从宏观层面的数字化顶层设计，到底层的数字技术与实操，都要有体系化的、符合企业实际岗位能力需求的培训课程及考核制度支撑。企业自身的数字化人才培养资源不足，已成为阻碍当前企业数字化转型的一大障碍。

另外，数字化人才培养难以衡量和跟踪价值产出也是一个原因。企业一年内在数字化人才培养方面投入了若干资金，这些资金的投入到底能为企业的数字化建设带来多少收益（包括显性收益和隐性收益）？这些其实是难以衡量的。在以绩效论成败的企业里，正是因为难以衡量和跟踪产出价值，企业领导者以及培训部门管理层对数字化人才的培训才持观望态度，不敢大胆投入。

（五）缺乏阶段性实施计划

企业数字化人才的培养是一项长期工程，需要按计划逐步实施完成。2020 年 8 月，国务院国资委印发《关于加快推进国有企业数字化转型工作的通知》，系统地明确了国有企业数字化转型的基础、方向、重点和举措，开启了国有企业数字化转型的新篇章，积极引导国有企业在数字经济时代准确识变、科学应变、主动求变，加快改造提升传统动能、培育发展新动能。根据文件的时间规划，相应地，在人才支撑和培养方面，也应有针对性地按阶段逐步开展。

（六）缺少固定投入

产业数字化转型是一项庞大的系统工程，与具有先天优势的互联网行业相比，大部分处于传统行业的企业信息化系统尚不完善，需要更大规模的资金投入，完善信息化基础设施建设，引进或自行研发信息化系统。特别是在前期基础设施建设阶段投入的资金量虽然巨大，但短期内成效并不显著。在当前重视当期绩效的考核评价系统下，企业很难有动力投入大量资金，下决心推动数字化转型。

数字经济发展，离不开扎实的人才支撑。目前，我国对数字管理人才、数字基础研究和技术研发人才、数字应用人才等各类数字化人才的需求激增，但是现实情况是存在数字化人才总体规模较小，尤其是高层次领军人才、跨行业复合人才及高技能人才短缺等难题，这就需要加快培育一支规模够大、结构合理、素质优良的数字化人才队伍。

｜第三节｜
产业数字化人才培养亟待解决的问题

随着国家数字化转型浪潮的不断推进，产业数字化人才培养的需求日益高涨。配合人才培养工作的开展，制约产业数字化人才发展的问题需要尽快得到解决。

一、建立普适性人才标准与考评体系

产业数字化的关键是人的数字化，制定企业数字化人才标准与考评体系是产业数字化人才培养的重要内容。

（一）数字化人才标准亟待建立

制定数字化人才标准，在提高劳动者数字技能的同时也稳步提升产业数字化转型新优势，是建设数字中国的内在要求。数字化人才标准应从职业道德、数字产业理解程度、数字化基础能力、数字化应用能力、数字化思维、数字化战略等方面进行设计。我们应通过数字化人才标准有效地识别和选拔高潜力人才，打通人才的供给侧与需求侧。

建立普适性的数字化人才标准需要得到广泛的认可和推广。我们可探索开展技能人员职业标准国际互通、证书国际互认工作，各地建立境外技能人员职业资格证书认可清单制度，并根据数字化人才标准，开发培训课件和试题库，让更多的人了解并接受数字化人才标准，从而提高整个行业的数字化人才素质。

（二）数字化人才考核体系亟待建立

我们应健全以职业资格评价、职业技能等级认定和专项职业能力考核等为主要内容的技能人才评价机制，根据数字化人才的核心能力，制定数字化人才考核体系。考核体系包括技能水平、经验、学历、项目经历、职业素养等方面的考核。我们要客观地评估数字化人才的实际能力，而不是主观判断，并将考核结果作为岗位调整和晋升的依据之一。

（三）数字化人才培训内容亟须建设

数字经济的发展改变着职业结构和人才知识技能结构，加强人才数字素养和技能培训，成为数字化转型升级的重要前提。首先，数字化人才培训内容应涵盖数字化技能、思维、管理、安全等方面。产业要根据行业和企业的特性，面向具体的应用场景开展针对性培训，建立知识库，引入国内外产业数字化行业案例、优秀成果、创新方法等。其次，产业应积极融合生态上下游企业、高等院校、教育机构等，根据数字化人才标准与考核体系，共同开发数字化培训资源。

二、筑牢最广泛人群的数字技能基础

培养全员的数字技能要着力提升大家的数字化的素养和认知能力。对于专业技能人才，可实行专业资质认证和考核，以提高其数字化水平。

（一）建设数字化素养提升工程，推动持证入职

人才队伍数字素养强，才能准确把握新一代信息技术创新发展和应用的趋势和规律。要提高人才队伍素养：一是需加强培训、教育和宣传活动，提高公众对数字化技术的认识和应用能力，促进数字化技术在社会生活中的应用和发展；二是持续推动持证入职，对具有数字化技能和能力的人员进行认证，将其纳入行业数字化人才库中，以便于行业和企业在招聘、培养和管理方面更加精准地选择和使用数

字化人才。

（二）要强化专业技能人员对数字化的认知和掌握能力，推动持证上岗

为贯彻落实教育强国建设，我们需要在数字化转型过程中构建数字化素养提升的有效渠道，打牢建设数字中国人才基底，形成数字化人才标准、规范，对具有数字化技能和能力的人员进行专业认证，并将专业认证作为用人单位内部评优评先、晋升、薪酬、职称评定的参考依据。

三、建立校企之间用人育人的高效衔接

随着产业数字化的持续推进，社会上出现了一系列数字化转型与技能成熟度的错配问题，行业与高校需要重新思考如何真正培养市场需要的工作技能、如何向社会输送高质量人才。行业应联合高校参与行业未来数字化技能模型的构建，从专业技能和数字化领导力两个维度制定人才技能培养目标。企业也需聚焦发展自身的禀赋优势，持续深化产教合作，构建与高校和其他相关方协作发展的基础，积极参与招生、成长指导、资源筛选、能力认证、学生成长路径及课程编排等核心教育环节，在设施管理、课程开发等方面与市场化专业机构充分合作，与社会各方更高效地实现协作育人的目标。

四、加快人才新岗位技能的研究推广

随着科技变革与产业的发展，数字化技能需求与就业格局的变化速度正在加快，同时技能的供给与需求受人口结构、产业、技术创新、商业模式等多重因素的综合影响，难以被准确评估与判断，因此，加

快推动数字化人才新岗位技能的研究和设立尤为重要。政、行、企、校（即政府、行业、企业、高校）等应建立多方合作机制，结合数字行业特性提炼、总结关键信息，提高数字化人才新岗位技能的研发效率和质量，并推进产业、个人、企业、高校与政策制定者共享信息。

五、推动数字化人才职称改革政策导向

中共中央办公厅、国务院办公厅印发的《关于加强新时代高技能人才队伍建设的意见》中提到：完善以职业能力为导向、以工作业绩为重点，注重工匠精神培育和职业道德养成的技能人才评价体系，推动职业技能评价与终身职业技能培训制度相适应，与待遇相衔接；深化职业资格制度改革，完善职业资格目录，实行动态调整。

为加快推进产业数字化，我们需推动数字化高技能人才与专业技术人才职业发展贯通，制定一套科学合理的数字化人才职称评价标准和体系。该标准应该针对不同行业、不同领域的数字化人才需求，同时要考虑到行业发展趋势和技术变化的不断更新。我们需要积极采用多种措施提高职称人员的比例，需要考虑产业的发展需要什么样的数字化人才，需要重点关注什么职称的人员、如何组织培训、如何宣传职称考核的途径、如何引导数字化技术人员专业系列发展，以及如何增加职称的含金量等一系列问题。

六、加强数字化人才培养融合行业特性

数字化人才可以有效赋能传统产业，提升效率和效益。针对不同的行业特性，数字化转型要做到有机结合，培养适合产业发展的专业数字化人才团队。

（一）打造有行业特色的数字化人才培养范式

产业数字化转型对数字化人才提出了更高更多的能力要求：既要掌握生产管理技术，又要掌握自主计算、人工智能、大数据等数字技术，同时还需要具备工匠精神。我们需要围绕国家重大战略、重大工程、重大项目、重点产业对高技能人才的需求，建立一批数字技能人才培养试验区，打造一批数字素养与技能提升培训基地，加快探索"互联网＋数字职业技能培训"、全国职业技能大赛、全国行业和地方各级职业技能竞赛以及专项赛等数字行业特色赛项，以培养更多具有复合能力又具备行业专长的大国数字工匠。

（二）推动产业数字化成果创新

习近平总书记在中国科学院第十九次院士大会、中国工程院第十四次院士大会上的讲话中提到，要加大应用基础研究力度，以推动重大科技项目为抓手，打通"最后一公里"，拆除阻碍产业化的"篱笆墙"，疏通应用基础研究和产业化连接的快车道，促进创新链和产业链精准对接，加快科研成果从样品到产品再到商品的转化，把科技成果充分应用到现代化事业中去。

在数字变革的当今时代，我们需要全面促进数字化人才积极开展技术研发、关键技术攻坚，整合社会多方资源积极开展成果创新与转化，匹配产业数字化实现有行业特性的高质量、跨越式发展。

| 第四节 |
产业数字化人才培养之路

产业数字化是数字中国创新发展的重要内涵和主要抓手，要依靠数字化手段推动底座安全、场景创新、应用迭代、效能提升，以满足不断深化的国家顶层战略需求。在这个过程中，我们既要考虑建设、升级、完善本身，又要考虑一系列要素，如人才要素、生产资料要素、生产关系要素等。而产业数字化转型的重中之重，则是人才战略生态的建设。

在对产业数字化发展与人才培养战略工作的关系进行一系列分析的基础上，以及在全盘梳理目前数字化人才体系建设情况的基础上，针对目前存在的问题与亟待解决的痛点、难点、堵点，我们要有切实可行的方法论与实施路径，为各级政府、广大央国企、行业单位、从业企业等切实解决问题提供思想依据和方案遵循，通过一条行之有效的路径完成人才培养工作的成果积累和进阶。本文将从宏观和微观两个方向进行分析和阐述。

一、做好体系性的顶层和前瞻设计工作

（一）要被纳入产业数字化整体计划

纳入工作要从两个维度进行全面设计，一是如何培养，目标如何、质量如何、数量如何，培养的工作如何开展、时间如何、节奏如何、结果如何。要注重考核手段，把人才培养的目标作为导向纳入整体工作盘子，要可量化、可执行、可跟踪、可追溯等。人才培养工作的价值不亚于产业数字化的创新升级工作。二是要突出体现对效果的

追求，即数字化人才的技能能够为行业数字化建设目标贡献哪些实际力量，数字化人才的技能转化程度和数字化能力的效能创新价值体现在哪里。要以目标、结果为导向追踪人才体系建设的实用价值，不能为培养而培养。抓住了这两个维度的内容，才能够有的放矢地全面设计纳入工作。

（二）要强化组织建设保障工作

任何一项工作，离开统筹设计、组织保障都不具备高效发展的基础，完善的组织保障一定是工作高效高质开展的前提和基础。在这方面，要认真研究投入智力、人力、物力，必要时还要与本级单位组织机构改革、创新发展、重要人事选聘安排等工作挂钩。相关安排要明确工作要求、明确人员、明确架构、明确责权利，要具备官方效力和行业公信力，便于有关设计的刚性执行。主要从三个方面加强建设和管理。

1. 要明确主责部门，完善相关机构

一般来说，建议由本级单位的人力资源管理部门（人事部门、组织部门）承担数字化人才培养专项工作，由数字化信息化管理部门承担数字化人才价值发挥管理工作。一方面，充分利用人力资源管理部门的专业能力，在培训、考核模块的基础上重点融合数字化素养的特色，借助内训、培养内容建设、相关工作组织实施等已有工作开展创新工作。要明确人力资源管理部门对于此项工作的工作职责、权利义务和力量支援，将责任落实在部门上、落实到分组上、落实到人头上，要形成对整体工作的目标绩效，形成三年滚动规划和五年目标规划。分别针对人才培训与开发、绩效与考核工作安排对应的专业力量投入工作。另一方面，充分发挥数字化信息化管理部门对于专业领域的管理和引领价值，在人才建设具备相应成果的基础上，重点规划部署人

才的价值发挥，在这方面进行良好的规划设计以及探索实施，明确专人专岗对数字化人才价值应用落地做系统性的设计和可操作性强的安排实施。最终达成两个方面共同作用，建立起两个部门共同融合的数字化人才培养组织机构，可实体可虚拟，如产业数字化人才体系建设领导小组，下设办公室具体实施工作，由领导担纲领导小组领导工作，由人力资源管理部门、数字化信息化管理部门担纲办公室负责工作，必要时还要组织综合管理部门等共同参与实施工作。但要明确相关责任义务，确保运转高效畅通，达成目标。

2. 要高度重视，强化领导挂帅机制

《数字中国建设整体布局规划》中明确指出，数字化人才的培养和体系性建设要由单位主要领导亲自挂帅亲自督导，要作为一项重要的领导职责在日常工作中予以落实。一方面，主要领导亲自挂帅，有助于提高本级单位对事项的重视程度，有助于形成刚性落地的高压态势，有助于强化主要领导的参与意识，客观上更好推动有关工作的实施落地。在实际操作中，建议由主要领导亲自挂帅担任组长，由分管人事工作、分管数字化信息化工作的领导担任副组长，合理有效设计相应的工作分工，并确保沟通机制、联动机制等内容。另一方面，领导小组的专项工作，要纳入领导的年度考核与延期绩效考核，作为重点工作去支撑实施，以考核与绩效作为牵引工作效果的牛鼻子，使领导挂帅机制的效能发挥到极致。

3. 要优化管理机制，最大限度地调动资源

产业数字化人才体系建设工作是一项复杂的总体工程，牵扯到人员的用留、培养、实践、考核以及数字化素养价值的设计、投入、发挥等多层次的因素，涉及人、财、物等方方面面的资源，甚至还与本级单位业务管理、职能管理、区域管理、战略管理、财务管理等模块发生丝丝入扣的关联。要想做好这项工作，一定是上下联动的、横向交融的。这就需要以总体论的方法统筹开展工作，在前期设计好一系

列的资源调配机制、协调机制、应急机制和评价机制。

一是要做好制度性安排，强化刚性。统筹协调、总体部署、全员落实的前提一定是做到了事项明确与制度约束。数字化人才培养要以专项工作、专项考核的身份明确纳入年度工作计划、年度考核计划，明确设计工作台账、报送机制、奖惩机制，并且在本级单位滚动规划、五年规划中明确加以描述，在制度顶层确立位势，营造刚性执行的氛围。

二是要整体参与，保障工作开展功能齐全。要做到工作的所有单元都被投入其中，需要调配各种力量时要随时保障各方能到位。在产业数字化人才培养专项工作中，除了必要单元的参与，建议纳入综合管理部门协调整体事务，纳入财务部门匹配资金与预算，纳入法人治理部门融入战略管控，纳入有关业务部门提供需求场景、使用场景、实践场景等。同时，下级分子单位的主要负责人要被纳入专项工作的联席办公机制中，这样有利于矩阵式的信息传递和要求贯通。

三是要明确权责，确保所有参与工作的部门、单元都能明确接口人、责任人，达到信息、响应的畅通。各单元人员责任层层压实，接口人准确传达信息，责任人按计划开展工作，接口人、责任人联动协调，合理分配，提高组织效率。

四是要建立明确的沟通联络联席工作机制，确保阶段性工作协同高效、信息有效传递、问题解决有的放矢、关键节点覆盖到位。开展产业数字化人才培养不是一个"闷头干"的过程，而是一个不断沟通、不断调整、不断优化的过程。在这个过程中，要明确定期的成果沟通会、问题协调会，通过明确的联络人、责任人把相关的问题沟通清楚、把解决问题的方式方法研究清楚。沟通过程要做好会议纪要，确保事事有回响、件件能落地。

4. 要强化预算安排与资金支持

任何一项专项工作，都要建立在合理规范的预算工作基础之上，只有打牢了预算的基础并合理化地筹划相应细节的匹配，才能具备开展好工作的良好局面。对于数字化人才培养工作来说，为确保相应工作顺利进行、结果有效满意，必须在前期对预算和资金进行充分的设计和安排。主要从以下两个维度考虑。

一是要把数字化人才培养放在数字化转型升级整体工作中考虑，即预算与资金安排一定要被纳入数字化转型升级整体盘子。好处之一是便于统筹考虑资金，做到未雨绸缪、全面前瞻；好处之二是便于流程、细节管理；好处之三是集约考虑，能够避免不必要的浪费，提高整体预算工作效能。此项工作一定要高度重视，避免在实施过程中出现因预算管理水平不高、资金安排不到位导致的工作效能降低。在具体细节的安排上，特别是预算金额的安排上，建议参考国民经济总量与教育培训投入预算的比例，合理地安排资金盘子，即本级单位整体数字化建设工程、平台搭建、应用创新的总投入中，专门安排 4%~5%比例的资金用于数字化人才培养、数字化素养提升工作，内容包括但不限于教育培训、教材编制、实践实习、考核认证。

二是要注重预算资金安排的合理性、科学性、全面性。特别是要分阶段考虑相关资金的投入和配比。结合产业数字化人才培养的特点，建议从岗前、岗中后两个层面做具体的设计。岗前即本级单位新吸纳的数字化管理人员、专业技能人员范畴，要清楚这部分人员如何培养、如何吸纳。有的单位本身有较为完备的专业技能人员培养体系，比如，技师院校、职业院校，要结合本领域场景思考如何更好地加入数字化题材，要专门留有预算进行学科升级与专业补足。需要从社会招聘相关人员的单位，要在岗前对其进行相应的数字化技能培训，必要时还要持有相应资格证书，相关的设计工作、组织工作要统筹予以资金安排。岗中后即本级单位中已有的现职人员，在知识结构、技能体系明显不符合当前数字化结构性要求的情况下，要清楚如何通过有效的培训培养、考核认证使其具备相应与时俱进的管理能力和技能水平，要专门安排预算进行教育资源、认证资源、实践资源的组织、购买与投入。

（三）要优化考核机制、建立考核标准、强化考核力度

一项创新型的工作，要以考核为最终导向，要始终坚持目标导向、结果导向。特别是对于结果不容易量化、过程不容易衡量的产业数字化人才培养、人才数字化素养提升等事项，就更需要花力气在考核上予以安排，在标准、执行、节奏、结果等不同维度进行设计和统筹，要牵住这个牛鼻子，更好辅助执行工作、落地工作。

1. 明确整体目标、阶段性目标以及工作节奏

要始终把开展工作要达成的结果作为落地的指引，这就要求在工作开展之初就明确目标。

对于产业数字化人才的培养和人才数字化素养提升两个维度，应从几个方面进行设计。第一个方面是全员基于数字化人才土壤培育，要达到全面普及的程度，即岗前人员进入工作岗位要具备数字化素养基本认证，岗中和岗后人员要全员普筛，达到基本数字化能力，并通过一定资格认证。第二个方面是业务领域人员的数字化业务能力全面提升，即产业数字化在人才培养领域的具化表现，在传统场景中，从业人员要能够熟练使用、运用数字业务平台、系统，并且在使用中能够基于自主技术进行技术、管理改革创新。第三个方面是专业数字化信息化从业人员、管理人员的专业技能得到官方认证，并且能够在日常工作中进行升级创造，解决业务场景中的实际需求。

从不同人员层次的维度来看，要从高端领军人才、中级管理人员、基层操作人员三个层次设立目标：高端领军人才要具备数字化理念，要从根本上意识到数字化对于管理、业务工作的重要性，并且完成统筹、组织、设计、开展引领工作的全盘安排；中级管理人员要深

入了解数字化技术、管理要素等，能够从中层实施者的角度推动好专门事项、专项改革、专业工作，统筹好具体项目、具体业务；基层操作人员要从技能角度入手，完成对专业技能的培训评价、考核认定，能够具体执行好有关数字化业务操作工作，保质保量实现数字化转型工作最后一公里的落地工作。

要分解好工作目标，把握好整体工作进程。人才培养的工作一定要提前启动、提前谋划，在五年工作中至少要按照前 60% 准备，才能有效支撑全局工作的人力资源，确保全局目标达成。明确工作目标后，接下来的重点就在于分解工作目标，确保合理性、可执行性、可落地性。特别是要结合行业有关政策要求，有序安排工作进度。一方面，在不同层次人员的设计安排中，要按照由高到低的顺序，先解决中宏观的问题，再解决微观的问题，即快速用一年时间完成高端领军人才的产业数字化战略思维转型，再用一年时间完成中级管理人员的数字化管理技能提升，在五年期间持续投入对基层操作人员进行技能再提升再培训。另一方面，要先解决在岗人员的数字化素养提升，先提升已有人员的基础能力，满足管理、技能等基本诉求。特别是在行业数字化转型创新期间，要有人懂、有人干、有人能用、有人可用、有人好用。要率先集中精力用一年时间完成此项工作。同时要长远考虑，合理筹划，补充新鲜血液，比如，岗前人员如何前置培养、前置锻炼。此项工作涉及多方面因素，要提前考虑、长期考虑，建议用前三年时间完成。

2. 建立标准体系，明确质量标准、数量标准

第一，标准体系的建立要参考省人力资源和社会保障厅关于专业技能、职业技能的岗位设置，以及工信部、国务院国资委对行业从业人员的岗位技能设置，依托国家标准建立本产业、本行业、本单位标准。第二，在人才培养的质量方面，要予以明确量化，在质量上、数量上追求达标。具体来看，要明确初中高级各等级的资格证书、技能

证书数量、比例、覆盖情况。要明确各层级人员的培训时长、学习实践成果、生产经营效果提升成果量化。第三，要注重相应具体场景的数字化应用技能标准，此领域的标准是数字化转型的目标领域。它不应只包括数字化技术、理念的培养评价标准，还应广泛地纳入应用技术的标准。第四，标准的体系化建设应该是可持续的，一定贯穿特定人群的全职业周期，要设计好阶段性、方向性的衔接和打通，形成一套立体的技能标准矩阵，丰富数字化人员多维度的水平提升。第五，标准的量化考核标准规则要制定好，具体的分数、权重要设计好，这样便于成果的衡量与比对，使其更好地被纳入工作考核的大局之中。

3. 人才建设的成果要被纳入领导考核的指标之中

开展创新性的工作要抓主要矛盾，通过考核引导力量、协调力量就是抓主要矛盾的重要手段，将具体工作的效果纳入领导的考核中，就是抓住了主要矛盾中的主要矛盾。领导的重视和压力都会转化为推动工作的动力，另外将目标的考核量化分解到领导日常工作中去，也有助于提升整体工作的考核细化质量。在将人才培养工作纳入领导考核内容的过程中，要注重合理性、科学性，要有助于领导主导工作，同时又要注重横向联动，与其他工作内容做好匹配和融合，这样更容易形成产业数字化人才培养工作和其他重点工作、常规工作的高效促进和配合。

（四）要更好地创造环境、营造氛围，构建产业数字化建设人才先行的原则逻辑和普适认知

一是要通过多种手段，构筑起广大从业人员对于产业数字化创新工作的整体认知，这是重要的前置条件和贯穿始终的基础土壤。二是要努力普及数字化人才培养的需求并建立导向，把产业数字化人才工作对于整体工作的紧迫性和必要性展现好、强化好。三是要创造好鼓

励好产业数字化人才产生实际管理价值、经济效益的实际效果和舆论导向，形成正向带动效应。四是要加强宣传，多提炼好的案例、成功的经验，用好多种手段，推送到企业端、客户端，形成良好的行业、产业、社会引导。五是要多组织相应的比赛、评选、论坛等，激发、引导好从业人员、专业人员参与产业数字化人才培养的热情和主动性，用好的机制和手段引导专项事项的落地和推广。六是要适时考虑产业数字化人才培养过程中相关突出情况的评优评先工作，用实打实的获益树立好的风气和导向。七是要放眼未来，结合单位发展愿景，把数字化人才培养纳入整体工作持续发展理念中去。

二、落实人才培养具体工作，有序高效

在建设好顶层设计的基础上，工作的思路进一步清晰，但后续的具体落地、实操工作愈发重要，每一项工作的实施路径、进度节奏、落地效果都会影响产业数字化人才培养整体工作的成果。具体工作的开展，也是一项科学、严谨的探索过程、实践过程。在前期积累了大量的实际操作经验的基础上，逐步提炼相关具体工作开展的路径和方法，将会大大形成借鉴，从不同维度进一步指引、规范数字化人才培养工作，形成可衡量、可量化、可复制的范例样本，推动全行业的复制落地。

具体工作应该分为三个维度，即培养人本身、通过培养人实现数字化转型升级，以及推动数字化人才由普适性到专业性的转化和标准、价值复制。这三个维度有着明显的先后顺序，各个要素既互为因果和前提，也相辅相成，互相融合促进。

（一）紧抓产业数字化人才培养工作内涵核心

无论是产业数字化人才的培养，还是人才数字化素养的提升，核

心都在于人，对象都是人，要聚焦以人为主体开展工作。具体实施时要从岗前岗后两个阶段进行设计并执行。

要在岗前聚集产业数字化培养要素，培养以学生为主体的青年人才，更好地为产业的前端、未来支撑。只有设计好了这个大基础，才能为未来长时间的发展和积累积聚力量，做到按照设计路径进行规划和可持续发展。同时在面对数字化建设的重大需求和巨大压力时，能够源源不断地提供动能和智力支持。所以岗前的数字化人才培养尤为重要并且极为紧迫。目前我国的数字化人才培养基数大，但是质量特别是数字化岗前人员的培育质量、方向、针对性还需要进一步提升，尤其是其所学所用所练是否代表了行业、产业发展的方向，是否能满足数字化大潮对管理人才、操作人才的基础性需求，这些都要求具体工作对数字化岗前人才的培养要体系化、前瞻化。岗前人员的输出途径在行业中主要分为两类：一类是行业企业所属院校；一类是社会化院校。

一是针对大量的企业办社会的院校，如企业大学、企业职业院校、企业技师学校等，主要承担着大量专业领域基础人才、技能人才的教育培养输出重任。第一方面是要从普适性和专业对口性两个角度设计实际工作，特别是要加入体系化的产业数字化素养培训课程、教材、教学资源以及实训实践内容。尤其是要结合当前国家主流的技术路线、代表产业发展方向且能够实现自主安全的技术路线，要让最广大的未来的产业技术人员都具备数字化的基础素质。要充分考虑普适性，要做好产业技术工作，要从数字化的基础开始渗透，让行业产业专业基础生源具备相关的基础理论素养、操作能力。同时要注重专业对口性，产业数字化、数字产业化不是一句空话，而是要让数字化切实为传统产业赋能，在这期间就要注重数字技术、教学、教研与传统行业技术的结合探索。这个过程中，需要企业、企业所属院校系统体系性地对在校师生的教、学、练工作进行设计，与相关的数字化龙头企业联合针对本产业有特色的课程、教学资源等进行联合编制，同时要加入实训、实践环节，目的是让师生熟悉数字化的底座、研发、操作理念等内容，特别是针对行业场景，要提炼需求、有的放矢，为技能与行业相结合走向未来提供基础的教育支持。第二方面是产业数字化人才的培养，要特别注重检验标准，使得工作可量化、节点化。例如在校学习期间，企业与企业院校可着重对学生学、练的结果进行目标设定，如行业主管部门的数字化人才认证、资质，都将标准化地量化此项工作。抑或企业自身从产业发展角度，着手编制自身的产业数字化人才标准或规范，通过院校的培育，先在内部进行推广，适时再向全社会推广，形成辐射。在学生完成了相关的学习、考核、认证后，形成对在校生的学分银行，支持学生实习就业。第三方面是要下力气推动企业所属院校的人才为企业产业进行人才输送的机制和具体路径。在数字化要素培育之后，具备数字化基础的毕业生要符合企业的专业、普适用人需求。要具化明确的机制和路径，如择优机制、赛马机制、淘汰机制等，同时设计好相应的考核举措，确保数字化人才的岗前培养和输送能够作为企业侧岗中、后人才建设的有益补充。

二是要充分抓住数以千计的社会化职业化院校，如职业高中、高等职业院校、应用型本科、高等院校等，把最广阔的技能人才、科研人才输出口扎紧。央国企所属的职业院校、技师学院作为专业性较强的院校，在数量上存在先天不足，无法与 1400 余所公立高等职业院校相比，要实现全社会最广泛的产业数字化人才与人才数字化素养的普及与提升，要充分依靠社会化院校。此项工作要充分考虑教育部关于职业教育、高等教育的相关方针和指导意见，从教学、教研、实践、输送等多个角度，从岗位、认证、大赛、课程等方向，具体实施对数字化基础性人才的培养。

第一方面是落实教育部关于职业教育改革特别是数字领域职业教育强化的相关精神。要充分抓住 2023 年教育部现代企业学徒、现场工程师联合培育项目的机会，强化校、企之间的合作，既要把产业界最前沿的用人需求原汁原味地提供到院校育人侧，又要把企业用人的标准、培养人的方法、锻炼人的环境毫无保留地提供给院校并加以转化。通过 3~5 年的时间，真正孕育出一批产业侧切实需要的不用额外耗费时间成本、财力物力的合格数字化人才，弥合产业中亟待解决的育人和用人脱节的问题。

第二方面是要进一步以就业为导向，以人社部相关职业技能、专业技能的指挥棒为方向，强化毕业学生在数字化领域的竞争力，特别是在职称方面和新岗位新技能方面，要凸显经过数字素养培育生源的不可或缺性。

第三方面是要充分发挥学校育人阵地的特殊优势，即教学相长、学练互促。这就要求院校要针对数字化领域的新技术篇章做一系列的设计，其中包括课程、师资、教学资源、实训环境、实训平台等全要素的安排。在理论课学习的基础上，要能够在已经具备的实训环境中进行再学习和实践。这就要求学者不仅要有理论知识，更要能结合一个个生动活泼的案例和场景，让参与者真正集合场景锤炼技术技能。

第四方面要学以致用，所有的产业数字化的人才培养、人才数字化素养提升的效果，都要成为实际应用的基础和支撑。院校师生学练的内容能为社会化的用人需求、技能需求做好支持工作，是开展此项工作的应用目标。所以在产业数字化教学教研的过程中，所有的技能点、科研点一定要能够在实际场景中找到原型，找到投放点，才能在数字化素养提升的过程中起到独有的价值。

第五方面要活用多种多样方法，如结合教育场景的相关灵活手段。特别是要结合好国家人社部、教育部、工业和信息化部以及产业行业头部企业组织、参与的高水平大赛、课题等。这有利于用竞争的手段引发师生的学练用数字化技术热情，激励竞争性，用高性价比的模式更好地传播产业数字化的理念、技术，在赛中锤炼，在赛中研究，在赛中熟悉。抑或是充分发挥实验室创新动能的手段，把数字化的技术投放到前沿研究中，从国家急迫需要和解决长远发展问题的角度出发，产出技术成果、科研成果。

第六方面是要积极践行区域产业数字化人才发展的政策要求。这就要充分考虑院校侧在培育好在校师生数字化人才素养的同时，如何发挥自身教书育人的社会价值，将区域产业数字化人才培育工作更好地促进起来，支撑起来。作为具备培训、实践、实验能力的院校，要积极结合当地主管部门的职称改革、新岗位设计推动等工作，匹配好相关的教育培训实训资源，配合好相关的社会评价组织、考核机构，为区域的数字化人才认证、评价做出基础性的工作，更好地为区域产业数字化人才的培养筑牢最广泛的基底。

（二）逐步细化、专业化、对口化

在逐步发展过程中产业数字化素养和能力要逐步细化专业化对口化，要结合千行百业积聚具有特色的个体内涵。随时产业数字化大潮的推进和扩散，在各行各业都有各自特色的基础上，产业数字化人才的建设标准、内容、延展要逐步从一套标准进化成每个行业、每个场景都有各自匹配的标准和内容，并形成了一个对应整个社会、行业的产业数字化人才培养体系。具体的进路应该先普适、后专注，先标杆、后复制，将不同行业所需知识维度、数字化能力需求集合起来，优先突破小体量行业的产业数字化人才培养体系数量，再充分借鉴，形成类似行业的培养体系内容建设，最后触类旁通，形成全领域不同行业的产业数字化人才培养建设体系，分门别类地指导、规范全产业数字化人才基底建设，进而带动整个产业数字化的转型升级。

基于以上从中宏观层面和微观层面具体的进路分析，对全社会产业数字化人才建设的推动提出相关的建议。

要充分开展产教融合工作，利用好教育这个高阶的手段，一方面要不断助推产业数字化的传播与理念植入，另一方面要通过源头对产业数字化的理念、技术进行人才培养、实践。在产教融合过程中加强与院校、培训机构等的合作，发挥好教育在产业数字化人才积累方面的专业价值。

要系统性地考虑产业数字化人才培养工作，一定要从标准搭建、体系设计、内容积累、实践落地、考核评价、应用检验等维度进行相关工作的实施，要充分优化体制机制，以总体论的理念开创这项从无到有的工作。

要强化产业数字化人才培养的目标导向，要创出实效，为产业数字化转型升级做出人才积累的重用贡献。要结合好实践，使人才培养的成果能够转化成技能成果、科研成果，切实为产业数字化升级、转型提供有效动能，从场景到应用、从效果到效率等方面体现出数字化的价值，同时也是检验人才培养的根本标准。

在实践过程中要注重以点及线、以线及面的复制，特别是对于产业数字化中不同行业的复制，要做到由少及多的全面覆盖，要针对不同行业提炼出不同场景的产业数字化人才培养标准、需求、内容、实践成果，以满足不同领域的数字化人才培养。这也是产业数字化从人才角度解决问题的最终归宿。

07

第七章

**实践案例篇：
场景驱动　破局出新**

本章依托具体业务场景下的实践案例，对产业数字化相关的各重点领域和重点场景进行了深入的解读和探讨，内容包含产业数字化转型中的背景趋势、问题挑战、实施路径、方法提炼等方面。

推动农业、制造业、服务业的产业数字化对于推动数字经济和实体经济融合发展、提高全要素生产率、发挥数字技术对经济发展的放大、叠加、倍增作用具有重要意义。

在农业领域，以中国农机院、中国一拖为例，加快农业装备智能化、农业供应链数字化协同管理等提升农业综合生产能力；在制造业领域，以恒天集团、国机智能、国机重装等为例，通过数字技术赋能，以智能制造为主攻方向，推动制造业智能化、绿色化、融合化发展；在服务业领域，以京东、泰山啤酒为例，通过数字化转型促进用户价值创造、供应链效率提升等，提升贸易竞争力。

本章重点对农业、工业、金融、能源等行业数字化应用实践案例进行研究。本书提出的场景驱动创新理论和数字化转型方法论，瞄准重点产业场景中的业务难点、痛点，以数据要素流通为基础，将数字经济深度融合于实体经济之中，可以实现基于数字转型的价值释放。该创新理论和方法论可以打通产业上下游的全场景需求，实现数字经济赋能高质量发展。此章希望能为各产业、企业数字化转型提供有益借鉴和参考。

中国农机院：农业数字化转型典型实践与模式

农业装备产业数字化平台面向农业生产方式向精准、高效、智能转变的发展需求，以农业增效提质、生态可持续为目标，以信息化为核心，以装备智能化为支撑，围绕农机物联网、农业大数据、云服务管理等技术，为农机作业、农机生产与管理提供决策"大脑"。该平台创新性研发了农机耕、种、管、收、鉴定检测全程北斗监测技术与系统以及农机产品大数据系统，突破了农机全程作业智能检测、远程监测、鉴定与管理技术，为农机装上了"五官"，实现了机上智能、云上智慧，有效解决了现阶段农机作业、鉴定检测监管落后、成本高、效率低、风险大等诸多问题。农业装备产业数字化平台主要包括农机作业远程监测与管理、农机质量数字化鉴定检测、农机产品大数据分析等功能，形成了农机云、农场云、企业云，服务企业、农户、行业，实现了"互联网＋农机""互联网＋机械化"技术迭代升级，提高了农机远程数据服务与高效管理，推进了整个农业装备产业链的数字化技术转型升级。

一、行业背景

党中央、国务院历来高度重视农业机械科技创新和农业机械化的发展。2021 年的中央经济工作会议要求"把提高农业综合生产能力放在更加突出的位置，提高农机装备水平"。发布于 2018 年的《国务院关于加快推进农业机械化和农机装备产业转型升级的指导意见》提出，要推动智慧农业示范应用，推进智能农机与智慧农业、云农场建设等融合发展。推进"互联网＋农机作业"，加快推广应用农机作业监测、维修诊断、远程调度等信息化服务平台，实现数据信息互联共享，提高农机作业质量与效率。农业农村部、中央网络安全和信息化委员会办公室印发的《数字农业农村发展规划（2019—2025年）》指出，要加快种植业信息化，加强农业生产大数据融合、农业数据智能分析决策和农业人工智能应用等关键技术研究，实施国家农业农村云平台、大数据平台等工程。

农业机械装备是"中国制造2025"重点发展领域之一。《"互联网＋"现代农业三年行动实施方案》指明了"互联网＋物联网"是农机装备未来的发展方向。

二、场景问题与痛点

（一）技术痛点

1. 数据处理深度和细化不足

目前国内农业大数据处理、决策研究深度和细化不足，缺乏知识挖掘、服务模型与决策控制技术集成化综合研究。平台研究了可伸缩时间序列数据缓存、负载均衡大规模集群数据处理技术；解决了农机保有量、农机完整作业轨迹及作业质量等作业情况数据获取难题；研究了多源异构作业数据融合与交换处理技术，实现了多区域、多机器、多数据、多用户的信息管理；实现了作业任务信息的自动统计及可视化；满足了农机作业单位以及各级农业管理部门的农业机械远程作业管理需求。

2. 数据共享难

目前国内农业信息化的研究主要集中于前端数据的"点对点"采集及传输和管理，多以自建自用为主，各系统存在交互壁垒，无法数据共享，影响农业智能、精准和高效的管理决策。平台建立了全面的合作社生产主体、地块信息档案，历史数据保存 10 年以上，开发了 Web 端和应用程序（APP）端，可以为后续开展作业监管、农事服务、后勤保障等提供大量基础数据支撑，实现数据的互联互通，并形成省、市、县、乡、社五级共享的农机作业数据化采集共享系统平台。该平台是围绕耕种管收全环节系统化、专业化的大数据平台，可以为农业机械化发展提供有效支撑。

3. 作业管理决策难

针对农业生产数据多元化、分析难，缺乏作业管理决策支撑信息等问题，平台提供了作业数据多元化准确采集与分析，采集了农机作业轨迹、作业质量、种植品种、面积、耕作方式、投入品使用等信息，通过系统分析，为建立土壤肥力、多年轮作情况模型、推送最佳作业时间 / 作业模式提供数据支撑。基于时空大数据分析，平台从多个角度对农机作业数据进行图表统计、分析、展示，为应急生产调度科学决策提供依据；通过传感器实现土壤、作物、农机参数获取，基于北斗卫星导航系统、遥感系统、地理信息系统实现时空大数据分析处理，根据作物生长机理给出作业决策。

（二）需求痛点

1. 针对农业生产管理效率低问题

平台替代人工监测，可实现全程自动精准监测、种肥水药由粗放投入向科学施用转变、农业生产管理效率及鉴定检测效率提升 50% 以上，有效解决了现阶段农机作业及鉴定检测监管落后、成本高、效率低、环境恶劣、风险大等诸多问题。

2. 针对农机作业管控不足、缺乏量化依据问题

平台创建形成了农机作业质量在线检测、作业数量远程监管和作

业补贴在线发放的"互联网＋智能农机"模式，为农机作业补贴提供了量化依据，确保了补贴资金的合理使用，实现了作业申请、计划发布、任务分解与进度查询等全过程的信息化和网络化监管，可以减少人工干预，实现了作业补助"多干多补、少干少补、不干不补"，可以有效杜绝虚报、冒领现象的发生。

3. 针对农机作业质量差问题

平台突破了农机作业参数准确感知、种肥水药精准施用、作业全程信息化管理、农业与北斗深度融合等方面关键技术，通过传感器实现土壤、作物、农机参数获取，基于北斗卫星、遥感、地理信息系统可实现时空大数据分析处理，提供专家系统根据作物生长机理给出作业决策；确保了农机作业有序、规范、可量化、可追溯，实现了深松、播种、植保、收获、打捆等作业质量的精准监测。

三、实践案例、亮点

（一）农机作业远程监测与管理

创新研发了农机装备智能测控关键技术并搭建了云服务，形成了我国自主的全程智能化与信息化装备技术体系，突破了长期依赖进口的传感器技术、检测系统和智能装备，实现了深松机作业深度、保护性耕作秸秆覆盖率、植保作业面积、秸秆打捆作业面积、深翻作业深度等远程监测，推动了农机从单机作业进入机群协同管理，有效解决了农机作业监管落后、成本高、效率低、风险大等问题，支撑了我国农业机械化和农机装备产业转型升级。深松电子监测模块可以实现作业深度、作业面积、机具位置、作业轨迹、作业合格率等信息的获取和统计；保护性耕作检测模块可检测土地的秸秆覆盖率、作业面积、机具位置、作业轨迹等信息；植保作业面积远程监测实现病虫草智能识别、变量喷药、作业面积统计；秸秆打捆作业面积远程监测可远程监控作业轨迹、草捆位置和实现打捆机作业面积、作业捆数等作业量实时统计；深翻作业深度远程监测可实现作业深度、作业面积、机具位置、作业轨迹、作业合格率等信息的获取和统计。近 3 年应用推广北斗监控系统与装备 3.4 万台（套），应用于全国 22 个省区，累计生成作业日报 53 万余份，作业面积 7800 余万亩❶，管理补贴资金超过20.8 亿元，生成有效作业数据 26T，农业生产管理效率提升了 50% 以上，已成为吉林省、青岛市等多省市管理平台（图 7-1）。

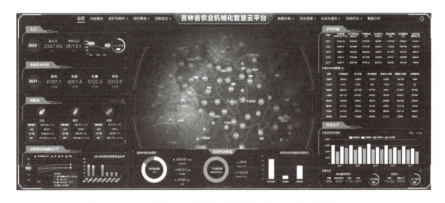

图 7-1　农机装备智能测控关键技术与云管理服务平台

（二）农机质量数字化鉴定检测

农机质量数字化鉴定检测云服务，由农机检测鉴定的实验室日常运行数字化管理、农机具质量检验检测、农机质量大数据、车载数据终端等系统构成，通过云端自动收集检测业务相关测试数据、监控数据功能及智能车载终端，接入信息化云服务平台，实现了农机质量分

---

❶　1 亩约 666.667 平方米。——编者注

析、环保数据监测和农机检测数字化管理，满足了农业机械远程检验检测业务需求，有效解决了传统检测环境恶劣、人力成本过高、竞争力不足的难题，推动了农机鉴定检测行业数字化转型升级，可以为政府及管理部门提供多功能、数字化服务，促进农业现代化。

（三）农机产品大数据分析

基于标准化的农机产品数据采集和管理系统，创新了农机产品数据分析技术，构建了企业库、用户库、产品库等核心资源库、用户行为数据捕捉系统、农机设备虚拟化 3D 模型与应用场景数据库；通过建立农机行业产品大数据平台，有效整合和利用农机产品行业销售数据、农机企业工商信息、农机产品参数信息、农机用户画像等数据，提供了农机行业信息资讯数据、行业决策分析数据，形成了农机商城、一键查等数字化产品。平台媒体化、虚拟化产品实现了农机设备的数字化展示，满足了现代农业对虚拟内容和数字化展示的需求，推动了农机产品的智能化、信息化和数字化发展，加速了农机行业的数字化转型进程，为农机行业的发展和政府决策提供了重要的数据依据。

四、方法论提炼

（一）需求导向

农机作业远程监测与信息化管理是实现农业生产数字化，发展数字农业、智能农机是提升农业生产效率和质量的重点。农业装备产业数字化平台聚焦农业生产关键要素和环节，我们应基于物联网、云计算、北斗定位、大数据分析等先进技术，通过传感器网络、智能终端设备、互联网平台等将各类农机生产数据汇集整合，面向农机合作社、政府管理部门、中小型农机企业以及农场主不同业务管理需求，提供作业监测、调度与运维服务管理等服务，以提高农业生产服务效率和效益。

（二）区域协同推进

我们应围绕农机作业大数据与平台建设，采用省级或者市级推进模式，涵盖农机合作社运营云服务、作业精准监管云服务、农机社会化服务、农机数据分析等业务板块，加快推进农业机械化全程全面高质高效发展和转型升级。

（三）平台支撑

我们应依托单位拥有农业装备技术全国重点实验室、农业生产机械装备国家工程研究中心、国家农业机械工程技术研究中心等国家级支撑平台，推进产业数字化关键核心技术攻关，提升检测仪器设备、智能农机装备等研发支撑能力，同时，汇集农业机械、电子信息、互联网、大数据分析等领域的优秀人才，培育高水平产业数字化团队，以实现研发应用和能力的一体化提升。

| 第二节 |

中国一拖：农机装备行业数字化转型典型实践与模式

近年来，随着国家数字化转型工作的持续推进，国内农业装备制造大型企业大部分建立了企业资源管理（ERP）、生产制造执行（MES）等系统，通过这些系统的应用也取得了一定的应用成效。但是大部分企业并未打通供应链全业务链的数据共享与业务协同，未实现精细化的仓储管理和对企业准时制（JIT）生产的有效支撑等。

中国一拖作为农机现代产业链链长，针对农业装备企业物流供应链存在的问题，打造了适合农业机械装备行业应用的供应链数字化协同管理系统（SCM），以实现供应链业务流程优化和再造，全业务链数据的高度共享与钩稽，业务链（计划、订单、配送、收货、结算等）全过程线上协同，供应链可视化、农业装备峰谷生产储备库存智能化、混流生产物料精准化配送等功能；该系统在行业的部署和推广，可带动行业上下游数字化转型，重构产业链价值网络，提升农机行业供应链协同和管控水平，助力农机装备行业高质量发展。

一、行业背景

党的二十大报告指出，要"全方位夯实粮食安全根基""确保中国人的饭碗牢牢端在自己手中"。做强粮食产业链是促进农业大国向农业强国转变的战略举措，是推动农业现代化高质量发展的必然要求。国务院国资委指出央企要着力打通产业链和供应链，协同上下游，稳住产业链；通过供应链产业平台，实现供应链互联互通，智慧化。农机装备行业将从关注供应链上下游的协同到关注产业链上下游的协同发展，通过产业平台来消除产业链浪费，实现供应链的共享共赢。

中国一拖拥有拖拉机、收获机械、机具等农装产品，以及柴油机、传动系、驾驶室等核心零部件构成的农业装备产业链体系。依托自身在产业链的影响力，中国一拖借助"互联网+"构建供应链管理系统协同平台，致力于打通农机装备产业链和供应链，协同上下游，稳住产业链，提升供应链效能，降低供应链运营成本。

二、场景问题与痛点

农机装备行业大型企业通常情况下完成了企业资源管理、生产制造执行、产品生命周期管理（PLM）、客户关系管理（CRM）等业务信息化管理系统实施，但和供应商之间在计划、采购订单、库存、配送、内部物流管理、拣配与配送、订单结算等方面未实现有效的信息快速传递和钩稽，供应链运营成本高。问题主要表现在以下几个方面：

第一，信息传递过程不透明、传输效率低。供应链上下游企业对外信息传递主要依靠手工转化，信息不透明、传递不及时，导致供货和生产周期长，同时高库存也造成产业链各环节大量浪费。

第二，质检管控力度不足，产品追溯难。缺乏系统层面的质检管理，产品质量难追溯，亟须针对行业特点设计能满足农机制造行业应用要求的全面质量管控系统。

第三，仓储管理粗放，缺乏精细化管控手段。无法实现精细化的仓储管理，零部件库存高居不下，这制约了企业及行业的良性可持续发展。农机装备行业大型企业需要建立供应商库存，支撑上线挂账结算，纵向打通供应链体系，增强库存精细化、透明化管理能力。

第四，传统工作方式效率低，有待通过信息化手段提升工作效率。移动工作的需求增多，需打造满足移动办公需求的多种类型移动终端应用，以提升业务人员工作效率，同时保证系统业务数据的及时性。

第五，系统数据集成困难。供应链需实现与现有企业资源管理、生产制造执行等核心业务系统的集成及互联互通，以充分发挥企业各系统数据价值，从而使数据全面贯穿各业务链条，实现数据全生命周期的无障碍流转，提升企业物流供应链精益化水平，实现以集团企业为核心的产业供应链全生命周期的管理。

三、实践案例、亮点

中国一拖在数字化供应链协同平台建设过程中，与农机产业业务供应链的上下游公司协同实施供应链系统，并同步开展推广应用（图 7-2）。

图 7-2　供应链协同业务集成

（一）搭建供应链内外部协同体系，实现供应链体系内的计划协同

协同体系内容包括：供应商合作性策略（VMI）模式；供应商客户库存管理；物料需求计划；送货信息［生成送货票据＋票据识别码（一维或二维码）］结算信息传递（结算清单、供方发票号）等。具体如下。

一是需求计划协同体系。从企业资源管理系统接收下达的月度需求计划，行业应用范围内的供应商可实时查询客户的月度计划。

二是采购订单协同体系。企业资源管理系统采购订单下达后，实时同步到数字化供应链协同体系内，相关联的供应商按订单备货和配送，并反馈订单执行计划。

三是供应商配送管理协同体系。供应商按采购订单明细创建配送单据（配送时间、配送车辆、物料及数量），打印（含二维码）配送票据；需方可实时查看配送信息，实现配送管理的射频识别技术（RFID）追踪和确认状态管控。

四是结算协同系统，发票在线确认和结算。需方依据收货信息，审核后推送给供方可结算清单；依据可开票清单出具发票，并完成开票清单的确认；需方按供方出具的发票及清单进行结算。

五是物料与票据打印。数字化供应链系统根据物料标签和票据标签打印对应单据（图7-3）。

1002812 宁波恒华机电科技有限公司送货单

发货日期：2019-07-11　　　　　　页码：1/1

收货工厂：第一拖拉机股份有限公司中小轮拖装配厂

保管员：某某

备注：

采购订单号	行号	物料编码	物料描述	单位	送货数	实收数	凭证号
4500875035	20	240100192366	PTO 换挡拨杆总成 SK454.37.020	EA	100		

质检员：　　　　　日期：　　　　　库管员：　　　　　日期：

图7-3　SCM 物料与票据标签打印

（二）建立来料质量检验控制与管理体系，有效提升质量管理控制过程

建立来料质量检验控制与管理体系，实现来料待检管理、不合格品控制及相关统计分析功能，主要内容如下。

①质检项目、参数维护。

②记录检验数据，并判断检验结果。

③简单统计分析。如一次交检合格率、供货及时性等。

④来料质量控制流程控制。设置来料质量控制检验业务控制流程

和业务任务。同时，设置免检"物料＋供应商"。

⑤来料质量控制放宽控制功能。对办理放宽使用的物料设置控制标志，并按控制要求生成控制条码或二维码进行全程管控。

（三）搭建仓储管理系统拣配与配送管理协同体系，实现库存精细化管理

以仓储管理系统为依托实现了和供应商协同收货、供应商合作性策略库存管理、批次管理、企业资源管理集成的入出库管理以及企业资源管理与生产制造执行集成的拣配及配送管理。同时，该系统也囊括了特殊业务如特殊物料库存锁定（限制库存的冻结、特殊订单物料的锁定）、库存的预警与缺料提醒、自动订货点的设置、账期管控等。

（1）供应商协同收货

通过和供应商配送协同实现协同收货，实现自有库存和供应商客户库存的同步管理。

（2）企业资源管理集成的入出库管理

根据生产计划实现按物料分拣货清单、配送清单或配送看板进行扫描出库，并将出库结果回传到企业资源管理系统。其中包括：按企业资源管理或制造执行生产订单组件的（移库、投料）出库业务；按企业资源管理销售订单及交货单销售出库业务；报废业务出库业务；其他业务类型的出库。

（3）精细化库存管理

实现实时库存查询，主要包括收发存汇总表、入库汇总表、出库汇总表、盘点表、补货管理、库存的锁定和释放、安全库存等。

①收发存汇总表。实现按供应商、客户、物料、批号、人员、仓库（库位）、特殊库存（寄售）、任意时间段等收发存信息。支持多种汇总方式及组合汇总方式，如供应商＋物料、供应商＋物料＋批次。

②入库汇总表。按供应商、物料代码、批次、操作用户、仓库等查询条件生成入库流水账汇总。

③出库汇总表。按供应商、物料代码、批次、操作用户、仓库、业务类型等查询条件生成出库流水账汇总。

④盘点。支持按盘点策略灵活抽取盘点（如 ABC 分类法、价值量等）数据，生产盘点数据，扫描盘点或结果维护，物料、批次、仓库、供应商等灵活组合生成账龄表，并推送到供应商端。

⑤补货管理。根据安全库存、最小最大储备量等约束条件自动生成补货清单。

⑥库存的锁定和释放。具有库存冻结功能，冻结的库存不能出库。冻结方式可按批次、库位、供应商、物料等多种组合进行冻结。

⑦安全库存。配置安全库存，进行安全库存控制，设置物料的最低订货点库存。

（4）结算业务协同

按配置规则自动实现库存物料资产的转移和结算清单及结算流程的控制。审核过的结算清单实时传递供应商协同模块实现结算业务协同。

（四）搭建跨平台移动端应用，适应实时应用与交互需要

在供应商协同应用部分，开发手机应用程序的微应用，实现计划、采购订单、供应商合作性策略库存等信息的移动端微应用，方便供应商业务查询与处理。

定制化开发了掌上电脑（PDA）应用程序的相关功能模块，可以实现移动岗位人员随时随地进行作业任务操作，使现场操作更加方便快捷，提高了工作效率。

（五）通过 SCM 供应链平台，打通供需链条，实现信息集成

SCM 供应链系统平台打通了智能工厂内外供需链条，实现了与企业资源计划、制造执行系统等多个核心业务系统的集成应用。通过远程函数调用接口函数与企业资源计划系统集成，完成从物料需求计划、采购订单、依据采购订单收货、按生产计划的拣配和配送业务、库存预警与缺料预警、转储业务、销售订单的出库业务到报废业务等的集成应用；通过远程函数调用接口函数与制造执行系统集成，实现了仓储的精细化拣配与配送管理。SCM 供应链与核心业务系统的集成应用，基本可以做到准时化生产。

平台可从多个维度提供更加全面的供应链相关统计分析功能。主要报表包括库存（含寄售库存）账龄分析表、收发存报表、自有库存、寄售库存、供应商配额执行情况统计分析、供应商绩效评价、采购订单的执行情况分析、物料的订货点库存等报表（图 7-4）。

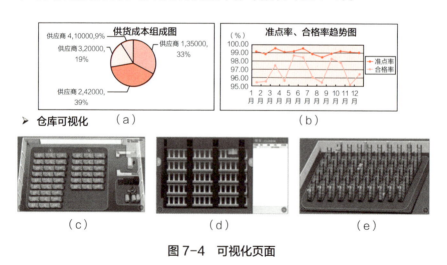

图 7-4　可视化页面

根据不同业务需要，该系统还形成了相关业务数据统计分析报表和综合类数据报表，以支持绩效工时统计、质量问题追溯、库存信息查询

分析；通过对历史数据的统计与分析，发现存在的问题，用数据做支撑，提出改进方案，支撑生产管理相关工作管理决策和优化改进（图7-5）。

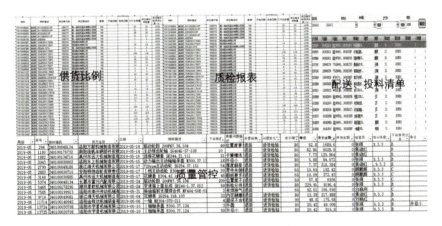

图7-5　数据统计分析报表

四、项目实施成效总结

SCM供应链系统平台实现了与供应商计划、订单、配送、收货、供应商合作性策略库存、结算等全业务链的外部协同，以及来料检验、仓储管理系统、拣配与配送等业务的全业务链内部管控。该系统平台打通了企业内外供需链条，同时实现了与企业资源计划、生产制造执行等多个核心业务系统的深度集成应用。SCM供应链系统已在农机行业及产业链相关单位开展全面应用，目前已发展在线供应商1000多家。

（一）外部协同方面

实现了供应商业务数据的共享和钩稽，建立了有效的协同机制和平台，减少了重复录入，提高了业务数据准确性和处理效率，实现了有效快速追溯。

在行业内全面推广了需求计划、采购订单、配送与收货、结算（开票清单、发票预制清单、财务结算）等业务的协同，提升了整个行业的供应链的运行效率，降低了供应链供需双方的人工成本。

（二）内部管控方面

实现了精细化的库存管理，弥补了企业资源计划库存管理精细度管控力度不足的弱势。SCM 依据采购订单的供应商合作性策略库存管理、精细化的拣配和配送支撑精益生产模式的运行，有效降低了库存资金的占用。

建立了有效数据支撑的供应链评价机制。

通过建立"互联网＋供应链"的协同体系，增加了供需双方黏性，形成了利益共同体，降低了产品成本，提升了社会效益。

（三）体系建设方面

建立了以集团企业为核心的产业供应链体系，打通了产业链和供应链，协同了上下游，稳住了产业链。通过供应链产业平台，实现了供应链互联互通、智慧化。管理目标从关注供应链上下游的协同到关注产业链上下游的协同发展，通过产业平台消除了产业链浪费，实现了行业供应链体系的共享共赢。

（四）后续发展方向

结合行业 SCM 供应链建设的未来发展方向，为更好地让中国一拖的 SCM 供应链协同平台为行业数字化转型提供支撑作用，未来中国一拖将重点研究 SCM 供应链系统在人工智能及区块链技术的应用前景。如利用机器学习算法 SCM 系统可以预测需求、优化运输路线和库存管理，提高运输效率，降低运输成本。此外，人工智能还可以帮助企业监测供应链风险，并提供更好的风险管理方案。区块链技术应用可以帮助企业建立透明、安全、可追溯的供应链。企业可以通过使用区块链技术记录所有参与方的交易和运输信息，从而确保数据的真实性和完整性。在 SCM 系统中应用区块链技术可以帮助企业降低交易成本、提高交易速度、提高供应链的可靠性和透明度。

| 第三节 |

恒天集团：纺织行业数字化转型典型实践与模式

中国恒天集团有限公司（以下简称"恒天集团"）是全球纺机业务规模最大、产品品种最为齐全、成套能力最强的纺织装备供应商，主要业务涵盖纺纱机械、化纤机械、染整机械、非织造布机械四大类全流程成套设备以及捻线、织造机械等单机产品。近年来，恒天集团深入贯彻落实制造强国战略，积极顺应数字经济时代潮流，乘势而上主动对接国家战略和行业需要，通过大力推动成套纺织装备的数字化升级，打造智能纺织示范工厂，创新商业模式，推动纺织装备制造及现代制造服务业务向价值链高端延伸，努力构建以纺织机械为核心主业的"大纺织"产业链上下游业务协同发展的新格局，赋能纺织企业及产业链数字化转型，促进纺织行业高质量发展。

一、行业背景

纺织工业是我国国民经济的支柱产业和重要民生产业，也是我国国际竞争优势明显的产业。我国已是不折不扣的世界纺织大国，数据显示，2022 年我国纺织纤维加工量占全球总加工量一半以上，纺织服装出口额 3233 亿美元，占国际同类商品贸易总额的 3 成以上。我国拥有全球最完整的纺织产业链供应链体系，以及数量众多、规模庞大、分工细致的产业集群。

近年来，纺织工业持续推进两化深度融合，以新一代信息通信技术为核心的场景应用与模式创新取得了长足的进步，为纺织行业转型发展提供了重要的技术支撑。截至 2022 年，纺织行业两化融合总体发展水平评估指数达到 57.1，纺织行业智能制造就绪率为 11.3%。以纺纱细分行业为例，我国纺纱细分行业产能规模约 1.1 亿锭，而先进数字化生产线产能仅有 1000 余万锭。但总体而言，我国纺织工业数字化智能化演进发展的基础依然薄弱。

当前，我国纺织工业正处于由传统产业、劳动密集型产业向科技产业、时尚产业、先进制造产业转变的关键时期，要实现从"纺织大国"迈向"纺织强国"的战略目标，必须以科技创新为重点，不断推进两化深度融合，加快新旧动能转换，以智能制造为主攻方向，推动 5G+ 工业互联网应用创新，打通纺织全产业链信息流，深度挖掘数据资产价值，开展生产模式、管理模式与商业模式创新，促进产品质量升级，大幅提高纺织行业劳动生产率，实现纺织行业柔性化、定制化生产，推动纺织行业高质量发展。

二、场景问题及痛点

与其他技术密集度更高的制造业相比，纺纱细分行业数字化总体水平不高。由于纺纱工艺流程长且智能化程度低，纺织智能装备、传感器、专用控件、专业软件等技术基础相对薄弱，行业普遍存在万锭用工多、单位能耗大、产品一致性差、运营成本高等问题，主要表现为以下三个方面。

（一）纺纱装备单机数字化智能化程度仍不够高

纺纱设备自动化、连续化、信息化程度参差不齐，前后工序设备与设备间仍存在物流断点，全流程质量在线监测能力较弱，并且还面临着大范围、深层次的数据采集能力、异构数据的协议转换与边缘处理能力不足等问题。

（二）基于在线生产监控的智能化生产管理系统发展水平有待进一步提高

纺纱细分行业是典型的离散制造业，生产加工以多工序、多机台加工为主，受单机装备数字化智能化水平不高等原因影响，智能配棉、工艺专家等在线生产监控及专业管理软件仍有待完善，并且整体应用水平偏低。

（三）产业生态化发展水平仍需不断提高

"资源汇聚""数据共享"始终是工业互联网发展过程中的高频词，但纺织行业现有工业互联网平台在工业设备、软件应用等方面的资源管理能力、数据与平台等方面的运营管理能力，以及新技术应用等方面的服务能力尚显不足，没有与工业和信息化部发布的"双跨"平台综合能力相当的工业互联网平台。

三、实践案例及亮点

（一）场景实践内容

恒天集团通过推出全流程智能纺纱全面解决方案，实现了成套设备与生产信息的双向追溯以及信息流与物流的协同管控，提高了对生产各工艺环节和产品质量的感知能力，逐步打造形成了包含"原料供给数字化、工艺设置数字化、设备生产数字化、工厂管理数字化、销售服务数字化"等业务环节在内的数字化纺织生态典型示范。全流程智能纺纱全面解决方案依赖于三大部分。

1. 全流程智能化纺纱成套装备

恒天集团自主开发了国产新型智能高产清梳联、全自动精梳机、全电子牵伸粗纱机、细纱机等十余类数字化智能化高端单机设备，并在纺纱工序 10 个环节上设置了 28 台国产机器人，形成了纺纱行业机器人自动化应用生产示范线。

智能化成套装备采用模块化、平台化、数字化、电气工艺一体化设计理念，提高了产品的总成水平。装备通过运用图像识别、自调匀整、张力检测、单锭检测、电子清纱等检测技术，构建了纺纱全流程多维度质量检测体系，形成了数据驱动的全流程质量在线管控系统；基于总线技术、直流共母线技术，推进与智能管理系统的深度融合，制定了数控一体化标准，提供了规范、全面、准确的数据，实现了数据与控制并重，提升了成套装备数字化、智能化水平（图 7-6）。

图 7-6　全流程智能化纺纱成套装备

2. 全流程智能化物流输送系统

在完成成套单机装备的自动化、连续纺之外，恒天集团还开发了从头并—条并卷—精梳—末并—粗纱—细纱—络筒—成品打包的100%无障碍智能物流输送系统，突破了全流程智能纺纱物流输送系统存在间断的关键技术瓶颈（图7-7）。

图7-7 全流程物流输送系统

一是条筒输送。运用自动导引车（AGV）和射频识别技术（RFID），研制了柔性及刚性技术相结合的自动输送系统，实现了条筒间的自动运输、仓储缓存与智能调度。

二是管纱输送。通过轨道输送、托盘输送等形式，采用模块化程序控制，实现了粗细络联的一体化管纱输送，能够满足小批量、多品种的生产需求，并且配置了细纱质量追踪系统，其可利用射频识别技术，对问题管纱追溯到细纱锭子，从而快速排除了细纱工艺问题，提高了成纱质量。

三是筒纱输送打包。采用了工业软件、射频技术传感器技术，实现了自动上纱、自动输送、下纱排纱、自动码垛、移栽装运、自动套膜、开袋套袋、自动缝袋、称重贴标扎袋、自动仓储等功能的一体化。

3. 全流程智能管理系统

恒天集团采用了物联网技术、大数据分析技术、5G 及人工智能技术，通过集成纺纱车间企业资源计划等系统，构建了"云＋边＋端"模式的纺纱生产过程控制与企业经营融合的一体化管理平台。该平台包含生产管理、能源管理、智能调度、设备专家、精益核算和工艺专家等六大功能模块，实现了对纺纱车间设备、产能、能耗、运维等全方位数字化管理。恒天集团不断推动纺纱细分行业以经验为主的传统管理模式到以数据为基础的科学的管控模式的转变，有效提升了纺纱企业的综合效益（图7-8）。

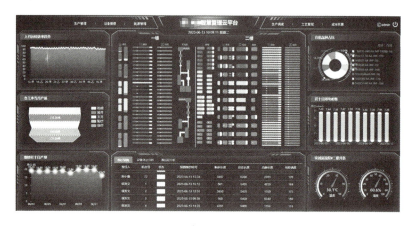

图7-8　智慧管理云平台

恒天集团边和端之间全面采用了无线通信技术，通信协议采用最新的消息队列遥测传输（MQTT）协议，保障了数据的稳定性和实时性，同时也实现了数据的反向控制；边与边之间采用千兆光纤环网，满足车间数据、视频等数据的传输要求及冗余备份的要求；车间边缘与工厂云之间，数据根据管理需求分层次分权限进行实时推送，满足集团对车间的管理需求。

数据全流程智能反馈可以为不同岗位的员工提供基于数据的工具，实现以订单流程为核心的智能排产，以成本为中心的自动核算及自我管控，以提高纱线质量为目标的自我预警、分析、追溯及自我故障诊断，大幅提高了设备和人员的生产及管理效率。

纵向可以集成纺纱底层物流、配棉、工艺、质量、设备、环境等数据信息，横向可以与工厂企业资源计划系统无缝连接，构建纺纱工厂大数据平台。通过线上端设置全流程纺纱工艺参数、追溯全流程生产质量、推送车间异常事件，可以构建纺纱车间的快速响应系统，避免人为因素的干扰，确保纱线产品质量的一致性，实现了"设备—数据—人"三者之间的高度协同。

智能化工厂核心价值在数据，恒天集团通过系统集成整合了纺纱生产各要素环节数据，通过挖掘数据价值，开发了包含备件定向销售、设备定向维护、纺纱工艺专家知识服务、纱厂综合服务等模块在内的工业互联网平台（图7-9）。

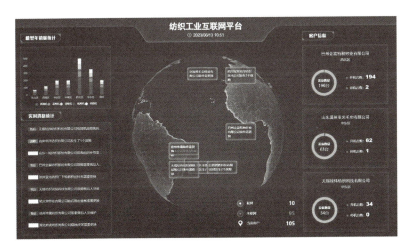

图7-9　纺织工业互联网平台

（二）亮点与成效

通过全流程智能纺纱全面解决方案的创新应用，建立了以生产运行和产品质量实时状态为基础的智能化分析、以智能化仓储物流和服务化调度为基础的协同化管控等为特征的一套信息物理融合制造系统新模式，大幅减少了纺纱用工，有效改善了生产环境，明显提升了生产效率，达到万锭用工降低 50%，产品质量 100% 可追溯，生产效率提高 24.4%，产品研发周期缩短 40%，单位能耗降低 17.5% 的显著效果。

1. 车间管控数字化

车间级以订单为核心，整合成套设备数据、人员数据、工艺数据、质量数据、环境数据，实现了纺纱细分行业以经验为主的传统管理模式到以数据为基础的科学管控模式的转变，有效提升了纺纱企业的综合效益。

2. 产品设计数字化

构建纱线产品开发工艺知识库，依据生产过程中质量数据库，生成产品工艺方案的推荐参数模型方案。解决了纺纱工艺多次试纺摸索参数的问题，产品设计一次上车合格率提升了 80%；产品质量合格率提升了 30%。

3. 订单交付数字化

车间汇集所有订单，通过基于遗传算法的高级排程（APS）排产模块，自动生成订单在各工序机台的任务进度图（甘特图）。通过生产制造执行系统实时跟踪订单的进度，解决订单排产和交货及时性问题，订单交期达成率为 100%；各部门协同效率提升了 50%。

4. 设备运维数字化

经由覆盖全厂的 5G 传输网络设备数据上传到云端，通过对大数据的监视分析，可以实现设备的状态实时监视和远程运维服务，解决了企业设备故障预警以及维护困难、维修时间长等问题。设备的运行效率提升了 15%；企业技术支持的服务费用降低了 30%。

5. 人员管理数字化

通过开发符合纺织企业各工种相关的应用程序，可以实现设备与人之间的互联互通、数据报表和信息定向推送，车间手工录入工作减少了 60% 左右，人员响应速度快了 30%。

6. 链接产业链上下游，实现了生态化发展

工厂级以供应链为核心，通过工厂上云与行业工业互联网互联互通，围绕智能纺纱工厂和产业链协同对接，提供精准智能服务，将数字化平台向纺织上下游产业链延伸，形成开放、共生、共赢的数字化发展生态。

一是数字化供应链平台。生产大数据平台和备件电商平台及纱线交易平台可以实现数据的互联互通，备件的定向销售、订单的快速响应。

二是设备远程运维平台。与纺纱装备企业设计平台数据融合，可以实现全流程设备从设计开发到交付使用的全生命周期的数字化管理，为客户提供设备定向维护服务，为纺纱装备企业提供改进设计的数据服务。

三是专家知识服务平台。融合棉花质量数据、配棉工艺数据、全流程设备工艺数据及半制品质量数据、成品质量数据，通过在线数据的综合分析，提供配棉方案专家服务、工艺调优专家服务等。

四是纱厂综合服务平台。纱厂综合体检报告、以大数据为基础应用数据挖掘技术定期为纱厂分析成功经验、探寻落后环节、定位原因，提出优化、完善的建议。

四、方法论提炼

"十四五"期间，纺织行业应继续加快数字化转型步伐，进一步淘汰老旧落后设备，将设备的数字化率进一步提升，同时纺织企业的信息化网络化建设也应进一步推进。结合纺织行业以中小企业为主的状况，在推动数字化转型的过程中如果存在"不敢转""不想转""不会转"的问题，纺织行业需找准转型痛点难点，创新行业数字化转型路径与模式。

（一）加强自主创新

纺织行业应大力发展智能制造数字化装备，完善设备外部互联接口，推广标准统一的工业互联网设备及数字控制协议，提升设备的现场网络接入及数据综合集成控制能力，为产业数字化转型打牢基础。

（二）扩大示范应用

纺织行业应以智能制造为主攻方向，推动行业基础条件好、转型意识强的重点企业，应用物联网、云计算和自动化控制等技术，对机器设备和生产流程等进行优化更新，建设一批"数字化车间""智能化工厂"，使企业从单机生产向网络化、连续化生产转变，以提升企业的生产效率与产品品质，通过示范推广、技术对接，引导企业应用先进技术和智能化装备，推进存量装备智能化改造，推进行业智能制造水平大幅提升。

| 第四节 |

国机智能：装备制造行业数字化转型典型实践与模式

装备制造的高质量发展关系着与国民经济支撑相关的工业母机的产品水平和制造水平的提升。装备制造数字化转型不仅仅需要在创新基础材料、提升先进工艺、改造数字化制造装备的维度提升"生产力"，还要在制造过程的运行管理环节改善"生产关系"，以智能制造推动装备制造企业的数字化转型，要充分发挥"生产力"与"生产关系"的融合提升作用。制造运营管理（MOM）系统作为智能制造的核心工业软件之一，对制造企业智能工厂及数字化车间制造运营过程中的集成、控制、管理、优化、决策发挥着关键支撑作用。

国机集团是科技创新的引领者、机械工业的排头兵、高端装备制造的国家队，在智能制造领域具有产业链协同和技术创新优势。国机集团所下属的国机智能公司致力于以自主工业软件服务于装备制造业的数字化转型，着重以智能制造运营管理系统（iMOM）工业软件平台及行业解决方案来服务领军企业，在农机装备、纺机装备、电气设备、矿山机械、压力容器、机床工具、精密基础件等多个领域实现了智能化工厂及数字化车间的应用，推动各行业企业实现数字化转型。

一、行业背景

装备制造是制造业的基础与核心，装备制造的高质量发展关系着与国民经济支撑相关的产品水平和制造水平的提升。智能制造是我国建设制造强国的核心策略和制造业高质量发展的主攻方向，以智能制造推动装备制造的数字化转型，既符合国家的战略部署要求，也顺应了新一代信息技术与制造业融合发展趋势。

工业软件作为智能制造的重要技术组成，已逐渐成为推动制造企业数字化转型的重要抓手。近年来，国家相继出台相关政策支持自主可控工业软件的应用和创新发展，强调了工业软件作为强化产业基础能力的重要组成部分。制造运营管理（MOM）系统作为核心工业软件之一，对制造运营过程的协同控制和决策管理发挥着支撑作用，是制造企业打造数字化车间和构建智能工厂的"大脑和中枢"（图7-10）。

二、场景问题与痛点

装备制造业主要以离散制造生产模式为主，农机装备、电力装

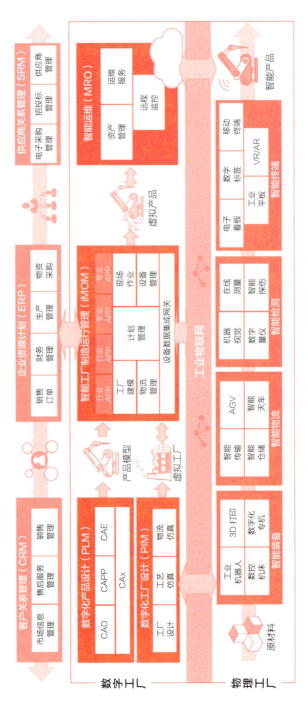

图 7-10 MOM 是智能工厂技术体系架构中的核心组成

备、机床工具等细分领域的生产管理差异较大，生产过程复杂。当今装备制造行业的大部分企业仍处在粗放发展的阶段，加工生产方式、生产组织管理方式都较为传统，信息化、数字化程度较弱，导致行业内大部分企业生产成本过高，生产效率低下、产品质量控制水平较差，行业内对于数字化、信息化、智能化生产方式的认知水平偏低，亟须向智能制造模式转型。

智能制造运营管理平台可助力装备制造企业进行数字化转型，但其在快速发展的同时也面临诸多困境。现阶段制造运营管理技术的应用普遍存在标准化难、平台化程度低、集成场景复杂、实施差异大的问题。国外产品在国内应用时存在企业管理和制造基础差异大的情况，因此也难见显著效果。国内制造执行系统、制造运营管理的厂商虽然众多，但绝大多数厂商只适用于特定行业项目化定制开发模式，产品技术、业务架构均不具备平台化特点，从而制约了国内制造运营管理行业的发展，也成为制造业产业链、供应链关键核心技术的短板。

三、实践案例、亮点

（一）场景实践内容

装备制造业具备多种生产模式和工艺特点，智能制造运营管理平台（iMOM）融合了先进的管理理论和信息技术，通过组合、配置、扩展机制显著提高了软件的灵活性和扩展性，贯穿于企业制造运营管理过程中的计划、执行、控制等相关业务领域，支撑装备企业实现异构环境归一、作业高效协同、生产管理优化，推动企业数字化转型。目前它已在行业领域多类场景中进行了集成创新和推广应用（图7-11）。

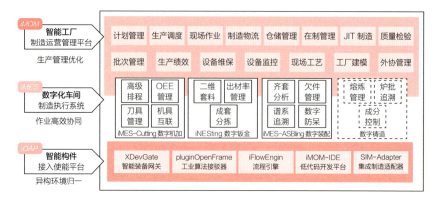

图7-11 智能制造运营管理平台（iMOM）的层次

（二）创新及亮点

1. 融合先进制造管理理论的制造运营管理模式创新，适应智能制造新模式和企业多变的需求

将先进制造管理理论应用在装备制造业制造运营管理平台，首创性地提出了4种优化制造模式及细化的40余种子模式及反模式。智能制造运营管理系统能够为客户提供系统内置的离散加工、流水制造、定位装配以及再制造4种先进制造管理模式，并细化形成了40余种子模式及反模式。各种先进制造管理模式由大量的业务领域子模式、业务组件和算法机理模型共同组成和支撑，通过对它们的编排和重组可以满足具有更多变化的业务场景需求，使其能够应对多品种小批量离散制造、大规模定制生产和精益生产等各种生产制造方式，帮助企业管理者建立可控的管理体系（表7-1）。

研究并建立机械行业的多种模型，实现生产资源和组织可配置，支撑企业业务灵活搭建；产品工艺路线和物料清单（BOM）结构化，可随产品工艺变化而灵活地组织生产，突破定制局限性，实现基于模型驱动的业务和生产自组织。以企业系统与控制系统集成国际标准

表 7-1 先进制造管理模式

制造类型	模式特征	子模式	异常模式	关键绩效指标
一般离散加工 Job Shop	以现场为核心的高效协同制造模式	机群模式、U 型线模式；优先级排序、临界比排序；工序流转模式、派工模式、报工模式；领料模式、集中配送	欠报允可；小组报工；平行工序 / 并行工序；工辅具呼叫；NCR 处理	设备 OEE、计划完成率、一次交检合格率、车间在制品水平
流水制造 Flow Shop	准时化精益制造模式	平准化排程、柔性装配计划；JIS 拉动、看板拉动、Andon 拉动、倒冲拉动；标准作业；VMI、巡回配货；直送交接	欠件流转；越站流转	物料齐套率、产线直通率、缓存在制水平、节拍稳定率
定位装配 Position Assembling	反向流水的拉动式制造模式	区域功能化布置；节拍排序、工步排序；工步作业控制；一步一检，三按三检，交班检验、巡检	完工改制；在线改制；工程支更	物料齐套率、车间在制品水平，工步计划完成率
再制造 Remanufacture	基于分解细录的再制造模式	分解检查：检修工艺管理；分解细录模式；维修预算；基于修换率的预投计划；利旧管理模式	……	预算成本达成率、利旧率、综合在修周期

（ISA95）/ 质量管理体系认证（ISO）/ 智能制造标准（IEC 62264）中的概念及模型为参考，结合装备制造业的多种生产模式和工艺特点，抽象地形成装备制造业智能工厂 iMOM 平台的工厂模型、组织模型、产品模型、信息流模型等。基于这套概念模型，建立了底层抽象统一和叠加差异功能的设计方法，由此提供的 MOM 平台产品功能可根据企业的实际情况进行灵活搭建，像可拼接的积木一样，形成符合企业管理和业务需求的系统，满足不同的业务需求（图 7-12）。

突破传统功能限制，将制造运营管理扩展到 24 个功能模块，覆盖生产、物流、质量、运维各业务的运行管理与协同，乃至制造过程的集成优化和成本管理。研究了精益生产、敏捷制造、智能制造等先进管理方法和物联网、大数据等现场管控信息技术，可适应数字化网络

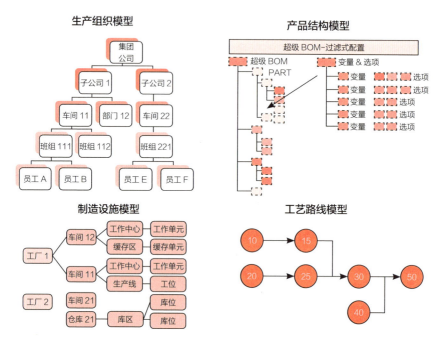

图 7-12 业务领域模型

化协同制造对制造运营管理系统的新要求，形成了机械行业运营管理平台软件的通用业务功能及行业功能（表 7-2）。

突破制造运营管理系统的车间层管理限制，管理幅度向集团纵深垂直管理延展，借助数字化网络化技术提升协同能力，提供从集团到工厂、车间多维度的智能工厂解决方案。智能制造运营管理系统能够根据对智能工厂的不同需求提供从单元级（智能单元）、车间级（智能车间）、工厂级（智慧工厂）到集团级（多工厂管控）的各层次解决方案，形成全方位、多层次覆盖企业所有范围的业务需求。

2. 机械行业 MOM 关键技术及平台软件研发，实现系统技术架构的高性能、高可扩展性和高可用性

自主研发的机械行业智能制造运营管理系统架构采用工业互联网平台架构体系标准，实现对智能制造运营管理平台的分布式部署和微

表 7-2 iMOM 平台业务功能

ERP、WMS、SCM、SRM、PLM、PIM 等

层								
计划层	**安灯管理** 质量数据采集 设备 ANDON 物料 ANDON 系统 ANDON	**生产监控** 生产数据采集 生产过程监视 异常信息报警	**拉动式物流** SPS/JIS 电子标签拣货 看板拉动 安灯配送	**现场质控** 在线质量管控 检测线集成 合格证打印	**防错管理** 装配防错漏 拧紧防错	**目视化管理** 电子看板 车间广播 工业电视	**指挥调度中心** 数据集中显示 问题集中处理 视频监控	

行业版智能工厂制造运营管理系统

层								
执行层	**基础数据管理** 工厂模型 组织模型 工程数据 工艺数据	**生产计划管理** 计划订单管理 准时生产管理 作业计划管理 生产准备计划	**现场作业控制** 作业任务管理 产线作业控制 异常呼叫处理 生产绩效管理	**物流管理** 生产仓储管理 现场物流控制 在制品管理	**质量管理** 质量检验 不合格品处理 统计过程控制 质量分析追溯	**设备管理** 设备台账 设备维保 备品备件管理 设备 OEE	**文档管理** 创建文档 版本管理 在线查看	**工辅具管理**

行业版智能工厂制造运营管理系统

开放编程框架			**服务注册框架**	
权限定义与管理	智能终端定义	日志管理	系统异常处理	通用设备接口 异构信息系统接口

iOAP 智能开放应用平台

控制层	生产线、检测设备、PLC、机器人、RFID、扫描枪、电动力矩、机运系统等

服务化改造，同时提供个性化定制开发工具、智能装备互联互通的机制和软硬件集成能力、业务模型的管理及服务能力、多样化和便捷的人机交互界面，以及模块化与插件化的扩展功能，是一个企业级应用软件开发的通用性平台。与西门子开放式云平台 MindSphere、通用电气工业云平台 Predix、美国参数技术公司物联网技术平台 ThingWorx、菲尼克斯电气物联网平台 ProfiCloud 等国际知名的工业互联网平台架构相比，装备制造业智能制造运营管理平台架构具备了工业互联网平台的主要特性，其知识积累、应用创新、泛在连接、云化服务等技术，达到了国际先进技术水平（图 7-13）。

创新性地提出了高度灵活、扩展性强的业务框架，采用工业互联网架构，微服务化机械行业制造运营管理的典型功能，具备业务可重构、模式可配置、功能可扩展的特性，攻克了制造运营管理软件通用性差的难题。平台架构采用中台插件模式，可实现业务功能模块的快速组装和无损扩展。其业务扩展框架通用性接口 iPlugin 支持实现业务功能模块的快速组装和无损扩展，支持面向工业各环节场景和基于开放环境的工业互联网应用的开发和部署。可以全面高效地应用于面向智能化生产、网络化协同、个性化定制、服务化延伸等智能制造和工业互联网典型应用场景，为用户提供各类在平台中定制化开发的智能化工业应用和解决方案。平台架构业务扩展框架可提供通用化的核心功能，再配置不同的业务插件以满足用户不同的定制化需求，从而可以使用较低的成本来快速实现定制需求。新的功能以独立插件的形式接入，不会影响整个系统框架和其他功能，在降低复杂度的同时提高产品的拓展性（图 7-14）。

创新性地提出了高性能透明网关，采用适配器模式以及边云结合技术，解决了异构系统集成难的问题。智能制造运营管理平台高性能透明网关（XDevGate）基于高内聚、低耦合、易扩展的设计原则，本着面向接口的设计和用户灵活可配置理念，采用分布式微服务技术以及适配器模式与边云结合方式，为所有的设备及第三方应用程序提供

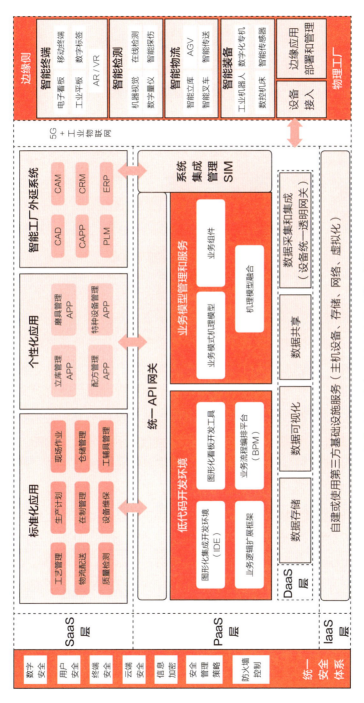

图7-13 平台化MOM工业软件架构

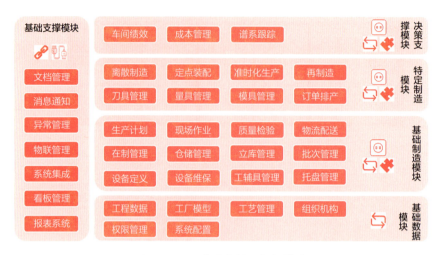

图 7-14　平台业务扩展框架模式

统一的接口，实现与异构设备的集成。网关具有易用性好、动态扩展能力强的特点。

采用适配器模式，实现了与底层复杂多样的异构设备集成。可与PLC、仪表、工控机等接口，对各类设备状态、参数、故障等数据进行实时采集；平台内封装了对底层不同组态软件的调用，可以通过其直接获取设备监控数据、接收报警事件以及向设备下发相关指令。同时，应用服务器可将采集到的数据进行综合展示、分析、诊断。采用边云结合方式，提高数据处理的时效性。对于现场数据处理、计算实时性要求高的场景，在边缘端部署应用，边云结合实现管控需求。支持与设备通过 OPC DA / UA 协议直连，也可连接组态软件、机床数据采集 / 分析系统（DNC / MDC）或其他第三方数据源。针对不同的底层设备，可以通过基于组态软件（KingScada、Fameview、KEPware 等）、DNC / MDC（CIMCO、CAXA、Extech）、OPC UA、第三方数据源（通过网络接口、HTTP 协议以及 MQTT 协议等与第三方系统完成数据对接）等多种适配方式实现与底层异构设备的连接。

创新性地提出了机械行业智能制造运营管理平台低代码开发集成环境，采用中台插件模式，实现业务功能模块的快速组装和扩展，具有 50 多种控件、30 多种图表列表，使 80% 以上的页面可实现自动生成代码，可快速实现定制开发，解决机械行业制造运营管理个性化强的问题。装备制造业低代码开发集成环境采用统一的可视化、图形化的模型方式来进行业务分析，使具有不同经验水平的开发人员、系统实施人员、第三方合作伙伴、客户现场管理人员等，可以通过图形化的用户界面，使用拖拽组件的方式和模型驱动的逻辑，来创建基于智能制造运营管理平台系统的应用程序来满足客户现场的定制化需求。应用软件的大部分功能由业务人员完成，而剩下的复杂功能由技术人员来解决，可以更加敏捷、高效地释放工业知识生产力，从而解决由于不同的业务种类、生产类型、管理模式带来的客户定制化开发需求。

3. 关键技术与制造运营管理平台集成应用创新，提升系统智能化水平和集成优化能力

基于智能制造运营管理平台业务功能基础进行扩展，具备快速的市场响应机制。智能制造技术及新一代信息技术的发展，为制造运营管理提供了定制化、可扩展的特征。智能制造运营管理平台支持工业应用的扩展模式，结合行业应用特点，实现工业应用的灵活组合。基于标准服务的功能构件，将制造运行管理的系统功能范围扩展到了智能设备层面，从而超越了传统的生产制造执行的管控范围。对工业应用特性的支持，也使得在平台化制造运营管理系统的基础上，按照不同行业及制造工艺的定制化应用可以通过配置完成或被开发出来。基于智能制造运营管理平台业务功能基础进行扩展，结合典型的工艺、装备、行规等主要特征而形成机加车间、装配车间、钣金车间的解决方案，同时结合算法优化和以数据驱动为核心形成细分的场景解决方案，相关解决方案可以实现跨行业融合应用，是行业应用平台建设的主要内容（图 7-15）。

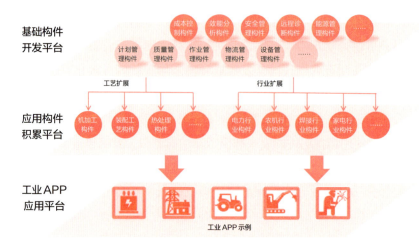

图 7-15 基于平台化 MOM 工业软件形成行业解决方案的创新路径

智能钣金单元，实现了从计划管理、套裁工艺、钣金加工到成套分拣的全流程集成应用。其多订单智能合单、混合套料优化、辅助分拣引导功能，可使板材利用率提升 2%、分拣效率提升 25%。智能钣金单元的多订单自动套料和分拣一体化集成方案，是基于智能制造运营管理平台产品，以超级套料算法引擎 iNEST 为驱动，结合钣金装备及辅助人工分拣装置，形成的特有的钣金下料智能单元创新性集成应用。该解决方案有效地节约了钣金下料生产成本，消除了数字化钣金车间的信息孤岛和信息壁垒，保证了后续加工、装配等的齐套性，为数字化工厂的高效运行提供了必要条件。

基于数据挖掘和工艺模型的资源优化排程集成应用，平均可实现设备综合利用率提高 15%，生产计划达成率提高 20%~30%。计划排程是在处理好企业内部各种约束的情况下，合理规划资源的生产测试路径，以期达到企业产能的最大化和资源利用的最优化，是智能制造系统的核心关键技术之一。但是由于处在机械行业离散加工模式下，作业环境复杂多变、生产资源能力结构复杂、人机物各方面影响作业进度的因素很多，使得计划排产的时效性较低，需要大量人工调度。自主开发的基于数据挖掘和工艺模型的优化排产功能，可用于离散加工模式下的排产调度，已达到国际先进水平。

四、方法论提炼

国机智能打造自主工业软件，得益于机械工业产业链具备很好的扩展应用能力。一方面，国机集团本身是一家多元化、国际化的综合性装备工业集团，在多类机械工业细分领域拥有领军型企业，可为集团内部提供产业数字化服务，具有先天优势；另一方面，国机集团所涉及的对外服务的行业与机械工业有领域共性，因而具有后天优势，可借助国机集团研发、设计、实施的全产业链优势，形成行业资源协同服务的能力。

智能制造运营管理平台在农机装备、纺机装备、电气设备、机床工具、精密基础件等多个装备制造领域实现了智能制造新模式示范应用，着重以工业软件平台及行业解决方案服务领军企业。在国机集团内部协同方面，经纬纺机公司及其下属企业通过实施应用智能制造运营管理平台，打造了透明化车间，提高了现场管控能力，实现了数字化制造，计划准时完成率从80%提高到90%，车间物料周转率提高了50%，计划变更响应速度由最初的半天缩短到10分钟，在制品盘点速度上提高了50%，部件生产效率提升了50%以上。在国机集团外部行业应用方面，宁夏力成配电设备智能工厂项目的智能制造运营管理平台实施范围覆盖了钣金、焊接、涂装、断路器、装配等车间，从人、机、料、法、环、测等维度管理工厂的制造运行过程，使其在板材利用率、装配齐套率、计划按时完成率、存货周转率等方面得到了全方位提升。智能制造运营管理平台的代表性客户还包括中国一拖、中国二重、郑州三磨等国机集团所属企业，中国中车、中国海油、武锅集团、杭氧集团等央地国企，以及以楚天科技、博创智能、联诚精密、申菱环境等上市公司为主的行业领军企业。智能制造运营管理平台化产品在高端装备制造领域进行了行业化应用，通过示范引领带动了相关行业的智能制造转型升级。

随着云计算、大数据、人工智能和 5G 技术的发展和应用，制造运营管理系统已从专用功能系统发展到了数据、网络、应用的集成系统，并逐步向在系统、接口、业务上可重构的云端部署、智能型的制造运营管理系统发展；同时，可扩展、可重构的智能化制造运营管理将会成为主流，制造运营管理将向专业化、模块化、平台化的方向发展。在巨大的市场发展潜力和新的发展趋势面前，解决制造运营管理定制化、个性化问题，实现产品化；明确制造运营管理应用的作用，凸显制造运营管理和智能工厂的价值；与云计算、大数据、人工智能等新兴技术有效结合，实现突破性快速发展，将是未来发展的方向。

| 第五节 |

国机重装：重型装备行业数字化转型典型实践与模式

重型装备行业支撑了核电、风电、航天、船舶和国家大科学装置等项目的建设，是关系到国民经济命脉和国家安全的重要产业，是国家实力的体现，是重大技术装备的主力军。其中，重型装备的大型核心零件的加工是制约整机生产制造质量与交付周期的关键环节之一。国机重装针对重型装备大型核心零件的产品特点、工艺设计、生产制造、工艺装备等相关要素，制定了数字化机加车间解决方案，以精益管理为核心，集成运用多种信息技术，在不涉及大规模设备技改的前提下，探索将传统重型装备机加车间升级改造为数字化车间的路径。该数字化机加车间解决方案能满足重型装备机加车间的工艺编制、计划与生产排程管理、物流管理、质量管理等业务的数字化转型管理需求，实现了重型装备机加生产车间管理的标准化与数字化，促进了车间现场的科学精准管理，有效缩短了产品交货期、降低了成本并提升了质量。数字化机加车间解决方案的推广应用，可助力重型装备行业数字化水平的提升。

一、行业背景

重型装备行业是机械工业中的重要组成部分，产品包括冶金机械、重型锻压机械、矿山机械、物料搬运（起重运输）机械、大型铸锻件制造等五大类。其全行业营业收入近几年占中国国内生产总值（GDP）的1%左右，属于较大规模的专业领域。它主要为原材料加工、能源电力、交通运输、节能环保、资源循环利用等基础工业提供重大装备和关键零部件，同时也支撑了核电、风电、航天、船舶和国家大科学装置等项目的建设，是关系到国民经济命脉和国家安全的重要产业，是国家实力的体现，是重大技术装备的主力军（图7-16）。

重型装备制造企业是典型的高度离散型制造企业，产品特点是低速重载、超重超限、非标定制、单件难以量化生产，且产品结构复杂、生产流程长、现场环境多变，行业整体尚处于机械化、自动化、数字化并存阶段，产业基础薄弱，系统解决方案供给能力不足，数字化转型难点多。

重型装备机械行业的装备数字化与工艺结合程度还需加深，企业信息化系统散而乱，各系统各自为政，缺少顶层设计，造成若干信息孤岛，无法实现数据共享和深度挖掘应用，生产协同组织效率不高、生产制造成本难以有效控制、精益生产难以落地。

随着国内制造成本的不断上升，重型装备制造业过去依赖人力资

图 7-16　重型装备行业的典型产品

源和资金投入的驱动发展方式已经到达瓶颈期，急需提升产品、技术、管理等方面的创新力，以逐步实现高端核心装备由对标跟随向自主创新的转变。"数字化"是打造世界一流重型装备制造业、提高管企治企能力的重要手段，以研发设计、工艺、生产制造、经营管理、市场服务等环节为核心，通过数字化赋能传统产业是实现重型装备行业高质量发展的必由之路。

二、场景问题与痛点

重型装备的核心零件是制约整机生产制造及交付时间的关键单元，超大的尺寸和重量决定其加工方法往往涉及极限加工领域，其加工周期、质量和成本很大程度决定了整机的加工周期、成本和质量（图 7-17）。重型装备核心零件的机加生产车间与普通产品的机加生产车间在工艺准备、生产计划、物流调度、设备布局等方面均有很大的差异。长期的实践发现重型装备核心零件的加工存在如下问题和痛点。

图 7-17 重型装备核心零件加工现场

（一）加工工艺编制效率低、质量不高、现场指导性不强

由于产品单件订货和用户技术要求的个性化，决定了每件零件的外形尺寸、技术要求都不同，因此零件加工工艺不易标准化，每件零件都需要工艺人员根据零件的外形尺寸、材质、毛坯情况、拟使用设备能力等方面去逐一编制加工工艺和数控代码。即使企业实施了基于设计、工艺一体化的产品数据管理（PDM）系统，将设计图纸、工艺纳入系统管理，但对于如何缩短编制工艺时间、提升工艺质量、有效指导现场操作等方面帮助不大。

（二）生产作业计划的优化难度大，设备资源无法充分发挥作用

人工编制的生产作业计划可行性差，生产现场多依靠调度员临时指挥；生产过程中各种意外干扰事件多，也给生产作业计划的自动排程带来较大困难。由于没有标准的工艺，对于同样的加工要求，不同的工艺人员可能会选择不同的加工设备和加工方法，导致工时定额差

异大，计划排产难以优化，无法充分发挥设备的能力。

（三）物流路径不固定，调度规划困难，无效时间浪费多

由于每件大型零件的外形尺寸各不相同，且超长、超高、超宽，在车间内无固定的中转存放地点，需要调度人员根据现场实际情况，安排适合行起设备（行车）并找到合适的存放地点进行物流运输。加工过程中，零件在不同设备之间进行转序时，也需要调度人员根据现场实际情况，安排行起设备和中转区域进行物流运输。

据历史数据统计，从进入机加车间到离开，零件在车间内部的平均物流距离达到近十千米，而真正用于加工的有效作业时间不超过零件在车间内总时间的 10%，大量的时间用于无效的等待和低效的物料转运。寻找适合的存放地点和规划最优的物流路线是提升车间内部物流效率的关键因素。

（四）质量控制难度大，数据收集不易，质量问题追溯困难

由于零件尺寸规格超大、重量超重、加工精度要求高，且设备自动化水平低，这对操作者的个人技能提出了很高的要求，必须在现场根据毛坯实际的加工余量和外形尺寸编制数控程序。数控程序无仿真过程模拟，产品制造质量对操作者的知识、经验以及责任心等依赖性较高，加工质量存在较大风险。

生产过程涉及的要素多，且多为人工作业，及时准确地收集质量过程数据难度很大。出现质量问题后，由于无可靠的过程数据支撑，故而难以对问题进行追溯分析，更谈不上有效预防。

（五）加工设备数字化改造难度大

重型装备核心零件机加车间的主要加工设备是"精、大、稀"类设备，按照工艺机群式布置。这些设备进行数字化改造的难度较大，且全部更新投资巨大，对重型装备制造企业而言是不太现实的。

因此在不进行大规模设备投资、改造的情况下，如何建设重型装备核心零件机加车间数字化车间，就是一个必须要解决的难题。

三、实践案例、亮点

（一）精益管理牵引定方向，信息技术系统落地显效果

精益管理的核心追求是消灭浪费，以最低的成本创造出最大的价值。为了消除浪费、降低成本、提高企业生产经营效益，精益生产方式建立了完整的思想方法和管理方法体系，被全球制造业企业广泛接受和采用，对推动制造业的发展做出了卓越的贡献。重型装备核心零件车间的数字化转型，引入了精益管理思想和精益工具，结合生产现场的实际情况，优化管理流程和方式，以先进管理方式为指导，以信息技术系统为抓手，保障企业数字化转型顺利落地（图7-18）。

针对重型装备核心零件机加车间制造过程中存在的五大方面的痛点，应标识存在问题的严重程度，以精益管理的理念重构相关业务流程；以重构后的业务流程目标，实施四大信息技术系统：基于三维模型的工艺、仿真一体化系统；高度集成的生产作业管控系统；基于超宽带无线定位（UWB）定位技术的数字化物流系统；在线数字化质量检验系统。

通过信息技术系统的实施，可以支撑生产现场管理方法的创新，重构传统的生产组织模式，实现生产计划排程、工艺执行、零件物流、

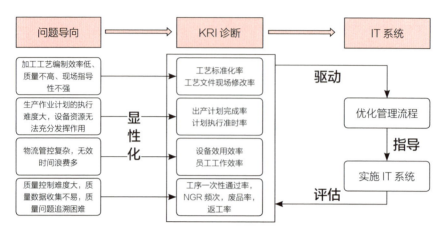

图 7-18　精益管理持续优化数字化落地

过程质量等生产过程的全要素精细化管控，在生产效率、质量保障、成本管控等方面可以取得较好的应用效果。

（二）基于三维模型的工艺、仿真一体化系统

标准化的工艺是推行精益管理的基础和核心。为了满足重型装备核心零件机加过程的工艺标准化，有必要将传统的基于卡片的计算机辅助工艺过程设计（CAPP）系统升级为基于三维模型的工艺、仿真一体化系统（图 7-19）。

以 PDM 系统为依托，基于零件的三维模型，建立工艺路线、工艺规程、工序、工步四层次的结构化工艺；结构化工艺与资源库信息（包括设备、夹具、刀具、量具）建立关联关系；资源库信息与现场的实物库采用数字孪生技术实现映射，提高工艺人员编制工艺的可行性。

系统支持对物流作业过程的编制工艺。基于三维模型，定义零件的物流方案（根据零件重心确定起吊方法、选择吊具等），并建立与行起设备、吊装辅具的关联关系，用以指导现场行起人员的物流

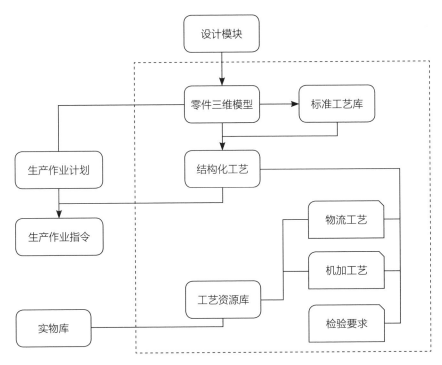

图 7-19 基于三维模型的工艺、仿真一体化系统

作业。

引入了虚拟工序的概念，由工艺人员完成数控加工程序的编制，并在下发前进行仿真模拟分析，改变操作者根据毛坯实际尺寸现场编制数控程序的作业方式，杜绝由于操作者编程失误导致的产品质量问题。

对外形类似的零件可以建立基于三维模型的标准工艺库，选择标准工艺后，输入关键控制尺寸、零件材质、加工设备、加工精度等参数后，系统可以自动快速生成加工工艺模板，工艺人员稍做修改后即可满足要求。

根据生产计划产生的作业指令和操作者登录信息，系统能自动检索对应的工艺数据（零件图纸、数控代码、所需刀具、工装辅具等），并将其推送到现场终端。

（三）高度集成的生产作业管控系统

生产的准时制是保障计划有效完成、提高订单交付率的基础。根据重型装备核心零件机加车间生产组织的特点，重点针对车间瓶颈设备利用率进行优化排产，作业计划直接下达到工位，现场物流协同运作，实时跟踪和反馈作业进度，可以提高作业效率（图7-20）。

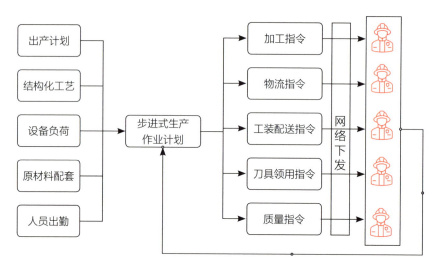

图 7-20　高度集成的生产作业管控系统

1. 基于瓶颈资源的多目标优化排产

根据重型装备核心零件机加车间生产组织的特点，建立以车间瓶颈资源为排程对象，输入产品出产计划、工艺要求、车间设备负荷、原材料配套、人员出勤等各种条件，系统会自动生成工序级的生产作业计划。计划执行过程中，若有各种意外事件发生，可触发系统自动重排作业计划并重新下发。自动排产形成的计划包含了零件加工作业指令、物流作业指令、工装辅具配送指令、刀具领用指令、质量检验指令等。

2. 现场协同作业管理

根据作业指令对应角色的执行人员，下达到对应人员的终端（固定和移动设备）。各类执行人员接收作业指令后，可以通过系统查询到当前作业指令对应零件的相关技术文件，完成工作内容（加工零件、物流运输、配送工装、配送 / 领用刀具、工序检验）后，通过系统完成报工，系统会自动收集相关的过程数据。

3. 实时反馈作业进度信息

根据收集的过程数据，系统会自动生成相关的生产指标，实现车间的透明化生产。用户能够实时掌握车间的投入和产出，优化生产决策，最大可能地缩短生产时间，减少浪费。

（四）基于 UWB 定位的大型零件数字化物流

重型装备核心零件机加车间的物流时间消耗是整个零件机加制造周期中时间占比最大的部分，缩短物流路径和优化物流资源使用，是解决时间浪费问题的核心点。

重型装备核心零件的外形尺寸差异很大，从几米到十几米，重量从十几吨到接近上百吨，且无固定的工艺路线（固定加工面）。因此，常规的在零件上打标识码的识别技术不适用。为满足数字化物流的需要，可以对整个车间按照空间坐标进行虚拟划分，区域、运输工具、加工设备都采用二维码进行标识，并可对行车进行数字化改造，加装UWB 定位装置（图 7–21）。

由数字化物流系统建立目标区域、运输工具、零件、出发区域、移动任务之间的对应关系，并采用数字孪生技术映射物流过程。物流人员按照作业指令接收移动任务，使用运输工具搬运零件进出虚拟区域时，会对运输工具、虚拟区域进行扫码登记，从而实现对零件物流信息的数字化跟踪。

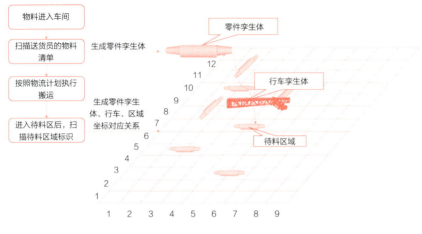

图 7-21　基于孪生技术的数字化物流

另外，系统会采用路径仿真技术对采集物流数据进行模拟仿真，寻求最优解，从而有效地缩短零件在车间内部的物流路径。

（五）在线数字化质量检验系统

质量检验系统能实现质量检验策划、质量现场检验记录、质量不合格品报告（NCR）、质量问题分析等功能（图 7-22、图 7-23、图 7-24）。

通过与工艺系统集成，实现在工艺编制阶段即可同步完成质量检验策划。通过与生产作业计划系统、数字物流系统集成，实现质量检验任务与加工任务、物流任务的网络协同，实现质量检验在各个工序间的控制作用。通过与 DNC / MDC 系统的集成，实现零件加工过程数据的全面采集，加工使用的数控程序、加工过程的设备状态都通过物联网实时采集并存储。通过与数字化量具和 CAPP 系统的集成，实现现场质量检验数据的实时判定，即质检人员使用数字化量具，将零件需要检验的实测数据录入到系统，再通过查询工艺系统预设的检验标

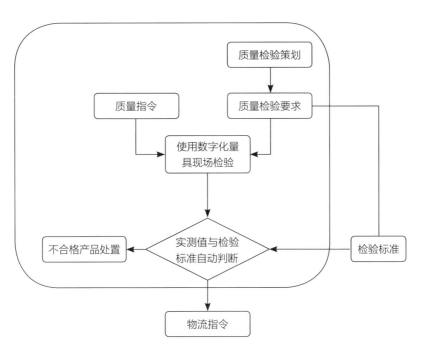

图 7-22　质量检验系统管理流程

图 7-23　数字化量具现场测量

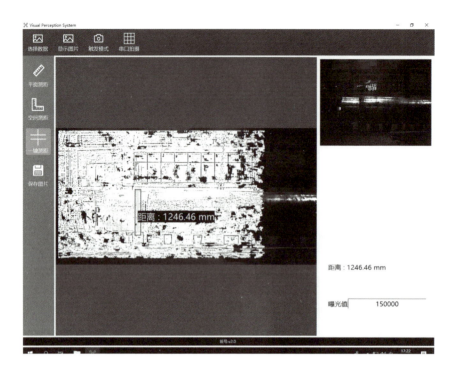

图 7-24 数字化量具自动采集及实时判定

准，自动判定零件加工质量。出现产品不符合项目（NCR）的情况后，系统会将本工序涉及的全部加工数据自动汇总挂接到不合格产品报告单上，供有关人员进行问题处理和归因分析。

（六）全面采用数字孪生技术实现生产管理的可视化和透明化

数字孪生技术适用于车间物联网采集的"人、机、料、法、环、测"数据，可建立虚实映射的数字化车间可视化管理平台。将工艺、生产控制、物流管理、人力、设备管理等所有系统，通过标准统一的接口进行有机整合集成，利用三维展示技术，实时展示车间运行状态，并采用仿真技术对采集的加工数据、物流数据进行模拟仿真，寻求最优解（图 7-25）。

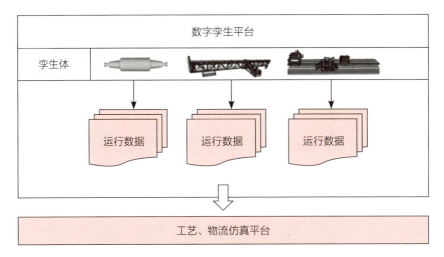

图 7-25　数字孪生技术在生产可视化的应用

四、效益总结

（一）社会效益

本解决方案探索了重型装备机加车间在不进行大的设备技改的条件下，以先进的管理思想为抓手，以软件管控车间各业务的过程为主线，以必要硬件为支撑的数字化车间建设方案。

本方案在理念、技术、管理等方面的探索与实践，可以为重型装备核心零件机加车间的数字化转型起到示范作用。

（二）经济效益

传统重型装备核心零件机加车间经过数字化改造后，可提升 20% 的加工效率，减少 35% 的各类人员，降低 20% 的成本消耗，使产品质量一次合格率提升到 95%。

华润银行：金融行业数字化转型典型实践与模式

当前，数字经济高速发展，社会进入数字化深度转型阶段，用户对金融服务的要求也越来越高，信息科技赋能行业数字化转型已成为社会共识，整个银行业都在持续加大信息科技投入，开展技术架构升级转型。同时，传统的银行业务模式、组织模式和产品创新模式已经不能满足竞争需要，需要全面深化科技与业务的融合。

华润集团旗下的珠海华润银行是粤港澳大湾区的区域性银行，从"十三五"的信息化银行战略到"十四五"的智能化银行战略，一直从"战略—组织—文化"全方位、体系化地推动数字化转型，基于全行战略形成了数字化能力转型的平台框架，并取得了初步成果。

随着国家层面先后出台了鼓励产业链金融发展、加快数字产业化、产业数字化发展的相关政策，从 2022 年起，华润银行围绕关于加快推进国有企业数字化转型工作的要求，结合自身的数字金融基础设施构建策略，确定了打造"央企金融数字基础设施示范平台"及上层应用的战略路径和实施计划，并在 2023 年完成了全栈金融交易云平台和新一代供应链金融平台的成功上线，稳步提升了其自主可控水平，筑造了安全可控的数字化底座，支持新型产业金融模式，打造银行数智化科技管理平台，助力实业，融惠民生，在央企特色数字化产业银行建设方面取得了阶段性成果。

一、实践背景

2021 年 12 月，人民银行发布《金融科技发展规划（2022—2025

年)》，明确提出了金融行业数字化转型的八大重点任务。2022 年 1 月，原中国银保监会正式发布了《关于银行业保险业数字化转型的指导意见》，从战略规划和组织流程建设、业务经营管理数字化、数据能力建设、科技能力建设等几方面指导银行业进行整体数字化转型，并提出了明确的时间要求。2023 年 3 月，中共中央、国务院印发了《数字中国建设整体布局规划》，进一步提出要在金融等重点领域加快数字技术创新应用，推动数字化赋能经济社会发展，这意味着金融机构的数字化转型不仅要提速，更要有深度。为响应中央政策以及推动政策落地，深圳、珠海等地也相继出台了多项区域性政策规划，支持和鼓励粤港澳大湾区金融机构深化金融与科技融合，推进数字金融创新发展，加快实现高质量数字化转型。这一系列政策无疑为当地商业银行科技赋能业务和全面数字化转型提供了指导和机遇。

华润银行作为粤港澳大湾区的区域性银行，一直主动融入地区经济发展大局，抢抓数字经济发展机遇，把数字化转型作为全行改革转型的发力点和突破口。秉承"以人为本"的导向，基于全行战略搭建了数字化能力转型的平台框架。以"一个中心、两个在线、三大中台、四大策略、五大能力"为目标，打造企业级智能化平台，推动客户和员工在线，推进业务中台、数据中台和技术中台三大中台建设，并基于三大中台构建精准化营销、数字化风控和经营分析能力，实现业务智能化和管理智慧化转型。当前，华润银行信息系统的运维效率整体提升，系统综合可用率达 99.99%；行内数字化人才占比超过 9.3%，机器人流程自动化（RPA）覆盖率超过 67%，内部管理系统上云比例达到 78.7%，形成 40 多个风控模型、600 多项经营指标，大幅提升了风控和运营水平，有力地驱动了业务模式转型，形成了一定的数字化转型基础。

二、战略定位及思考

华润银行是央企华润集团旗下的商业银行，立足于大湾区，专注于产融结合。作为一家区域性商业银行，在数字化转型的浪潮和市场环境变化中，华润银行也面临着一些趋势变化带来的冲击：

⊙ 国家战略和监管机构对金融机构数字化和科技创新掌控能力提出了更高的指导要求；

⊙ 市场竞争愈加激烈，包括大型金融机构凭借数字化规模优势带来的业务空间挤压，也面临着区域内金融机构对优质客群的争抢和同质化产品竞争，要求客群差异化经营、业务特色化创新；

⊙ 云原生、分布式、人工智能、平台工程等一系列新的技术和工程发展趋势对大规模数字化系统集群的构建提出了更高的要求；

⊙ 如何利用高效率、数字化的手段来开展数字化建设，提升数字化转型自身的研发效率，也成为银行管理层最为关注的问题。

基于上述趋势变化，华润银行明确了进一步升级打造央企特色数字化产业银行的战略定位，同时提出构建金融数字基础设施平台，作为实现该战略定位的重要支撑和驱动力，将数字化转型放到了核心位置。在新形势和新定位下，华润银行在战略执行中面临着若干具体挑战。

（一）技术架构如何满足自主可控与业务快速创新的需求

当前，行业技术架构的现代化、灵活性和可控程度面临巨大挑战。传统单体架构，由于逻辑和物理耦合严重，所以改造困难、交付缓慢、复用度低、灵活性不够、对需求的敏捷响应不足；外购的应用系统因为各自选型，未形成统一的技术路线和技术标准，难以整合支持未来的业务发展。因此，需要推动信息技术架构向云原生分布式架构转型，打造企业级能力中心，支撑业务快速创新，全面赋能转型。在数据治理与智能应用方面，需要深化数据中台、人工智能平台的建设。

（二）在业务支撑层面如何统筹系统建设与运营的关系

数字化转型是一项系统工程，以业务作为落脚点，科技作为支撑点，两者相互融合，才能消除企业内部的部门墙、信息孤岛、数据孤岛和产品孤岛，让人员、产品、服务、数据和流程围绕价值快速流动、高效协同。在金融行业数字化转型过程中普遍存在重建设、轻运营的问题，因此，需要继续以客户为中心，提升产品创新能力和服务体验，完善数字化渠道、营销、运营及风控体系，结合业务中台能力去建设和推动运营模式的变革。

（三）组织机制及能力建设如何支撑企业持续发展

组织架构是战略落地的根本保障，通过分工、协调和资源配置，将战略目标转化成体系、制度以及资源保障，从而落实到日常经营活动中。传统的层级式、竖井式的组织架构，业务和技术分离的工作模式，已经难以支持当前形势和未来发展；同时，业务响应、技术研发测试、系统运维和业务运营等相关部门及工具各自独立且不完善，相关流程未打通，自动化水平较低等问题，导致当前的"生产关系"未能通过顺畅协作及相互赋能，最大限度地释放"生产力"。需要优化数字化组织运营模式，通过共性能力抽象、重塑、沉淀、整合和共享，实现对不同需求的快速响应，驱动业务发展和产品创新。

（四）如何提升战略认知并形成数字化驱动力

数字化转型需要应对企业级战略认知和传导的挑战，需要同时提升企业高层、中层和基层的数字化素养，凝聚全行数字化战略共识，提升数字化战略认知、执行和思维能力。因此，需要加强数字化人才队伍建设，优化能力结构，持续开展全员数字化转型理念和技能培训；深化业技融合，形成统一的战略实现语言，培养具备业务和科技综合能力的业技融合人才，通过技术敏捷带动业务敏捷；同时通过高效率、数字化的手段开展数字化建设等方式，综合提升数字化领导力和驱动力。

三、建设路径

2022 年，在华润集团的部署与指导下，华润银行确定了打造央企金融数字基础设施平台的战略目标。2022 年 8 月，华润银行开始启动央企金融数字基础设施平台的相关技术研究，和国内多家头部信息技术企业开展了多轮技术交流，推进金融云原生底座技术验证环境搭建，着手整体技术规划和方案验证工作。经过六个月的规划和论证，确定了打造央企金融数字基础设施平台的技术方向以及业务生态建设的主要内容，制定了整体建设方案。

2023 年，华润银行正式启动了央企金融数字基础设施平台建设，并希望通过核心业务系统和典型应用场景的全栈式验证，形成面向同类规模银行及企业数字化转型具有示范性、可复制的整体方案和实践经验。项目分两个阶段推进：

（一）第一阶段（2023—2024 年）

重点完成金融交易云底座，支撑全行技术架构升级转型。在此基础上建设新一代核心业务系统、新一代供应链金融平台和新一代手机银行，通过核心业务及产业金融、零售金融业务的典型场景，对金融云底座的可用性、安全性及可靠性进行技术验证。

围绕上述建设内容，同步通过三个体系建设全力推进整体转型：一是引入业务建模的方法论，同步构建华润银行的企业级业务架构，赋能业务模式变革；第二是同步引入敏捷的部落模式，推动组织架构的转型；第三是同步搭建数智化的科技管理平台，支撑变革之后的整个技术模式的运行。

（二）第二阶段（2025 年）

在项目的第二阶段，即在 2025 年以及更远的建设周期内，按照"应上尽上"的原则，推动行内更多的金融交易系统全面迁移上云，并进行金融全场景验证。实现交易类系统的全面稳定运行，支撑数字化战略落地，将平台打造成央企金融数字基础设施标杆示范，在充分验证后，向国企及其他金融机构复制推广。

四、案例实践

华润银行以央企特色数字化产业银行为战略定位，明确了建设央企金融数字基础设施平台、至"十四五"期末实现"再造一个华润银行"的阶段性目标，并以 2035 年"成为央企旗下具有全国影响力的股份制银行"为总体战略目标，开展项目建设。

（一）全栈金融交易云推动技术架构转型，夯实自主可控底座

全栈金融交易云平台，以"安全分级、架构解耦、开放兼容"的技术路线为基础，以中国电子自主计算体系为支撑，结合中国电子源启金融级数字底座搭建，将应用服务与基础云平台层进行解耦，基础云平台内应用服务治理、云原生技术框架 / 平台及服务、云 / 虚拟化、

基础软硬件垂直架构的各层之间实现完全解耦，垂直打穿、深度适配，实现全栈技术适配和企业级自主可控，满足云原生、高并发、海量数据、多地多活、高安全等金融级性能要求，实现处理器、网络、存储等硬件资源以及操作系统、数据库、中间件等软件资源的灵活购置、弹性管理、按需分配，提高资源使用率，从而整体提高业务连续性保障能力。

（二）新核心等重点交易系统重构上云，赋能业务创新发展

在新一代核心系统的应用重构中，采用了先进的云原生分布式架构，同时基于业务中台的思路，规划了一系列企业级能力中心。通过能力中心驱动业务创新，实现企业级的敏捷业务需求响应能力、差异化产品创新能力和平台化运营能力，并进一步支持差异化客群发展和产品快速构建，实现集中式的业务运营，提升业务管理效能。

（三）通过企业建模方法引领企业级架构设计，赋能业务模式变革

在系统建设中引入企业架构业务建模的方法构建全行级业务架构，实现组织和运营模式变革，形成横向打通和共享模式，同步推动重点业务领域的业务转型。针对核心业务能力以及产业金融领域，在战略解析、蓝图规划、业务建模、行业方案和技术实现等方面形成业技一体化方案，快速响应前端市场变化，推动组织架构和运营模式的优化。

（四）引入敏捷部落制模式，推动组织变革，提升服务能力

引入敏捷部落制模式，在规范整体企业架构的前提下，在部分项目

中尝试打破原来的业技不融合的模式，以敏捷部落制下设若干产品小队的模式，把业务和信息技术整合在一起，强化部落制的网状结构，在此基础上推动基于敏捷部落的新考核机制和评价机制以及利益分配机制，从而更快地响应市场，提升客户服务能力和产品交付效能。

（五）打造数智化科技管理平台，支撑技术生产适应新的变革

数字化转型进入数字化建设过程自身的数字化阶段。华润银行数智化科技管理平台的建设，将科技管理的能力领域系统地梳理和抽象形成了八个共享的能力中心，并形成科技治理数据集市，构建科技战略管理能力，支撑科技高效分析决策。同时打造新的研发安全运维一体化的工具链和交付链条，提高需求质量，提升研发交付运维效率，实现科技增效，保证科技的生产模式和生产工具能够适应新的变革。

五、应用成果与亮点

从 2022 年 8 月开始，经过整体规划、技术预研及验证，华润银行于 2023 年 2 月正式启动项目建设，2023 年 6 月金融交易云底座顺利上线，2023 年 7 月完成新一代供应链金融平台部署上云，目前，已取得了阶段性的成果。

（一）全栈金融交易云平台整体提升自主可控能力

基于中国电子自主计算体系和源启数字底座的金融交易云已完成100% 的全栈技术实现，集成了 16 家厂家的 35 项软硬件产品，持续推进供给侧生态开放，并通过容器化、分布式、微服务及安全服务实现了混合云架构转型和两地三中心运行机制，进而结合 3 个现有或新

建的业务系统进行底层平台的功能、安全性及可靠性验证。

当前，系统可用性达到99.999%，应对系统级灾难恢复点目标（RPO）和恢复时间目标（RTO）均为0；应对站点级灾难恢复点目标和恢复时间目标约为0；应对城市级灾难恢复点目标小于30秒，恢复时间目标小于15分钟；系统安全性达到等级保护2.0的3级认证，单一云最大可支持4000台物理服务器，达到了金融级的运行指标和安全可靠要求。

在建设过程中，华润银行团队克服了基础软硬件产品品类多、适配复杂度高等诸多困难；通过大量的技术评审和论证，引入混沌测试等新的工程验证方法，保障技术问题和风险可以被主动发现和及时解决。

（二）业务建模推动业务模式变革

在项目建设中，引入业务建模方法论，通过业技一体，确保实现精细化客户管理、精准化营销策略、差异化产品、数智化风控、平台化运营和高效化管理等能力。通过业务建模，新一代核心业务系统、新一代供应链金融平台形成了几十个产品线，以及数千个产品、流程和数据模型，完成了产融蓝图规划及多个行业的产融解决方案，包括10多个能力领域的120多项产融业务能力，进一步明确了产业金融业务的未来提升方向。

（三）敏捷部落模式推动组织能力优化

身处数字化转型风口浪尖的商业银行一直在探索"敏捷银行"模式，华润银行以产融业务和手机银行业务为试点，通过对传统项目制模式的改造，将职能结构变为部落制网状结构，实现了业务与技术的合署办公，并新增了可视化看板，导入敏捷实践，以此深化业务与技术的融合，更快地响应市场，提升对客服务能力。目前，交付时效、版本发布成功率均显著提高，生产缺陷率明显降低，并带动多个团队开始进行敏捷转型。

（四）科技管理平台支撑科技管理数智化转型

华润银行通过数智化科技管理平台支撑架构转型，构建了科技战略管理及研发安全运维一体化能力。通过统一接入门户、提供统一的门户聚合接入来提升用户体验；数智化科技服务平台提供跨域的组合及流程编排能力，能够满足复杂科技作业场景需求，构建了八大科技共享能力中心，显著提升了研发交付运维效率，能够支撑云平台的安全运营。

| 第七节 |

国家管网：能源行业数字化转型典型实践与模式

国家管网的成立，是我国进一步深化油气体制改革，贯彻落实中共中央和国务院《关于深化石油天然气体制改革的若干意见》的结果，是推动形成上游油气资源多主体多渠道供应、中间统一管网高效集输、下游销售市场充分竞争的"X+1+X"油气市场体系的重要环节。作为国家油气管输产业链的"链长"和龙头企业的国家管网，把科技数字化确定为集团四大战略之一，按照"变革触发、流程驱动、组织适配、信息技术赋能、数据使能"的总体思路，用数字化转型开辟高质量发展"新赛道"，建设智慧互联大管网，促进油气资源储运基础设施的公平开放，以数字化、智能化助力国家管网的转型升级，推进油气体制改革、保障国家能源安全。在快速有序推进企业自身数字化转型的同时，国家管网精心打造了开放服务及交易平台，构建油气资源上下游合作伙伴在线营销的数字平台，促进油气储运基础设施资源的公平开放。试点建设油气储运行业工业互联网＋安全生产管理平台和一系列应用，提升了企业自身的安全水平，并对油气储运行业进行了赋能。

一、实践背景

与公路、铁路、水路、航空等运输方式相比，管道运输具有成本低、损耗少、油气运输量大、安全性能高等优势，是油气输送的重要手段。截至 2022 年年底，我国现有长输油气管网总里程约 18 万千米，形成了覆盖全国的管道网络，并建成多条跨国油气管道，如中俄油气管道、中国—中亚天然气管道、中缅油气管道等，成为世界上拥有最大的油气管道网络的国家之一。目前我国油气管道密度相较于管网发达的国家仍有较大增长空间，管道运输能力有待提升。

随着国民经济快速发展及国家能源战略的调整推进，我国的油气资源消费需求持续快速增长，油气管道的建设和改造也在不断加速。"十四五"时期是我国油气管网全面进入物理互联互通、服务公平开放的"全国一张网"发展新阶段，到 2025 年年底，我国油气管网规模将达到 24 万千米。

但是由于我国的管网建设相对独立分散，缺乏统一整体规划和统一调控机制，管网公平开放难以实现，导致重复建设和运行效率低现象并存。为进一步深化油气体制改革，贯彻落实《关于深化石油天然气体制改革的若干意见》，2019 年 12 月 9 日，经国务院批准，国家石油天然气管网集团有限公司（以下简称"国家管网"）正式成立。此举旨在推动形成上游油气资源多主体多渠道供应、中间统一管网高效集输、下游销售市场充分竞争的"X+1+X"油气市场体系，推动解决管网互联互通和向全社会公平开放的难题，是深化油气体制改革和管网运营机制改革的重要一环。国家管网的成立，有助于形成市场化油气价格机制，从而使油价和气价更为合理；有利于增加油气市场主体，促进油气生产和供应企业公平竞争；有利于改进对垄断环节的监管，从而优化油气市场结构，优化资源配置。

国家管网集团成立以来，一直深入贯彻落实"四个革命、一个合作"的能源安全新战略，坚持新发展理念，充分发挥油气管输产业链链长作用，将能源革命与数字经济深度融合，全面推动数字化转型，积极打造智慧互联大管网，持续提升我国油气能源供应能力，更好地保障国家能源安全。成立的短短三年时间内，国家管网集团创造了三个"最"：一是完成了新中国成立以来最大的市场化并购重组；二是完成了全球历史上最大的市场化私募股权融资交易；三是成为全世界资产规模最大的管网公司。

二、面临的挑战

国家管网正式接管运营原分属于三大石油公司的主要油气管网基础设施资产，在进一步提高产业集中度的同时，也肩负起推进我国油气管道产业数字化转型的重任。

此前，我国油气管道主干管网主要由各大石油公司、地方能源公司等主体分别建设运行，数字化发展水平差异较大。在油气管道数字化转型过程中，面临着重塑管输服务交易模式、促进公平开放、安全生产要求日益提高、企业整建制合并的差异融合等诸多挑战。

（一）深化油气体制改革需要全新的管输服务交易模式

管输服务交易模式的创新，是深化油气体制改革，推动形成上游油气资源多主体多渠道供应、中间统一管网高效集输、下游销售市场充分竞争的"X+1+X"油气市场体系的重要举措。天然气买卖模式也将出现重大变化，上游企业负责勘探、开发、生产，国家管网公司负责运输，终端用户使用，而国家管网公司并不参与上游资源和下游市场的竞争性交易，这将营造公平、公正的天然气市场。如何通过数字化技术手段重塑公平开放的天然气等能源商品管输服务交易模式，支撑面向全国市场的管输服务营销、交易、运营、调度、计量、结算全业务环节，是国家管网首先需要解决的重大课题。

（二）安全生产压力大、任务重

安全生产始终是油气储运行业的重中之重，是关系到国家和人民群众生命财产安全、环境保护、劳动者职业健康的头等大事。"十四五"时期，我国将进入油气管网设施的第三次快速发展阶段，但油气管道安全风险依然较高，目前仍处于攻坚克难的关键期，亟须有效降低工程建设、生产运行、高后果区等生产一线的安全风险。按照"工业互联网＋安全生产"行动计划（2021—2023年）的要求，积极利用工业互联网等数字化技术，建成油气储运行业工业互联网安全生产监管平台，形成"工业互联网＋安全生产"的快速感知、实时监测、超前预警、联动处置、系统评估等新型能力体系，提升油气储运行业本质安全水平，既是国家管网自身的使命，也是我国油气储运产业高质高速发展的基础。

（三）企业整合带来的流程、信息技术、标准、文化差异较大

专业化整合形成的新企业，前期大多面临多种业务流程、数据标准、信息系统和企业文化难以融合的问题，这就对企业的一体化高效运营和管理提出了较大的挑战，亟须通过数字化转型落实"一公司"经营理念。

三、实践案例

国家管网在建企之初，党组就坚持把科技数字化确定为集团的四大战略之一，一体构建、一体运行"大业务、大党建、大监督、数字化"四大体系，推进油气体制改革、保障国家能源安全。按照"变革触发、流程驱动、组织适配、信息技术赋能、数据使能"的总体思路，用数字化转型开辟发展"新赛道"，建设智慧互联大管网，以数字化、智能化助力国家管网转型升级，促进油气资源储运基础设施的公平开放，提出"数字化让国家管网与众不同"的转型愿景。国家管网数字化转型是基于愿景驱动的框架，统一规划，分步开展，带来体验的提升、效率的提升和模式的创新，带来新体验、新变化、新增长。

在立足企业数字化的同时，国家管网还精心打造了四大行业级应用平台，为全国天然气保供提供了有力支撑，为国内外油气上下游客户提供优质体验，为行业输出一批具有商业价值的工业应用，为"全国一张网"的构建提供决策支持。

1. 建设开放服务及交易平台，构建能源基础设施生态圈

国家管网与国务院发展研究中心就"平台经济与国家管网公司平台化战略考量"开展交流，明确了"构建公平开放大平台"的战略思路。通过建设开放服务及交易平台，响应国家石油天然气体制改革号召，构建"全国一张网"，更加高效地匹配能源供需，保障油气安全平稳供应，稳步推进油气管网设施公平开放，凝聚各方信任，扩大产销两个"X"，促进产业结构更加优化，由此带来的中间成本降低为全产业链价值提升创造空间，从而形成经济意义上的"产业平台"（图7-26）。

为实现平台战略目标，国家管网集团明确了平台建设初期重点是推动业务模式创新，打造集客户、营销、产品、交易、结算为一体的一体化平台，提供一站式服务窗口，实现管网高水平、高质量开放；依托平台未来还会构建能源基础设施生态圈，平台可以为上下游企业

及客户提供多样化服务，带动产业链上下游共同发展（图7-27）。

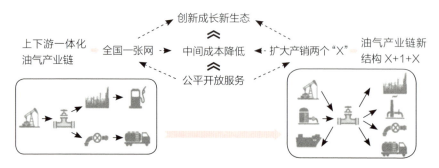

图 7-26　构建开放服务及交易平台总体愿景

平台发展路线		
2020—2022	**2023—2024**	**2024—2025**
"平台建设、业务整合、线下到线上"	"平台成长、业务模式成型、快速增长"	"引领行业、持续创新"
搭建一体化平台应用，统一业务模式，线下业务线上跑，实现公司市场到回款一体化管理。	随着新商务模式和价格机制实行，各项业务发展逐渐清晰，平台与业务共成长，业务不断创新，平台同步支持。	通过平台效应，巩固行业地位，树立全面开放形象，通过持续技术创新和业务创新，实现战略升级，未来可能通过平台服务、金融服务等多种手段创新，实现业务收入和利润额外增长。

图 7-27　开放服务及交易平台建设路线

开放服务及交易平台通过"端到端"服务模式，将业务整合为客户准入、服务申请、合同签订、计划指定提报、结算单查看为一体的一站式服务，提供托运商短信提醒、智能分析看板等工具，实现"一张车票坐到站"服务。以"心服务"为宗旨，以"从客户中来，到客户中去"为核心价值链，为客户提供在线服务、精准服务（图7-28）。

2022年3月30日，签约用户通过平台完成第一次日指定提报，平台正式上线开展日常核心业务。依托平台赋能管网开放业务，大幅提升签约效率，上线半年实现1000家以上准入托运商及上下游合作伙伴入驻，签约管输合同近200份，签约管容600多亿立方米，在线成

图 7-28 开放服务及交易平台业务架构

外部用户视角

- 客户注册
- 客户入驻
- 信息变更

客户管理

- 属性维护/管理
- 前后类目维护
- SPU/SKU创建管理
- 管段基础参数的维护

商品管理

- 管输路径查询
- 管输路径查询
- 价格查询
- 商品详情查看

订单交易

- 分散受理下单
- 订单下单确认
- 订单管理

合同协议

- 订单创建
- 合同列表
- 合同详情查看

经营计划

- 月计划填报
- 日指定管理
- 日指定更新

调运服务

- 日计量分割列表
- 日计量分割确认
- 日完成单生成

结算

- 结算单确认

数据统计

内部员工视角

- 客户准入审核
- 信息变更审核
- 客户信息管理

客户管理

- 属性维护/管理
- 前后类目维护
- SPU/SKU创建管理
- 管段基础参数的维护

商品管理

- 代客下单
- 库存占用与扣减
- 订单审批/生效
- 订单确认支付
- 订单管理

订单交易

- 合同模板创建
- 合同模板查看
- 订单创建
- 合同列表
- 合同详情查看

合同协议

- 月度计划
- 日指定审批
- 日指定更新

经营计划

- 计量交接列表
- 计量交接拆分
- 日计量确认
- 日完成单管理

调运服务

- 结算单生成
- 结算单确认

结算

- 日指定计划统计
- 日完成统计

数据统计

交合同金额数百亿元。平台高效连接产业上下游合作伙伴，促进协同共建"能源生态圈"，市场反响强烈。

开放服务及交易平台实现了国家管网主要自营商品的线上营销，初步建立起具有管网特色的电子商务模式，为未来平台经济建设打好了基础。平台实现了客户全生命周期数字化管理，对客户真正实现"一张管网、一个订单、一份合同、一张发票"，提升了客户体验感；建立客服多渠道触达、智能在线客服等核心能力，构建全方位的客户在线智能服务，保证客户服务质量，第一时间回应客户关切，主动触达客户问题，提升服务受理时效，提高管输收入数亿元。平台结合系统内部数据及外部信息，支持市场开拓，实现客户的综合性分析评价，利用平台赋能，强化服务保障，精准服务，提升了服务质量。

2. 践行"工业互联网＋安全生产"，开展油气管道行业试点示范

为落实国家部委《三年行动计划》要求，2021年8月6日，由工业和信息化部、应急管理部、国务院国资委组织召开的"工业互联网＋安全生产"油气管道行业试点启动会在国家管网集团总部召开。自此，国家管网集团联合中国工业互联网研究院和中国安全生产科学研究院，在有关部委指导下开展"工业互联网＋安全生产"油气管道行业试点示范，推动实现我国油气管道基础设施安全管理数字化、网络化、智能化，提升管网安全水平。

按照应急管理部等部委的相关要求，国家管网集团结合油气储运安全生产实际，梳理工业互联网＋安全生产应用场景，形成了涵盖工程建设、生产运维与安全环保等方面的完整场景体系。聚焦部委关注，在设计阶段固化安全设施设计标准，辅助形成路由报告，在采购环节重点关注设备设施检测检验报告。在生产与安全环保领域，建设隐患与风险管理场景，将隐患数据上传至应急管理部系统，通过接口获取应急管理部提供的灾害预警信息、应急资源信息、第三方施工信息。在企业层面，根据企业业务特点，开展外业数字化、智能工地、生产

安全监测、设备远程监测诊断等应用场景建设。

平台建设坚持试点先行，在试点中不断总结经验并进行完善提升，使之具备在国家管网内部和油气储运行业进行推广应用的条件。截至2022年底，已在隐患管理、线路安全预警、现场管理、工程健康安全环境管理体系（HSE）管控四个重大应用场景下建设了一系列数字化应用，其在液化天然气（LNG）接收站、城市燃气、危化品储运设施等建设和运营上具有较强的可复制性（表7-3）。

表 7-3　已发布的工业 APP

序号	场景	已发布工业 APP
1	隐患管理	油气储运设施隐患管理系统
2	线路安全预警	高后果区多源融合预警应用示范
3		管道沿线地质灾害监测预警平台
4		管道自动力爬行智能测径—惯性测量组合式检测设备
5		环焊缝质量风险排查数据管理平台
6		智能阴保平台（阴极保护数字化管理平台）
7	现场管理	维检修安全作业管理平台
8		LNG 接收站挂轨机器人（可燃气体不安全行为及设备异常情况监测）应用示范
9		管道作业区智能管理平台示范
10	工程 HSE 管控	智能工地

场景一：隐患管理

通过梳理油气储运设施风险及隐患判定和分级管理标准，建立了隐患数据全类别模型（含3大类24小类），支持从总部到基层站队完成隐患发现、报告、指派排查、整改和确认的闭环管理流程。通过隐患管理平台实现了输油气分公司、地区公司和集团公司的隐患管理一本账，隐患治理全过程监管和动态进展跟踪。

场景二：线路安全预警

一是对高后果区进行多源融合预警。利用机器视觉、国产智能识别算法的模型转换与量化、算力共享协商算法等技术，通过管道高后果区和高风险管段光纤预警与视频智能识别监控系统联动，对威胁管道的事件进行多源报警确认。46 台设备在一年内共计捕获 31279 次告警信息，准确率 96%，节省了 1200 万元的人工巡护成本。二是管道沿线地质灾害监测预警。构建覆盖管道沿线上百个关键风险点的监测网络，可通过监测设备快速感知、实时监测地质灾害发展过程与管道状态，运用自主知识产权模型及分析算法进行预警并将预警信息推送至移动端，支撑"采集—分析—预警—处置"的地灾防控业务流程落地，实现地灾全生命周期管理，提升了油气管道风险防控能力。上线一年内成功预警大小地灾 533 次，包含 8 次较大的管道沿线地质灾害，通过有效处置措施，及时消除了管道安全隐患。三是推广使用管道自爬行内检测机器人。利用自爬行监测技术和高灵精度传感器、惯导系统，研制管道自动力爬行智能测径—惯性测量组合式检测器，实现新建管道投产前的几何测径检测及中心线测绘。使用此设备简化了现场作业流程，缩短近 50% 的检测工期，检测效率、监测数据质量合格率得到了提高，降低了现场操作管理难度，提高了管理质量，创造了明显经济效益，切实降低了检测费用，每一公里的检测费用节省了 3700元。四是环焊缝质量风险排查数据收集管理。平台上线后收录几百万道 X65 及以上钢级环焊缝的海量字段属性信息，包括已开挖复检管道，以及针对发现的不合格口及确定需要修复口进行预警修复。用户可按照权限对环焊缝属性进行查询、修改、删除等操作，平台可自动记录相关修改过程。五是构建智能阴极保护平台，实现测试人员位置与测试桩位置自动校核，日常阴极保护测试数据自动图像识别上传、存疑数据校核与复测、数据分析与预警等，实现了阴极保护日常工作的数字化管理。

场景三：现场管理

一是构建维检修安全作业管理平台。利用大数据、物联网、人工智能等技术，实现"9+1"作业流程数字化，解决作业审批流程长、烦琐，高危作业的工作安全分析（JSA）不到位，作业交底不严格，作业条件确认不到位等业务痛点，全面提升了作业效率和安全水平。二是引入 LNG 接收站挂轨机器人。利用挂轨机器人搭载模块化传感器，应用图像采集识别、激光光谱检测和红外热成像监控技术，实现对人员不安全行为、可燃气泄漏、设备异常高温或火灾等隐患实时监测，试运行 4 个月内累计发现人员未佩戴安全帽 8 次，红外热成像高温报警 2 次，激光监测泄漏点 6 次。三是构建管道作业区智能管理平台。作业区智能平台自动采集数据采集与监视控制系统（SCADA）、输油泵状态、压缩机状态等各类生产实时数据，通过工业网闸、4G / 5G / WIFI 等传输通道汇聚到平台，同时将报警数据推送至移动端实时提醒，便于及时应对处置。通过人工智能识别、人员行为识别（工装、工帽识别）、可燃气探测、油品泄漏监测、火情监测、人员定位、周界安防等工业物联技术对站场进行智能化改造，提升站场风险感知和管控能力。通过作业区智能建设，增强了终端感知能力，实现了数据的自动采集及 36 类业务数据的自动汇聚，实现了作业区所有表单电子化，打破了现场管理的时间、空间限制，提高了作业区工作效率。

场景四：工程健康安全环境（HSE）管控

通过构建智能工地应用，实现工况数据自动采集分析。在工程 HSE 管控场景中，结合在建项目管理需求，依托视频监控及智能行为分析、施工工况参数自动采集分析、机组定位、人员机具图像识别、二维码应用、无人机建模等智能化技术手段，强化工程项目施工现场的安全管理和控制。利用传感器和无线传输模块，自动采集电压、电流、送丝速度、喷砂压力等工况参数，结合施工工艺规程，对超限参数进行预警。对自动采集工况数据进行分析，通过采集数据生成数据分析报告，集成管道完整性管理（PIM）系统，对设备开机状态、超限报警、热输入值报警、数据完整性、进度真实性进行管控，辅助提升了施工质量。

通过工业互联网＋安全生产数字化应用建设，初步形成了基于工业互联网的油气管道快速感知、实时监测、超前预警、联动处置及系统评估等五种新型能力。实现了管道行业数字化管理、网络化协同、智能化管控全面落地，管道本质安全水平得到进一步巩固。取得了可观的经济和管理效益。形成了一批具有油气储运行业推广价值的工业APP和标准，逐步实现行业赋能。

四、方法论提炼

（一）数字化转型逻辑三角助力"一张蓝图绘到底"

国家管网集团的数字化转型具有其鲜明的特征，坚持按照4A（业务架构、数据架构、应用架构、技术架构）企业架构为底层逻辑进行蓝图和路标设计，坚持按照组织适配的原则构建数字化组织并配置资源（架构看护、流程、数据、数字化运营等是国家管网集团区别于传统信息化管理的最大特点），坚持流程、制度、数据、信息技术一体推进，即以流程为载体构建业务架构，以数据为要素构建信息架构，以产品为理念构建应用架构，以微服务为主线构建技术架构，通过数字化转型为员工和客户带来新变化、新体验、新增长（图7-29）。

国家管网基于"变革触发、流程驱动、组织适配、数据使能、信息技术赋能"的数字化转型"五轮驱动原则"，总结出具有管网特色的数字化转型逻辑三角，成为数字化转型的理论和行动指导框架，助力组织实现数字化愿景（图7-30）。

顶层设计方面，包括以4A架构为底层逻辑的顶层设计，基于数字化、以流程为载体、具有管网特色的治理体系，"集中统一垂直"的管控策略，以及"制度、流程、数据、信息技术"一体推进的实施策略。基层基础方面，以流程为载体构建业务架构，为数字化转型和四

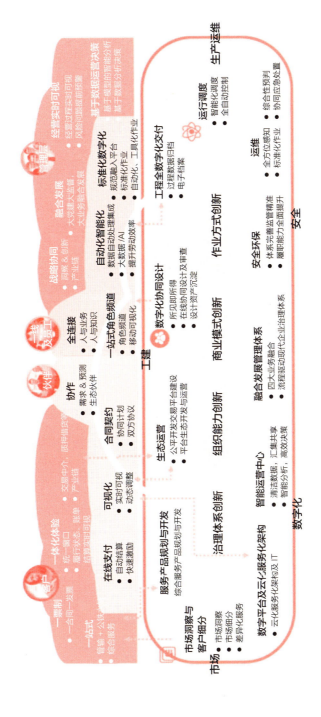

图7-29　国家管网数字化转型蓝图

顶层设计

数字化能力
组织适配、平台赋能
团队塑造、文化培育

基层基础

应用场景

图 7-30　数字化转型逻辑三角

大体系融合奠定基础，探索具有国家管网特色的现代企业治理体系落实落地，将大党建体系融入业务流程，将大监督体系嵌入流程关键节点，建立了一套流程绩效度量指标体系，为流程运营奠定了基础，使流程由开发建设、试点运行转入全面推广运营阶段；构建了集团公司数据治理体系，发布了数据架构，构建集团数据资产，大力推进数据消费，提供可复用、可共享的技术服务能力的数字底座，努力推动数据成为国家管网战略核心资产；构建了三纵四横的技术架构，以及"一个中心、三重防护"的统一网络安全防护体系。应用场景方面，发布了国家管网应用架构，以"服务化建设，可编排可组合，敏捷响应业务需求"为工作思路，全面指导信息技术系统建设、大力构建行业级平台、有序建设统建系统、蓬勃发展低代码应用，"大树 + 小草"的应用生态正在形成。加快培育构建起国家管网的数字化能力体系，包括复合型能力和专业型能力。基于统一的数字平台，面向 4 类用户，聚焦 4 大业务，提升 10 个核心能力，形成数字化文化氛围，加快实现"数字化让国家管网与众不同"的企业愿景。

（二）4A 架构指导数字化转型落地

国家管网集团的数字化转型遵循转型规律，坚持架构牵引，按照国际 4A 架构设计统筹推进。国家管网集团组建了跨业务域的内外部架构专家组，制定了涵盖 5 个关键环节的 140 余项架构评审要素，在前期研究、详细设计、上线验收等关键环节确保架构遵从，实现了 11 个业务域的协同推进（图 7-31）。

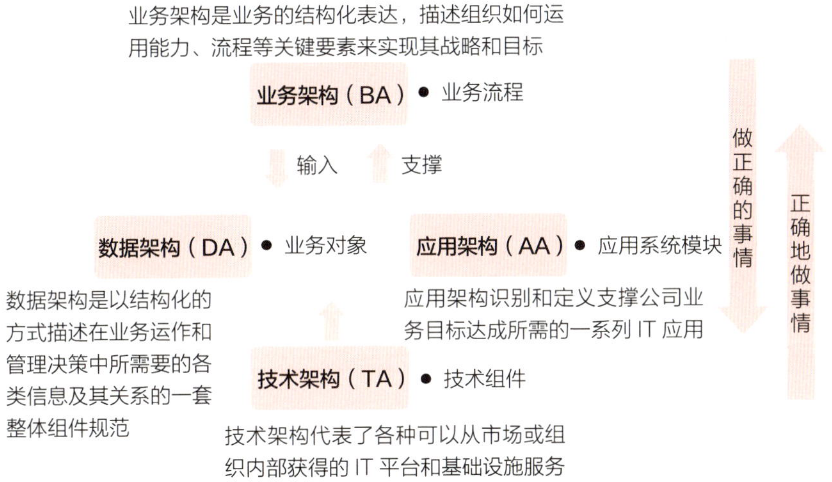

业务架构是业务的结构化表达，描述组织如何运用能力、流程等关键要素来实现其战略和目标

业务架构（BA） ● 业务流程

输入　　支撑

数据架构（DA） ● 业务对象　　**应用架构（AA）** ● 应用系统模块

数据架构是以结构化的方式描述在业务运作和管理决策中所需要的各类信息及其关系的一套整体组件规范

应用架构识别和定义支撑公司业务目标达成所需的一系列 IT 应用

技术架构（TA） ● 技术组件

技术架构代表了各种可以从市场或组织内部获得的 IT 平台和基础设施服务

做正确的事情

正确地做事情

图 7-31　国家管网集团数字化转型

4A 架构为数字化转型提供了系统性、结构化、可量化的思维方法和工具，是战略落地的桥梁，沉淀了企业治理的数字化资产，为解决传统企业的孤岛信息、不拉通等问题提供了很好的方法。

国家管网集团业务架构以流程架构为核心，流程变革是数字化转型起步的第一步，也是区别于传统工作方式的关键一步。国家管网集团以流程为载体，一体推进"大业务、大党建、大监督、数字化"四大体系融合，创新性地采用了颠覆性的、革命性的、具有划时代意义的新工作方法，努力探索具有国家管网特色的现代企业治理模式落实落地。将国家管网集团的业务划分为战略类、价值类和保障类，细分为 11 个业务域，聚焦价值创造，全面重塑国家管网集团的业务和管理流程，实现了"从客户中来，到客户中去"的业务端到端打通，以及"从群众中来，到群众中去"的全面贯通。通过推动流程变革，将加强党的领导与完善公司治理有机统一起来，落实"两个一以贯之"。数据治理体系包括数据政策、数据架构、数据管理、数据应用四大部分。应用架构识别和定义了支撑业务目标达成所需的应用系统，以及这些应用系统的定位和周边应用的集成关系。发布国家管网应用架构，全面指导信息技术系统建设，包含 11 个第一级（L1）产品族、93 个第二级（L2）子产品、530 个第三级（L3）应用模块。技术架构定义了一系列技术组件，代表了各种可以从市场或企业内部获得的信息技术平台和基础设施资源。国家管网集团构建了"三纵四横"的技术架构，"四横"包括平台层、数据中心层、连接层、边缘层，"三纵"包括安全、运维、运营。

（三）坚持数字化转型顶层设计与基层的自主创新相结合

国家管网的数字化转型注重聚焦解决基层业务经营和管理痛点，聚焦提升基层员工的劳动生产力和工作效率，得到了广大基层员工的高度认可和积极参与，从而焕发出欣欣向荣的勃勃生机。在遵循数字化转型顶层设计的同时，坚持数字化场景应用建设紧密围绕基层实际业务需求，发挥基层员工的自主创新能力，充分吸收和消化各个地区公司、场站的优秀创新应用，探索数字化应用成果有偿推广应用机制，促进了基层的数字化创新和成果推广应用。国家管网集团数字化部多次召开全集团范围的数字化成果应用展示大会，围绕数字化转型在创新商业模式、数据消费、提升劳动生产率等方面的价值和应用成效，评选并集中展示了几十个应用成效显著的场景应用。西部管道环焊缝开挖复检应用、北京管道洪水预警预报系统、西气东输计量检定站智能化应用、智能巡检应用、安全作业管理平台等一系列场景应用脱颖而出，并在集团内部进行了推广，取得了良好的经济效益和管理效益。

中国华电：能源行业数字化转型典型实践与模式

国家能源局在《关于加快推进能源数字化智能化发展的若干意见》中指出，要深入实施创新驱动发展战略，推动数字技术与能源产业发展深度融合，加强传统能源与数字化智能化技术相融合的新型基础设施建设，释放能源数据要素价值潜力，强化网络与信息安全保障，有效提升能源数字化智能化发展水平。

中国华电集团有限公司致力于成为主业突出、技术领先、管理先进、绩效优秀、全球资源配置能力强，能够引领全球能源行业发展的世界能源行业领军企业，目前业务已涉及发电、煤炭、科工、金融四大板块。中国华电发布了具有完全自主知识产权的"睿思工业互联网平台"，以能源电力为连接，以工业互联为纽带，链接发电企业、电力集团、科工单位等多方主体，积极推动构建能源企业，乃至构建整个能源行业和工业领域的数字化应用生态圈，最终形成资源富集、多方参与、合作共赢、协同演进的能源行业和工业领域生态，促进上下游产业链协同布局、联动发展，实现跨发电、售电、用电领域，风、光、水、火、核电等行业的一体化业务应用支撑。该平台目前已服务园区数量41个，累计连接工业设备数量132630台，形成工业模型数量152个，输出工业APP数量132个，提升研发设计效率超过20%，降低企业硬件基础设施投入成本不低于400万元，与产业上下游企业形成强大合力，带动产业链上下游企业协同发展。

中国华电在大力推动数字化转型的同时，依托数字化平台技术支撑，围绕新能源远程集控、售电云服务、用户侧综合能效管理等方向精准发力，链接发电、售电、用电等多方主体，在重构电力企业传统信息系统架构的同时，破解信息孤岛，优化资源配置，提升电力行业从传统电厂向数字电厂、智慧电厂的转变，为发电企业生产、运营、管理提供全生态的管控支撑体系。

一、实践背景

2020年4月，国家发改委、中央网信办印发了《关于推进"上云用数赋智"行动　培育新经济发展实施方案》，强调要加快推进中国企业和产业的数字化转型，不断推进数字经济环境下的新业态，深入推进企业数字化转型，打造数字化企业，构建数字化产业链，培育数字化生态。同年8月，国务院国资委发布了《关于加快推进国有企业数字化转型工作的通知》，强调要在宏观上加强数字化基础建设，增强产业创新能力，从数字化转型的关键环节入手，依据数字化要求、企业规模等进行专项资金配比，提升数字化建设的投入产出比，加快中国产业数字化进程。2021年5月，国家发改委等部门发布了《数字化转型伙伴行动倡议》，提出要重点研发企业数字化转型共性技术，设计具有指导性的共性解决方案；开放数字化产品，扩大数字化公共服务，探索数字化资源整合方式，形成数字化资源一体化，提升数字化全链条转型服务能力，共同营造公平、健康的良性竞争环境。

中国华电聚焦发电主业，协同推进煤炭、金融、科工产业，审慎拓展新兴产业，积极推进国际化发展。作为国内领先的能源企业之一，中国华电一直致力于数字化转型和创新发展，通过构建以新能源为主体的新型电力系统，促进了互联网和信息技术与能源生产、传输、存储、消费以及能源市场的深度融合，实现了"发输配售用"全场景数字化和产业上下游融合发力，助力业务高质量发展。

二、场景问题与痛点

传统能源电力行业存在市场规则变化快、生产过程难以精准管控、信息孤岛、异构系统集成难度大、发电企业经济运行整体效益有待提升等在行业整体绿色低碳转型中亟须解决的痛点。

（一）电力市场规则变化快，难实现收益风险均衡

随着电改深入进行，电力市场规则变化快，如何实现售电收益及风险的动态均衡，成为电力公司面临的重要课题。需要综合考虑电力市场的区域差异、市场客户的特性、电力批发和零售过程中的风险控制等诸多因素，建立相应的分析模型。

（二）新能源场站相对分散，运营监管困难

新能源场站普遍地址偏远，交通不便，生活条件差，生产运行管理难度大，区域公司亟须采用数字化手段来实现全区域及各个新能源场站的集中监管，精准管控安全生产、指标管理、生产过程控制等各个方面。

（三）"信息孤岛"数据难以充分发挥价值

传统能源电力企业在运行、检修和管理过程中产生了海量的数据，对这些数据进行充分挖掘分析，优化电力企业运营效率，创新营

销方式，使数据发挥更大的价值，已成为电力企业迫切的需求。但在早期的信息化建设过程中缺乏统一规划，造成多个信息系统孤立运行，未能实现系统之间的数据交互，未能保证基础数据的准确性和一致性，无法实现数据之间的综合关联分析，产生了大量的"信息孤岛"。

（四）多种能源协同度不高，缺少智慧化融合服务

开展综合能源服务已成为传统能源电力企业提升能源利用效率、降低用能成本、推动能源系统绿色低碳发展的重要途径。充分利用互联网和信息技术，实现能源生产、传输、存储、消费与能源市场的深度融合，推动实际物理系统与数字价值创造的有机链接，实现线上线下融合发力，是综合能源服务业务高质量发展的重要方向。

（五）发电企业经济运行整体效益有待提升

部分发电企业建设了能耗监管平台，对机组的能耗指标数据进行了统计、分析，实现了机组的实时运行成本、机组的运行参数历史寻优、实时能耗参数偏线预警；部分发电企业建设了区域水库梯级调度系统，实现了水电优化调度。但总体上发电企业对经济运营工作仍未实行统一规划、分级管理，经济运行工作还有很大的优化空间。

三、实践案例及亮点

（一）实践案例

中国华电集团依托数字化平台技术重构电力企业信息系统架构，围绕新能源远程集控、售电云服务、现货交易决策等方向精准发力，

链接发电、售电、交易等多方主体，统筹电力数据"采、存、管、用"各环节，构建新型电力系统"发、售、用"一体化数字平台，形成"多源融合、云边协同"的新型电力系统整体解决方案，助力电力行业从传统电厂向数字电厂、智慧电厂的转变，为发电企业生产、运营、管理提供全生态的管控支撑体系。通过采用新型电力系统整体解决方案，将客户需求引入电力行业每一个产业环节，价值传递从单向线性关系变成多维协同、多向传递的关系，实现了资源共享和产业联动，是符合产业数字化的运转模式（图7-32）。

图7-32 华电数字中心

在数据方面，建设统一数据平台，打通数据壁垒，实现数据共享；建立基础算法库、专家模型库以及智能模型库，提供高级算法包的开发、封装、验证与优化等手段，支撑指标分析、设备诊断、故障预警等应用；面向优化调度、经济运行等业务场景，提出数据"感知清洗—多维校验—全景耦合"成套关键技术，将零散、冗长、异常、失真的碎片化数据清洗集成，从一维、二维、三维层面反复梳理校验，由"点"及"线"至"面"，整合成高保真、高精度、高分辨率、全景式、全覆盖的信息耦合网络，以数据信息融合和系统平台联动为经济运行提供有力支撑。

在应用方面，基于一体化数字平台打通数据壁垒，研制支撑区域新能源场站统一调度管理、优化运行、故障诊断、状态检修等众多智能化场景应用。基于一体化数字平台研制新能源集控系统，实现边缘计算网关机与场站侧不同品牌和类型的现场监控系统的接口通信对接、数据协议和标准转换、数据采集和通信指令下达；结合不同发电类型场景和具体需求，完成生产数据的抽取、预处理、智能算法选择、模型训练、发布及任务调度，解决新能源领域电力生产和运维中设备性能评估、故障检修维护等场景问题，实现区域新能源场站的统一指挥、统一管理，保证了新能源场站的安全稳定运行（图 7-33）。

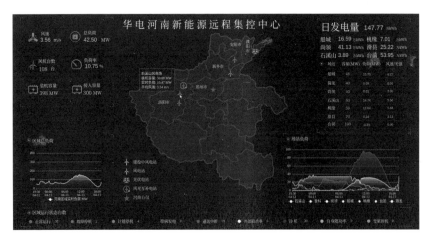

图 7-33　新能源远程集控系统

构建了适应新电改售电业务的电力市场交易系统及综合能源服务平台，精准掌握用户负荷特性，提升负荷曲线拟合精度，提高售电公司用户侧售电代理及现货交易收益；对分布式电源、可调节负荷、储能进行聚合，构建虚拟电厂参与需求侧响应市场；汇集上游发电侧生产运营数据、下游用户侧用能数据和外部市场交易数据，提高市场交易决策能力（图7-34）。

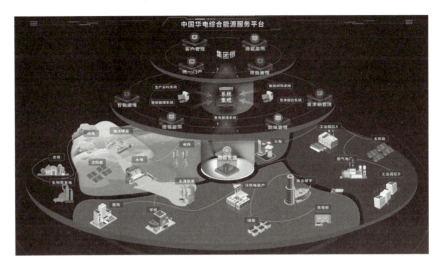

图7-34　中国华电综合能源服务平台

（二）应用亮点

实现面向数字化、网络化、智能化需求，基于海量数据采集、汇聚、分析的服务体系，支撑资源泛在连接、弹性供给、高效配置的工业互联网平台，构建起更精准、实时、高效的数据采集体系，建设包括存储、集成、访问、分析、管理功能的使能平台，以微应用的形式构建集新能源集控、经济运行、购售等各类创新应用的生产运营管理一体化数字平台，最终形成资源富集、多方参与、合作共赢、协同演讲的电力行业生态，主要成果如下：

一是中国华电的一体化数字平台融合物联网技术、大数据存储技术、高级计算和分析技术，重构了电力企业传统信息系统构架，打破了信息孤岛，优化了资源配置，能够为发电企业生产、运营、管理提供全生态的管控支撑体系。紧密围绕"发输配售用"各个业务环节，数字化技术应用上有创新。采用一种云资源协同、业务协同的"中心＋边缘"星型物联网数据采集、存储和计算技术，打通与其他工业互联网平台之间的连接；应用一种基于国密算法和安全审计，首创了全过程访问控制、体系化权限认证的五维立体安全管控技术，满足了数字电厂对平台的物理安全及主机、网络、信息、数据安全的管理要求；通过新能源远程集控系统智能应用和三维可视化技术，实现大量运营指标监控与数据分析计算的能力，所研发的新能源远程集控系统智能应用，为设备运行优化和运维检修提供支撑；开发了一种基于用户侧能源大数据分析的"售电＋能效"业务智能技术，实现了售电侧电力客户分类评价及基于多层决策树的客户购售电策略分析，提高售电公司的用户竞争力；部署了一种基于"数据开放共享、边云智能协同"的综合能源服务智慧应用和信息流与业务流纵横融合技术，实现应用"总部—区域—电厂"从上至下、"发电—交易—用户"由纵到横，信息流与业务流的融合贯通。

二是以绿色化为导向，以数据为驱动的数字化场景应用创新，所覆盖电力企业"发、售、用"各个业务环节，应用成效显著，并具有较大的推广价值。新能源远程集控系统同时面向风电、光伏等多种能源类型的新能源用户，目标市场范围广，竞争优势突出；风电机组能效分析、功率曲线一致性分析、损失电量分析、光伏故障组件快速定位等智能化应用成效显著，通过数字化手段增加新能源的市场竞争力，从而促进绿色化发展经济运行开发煤耗预测、径流预测、短期负荷预测等功能，准确掌握机组能耗特性，研判市场发电形势，构建站间或站内中长期及短期优化调度模型，合理进行负荷分配和经济调度，实现发电企业各类发电资源优化配置、运行方式优化、运行监视和分析评价功能，通过数字化手段节约传统能源消耗，从而加快绿色化步伐。具备在发电集团层面全面推广的前景，有助于整个发电集团的效益最大化。购售电云服务适应多元售电新格局，改变营销管理模式，逐步实现综合能源服务市场的转型，推动了能源互联网的发展进程。

三是基于中国电子的"PK"体系飞腾 2000 处理器、银河麒麟操作系统 V10、达梦数据库、ThunderDB 时序库、TongWeb 中间件完成研制，实现整体国产化率 ≥ 90%，核心软硬件产品实现国产化，核心软件代码 100% 自主研发。

成果先后在中国华电集团十余家电厂试点推广，取得了显著的经济和社会效益。成果通过中电机鉴定，整体可达到国际先进水平，并入选国家工信部 2020 年大数据产业发展试点示范项目；获得 2021 年电力科技成果金苹果奖一等奖、2022 首届国企数字场景创新专业赛二等奖、入选 2023 江苏省重点工业互联网平台等多个奖项奖励。

四、方法论提炼

基于数字化底座，统筹电力数据"采、存、管、用"各环节，构建新型电力系统"发、售、用"一体化数字平台，形成"多源融合、云边协同"的新型电力系统"发、售、用"全流程数字化解决方案。

在"发、输、配、售、用"全场景数字化的愿景牵引下，以成熟的数字化技术驱动典型场景应用的创新实现。采用成熟的数字化底座，制定数字化蓝图，聚焦电力企业典型应用场景，规划支撑相关业务环节的数字化应用（图 7-35）。

1. 制定数字化蓝图：华电集团明确了数字化转型的目标和路径，包括要实现的业务应用、技术实现方案等。同时聚焦电力企业典型应用场景，包括发电、输电、配电、销售和用户服务等环节，并规划支撑相关业务环节的数字化应用。

2. 构建数字化底座：华电集团建设了国际先进的能源领域工业互联网平台，运用包括云计算、大数据、人工智能、物联网等技术，支持电力企业的数据"采、存、管、用"各环节，实现了数据的集中管

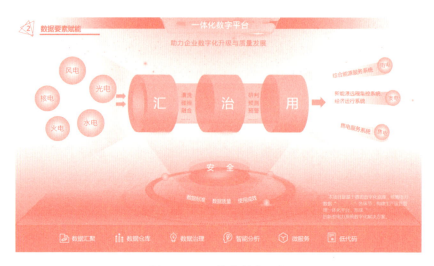

图 7-35　一体化数字平台

理和高效利用，提升了运营效率。

3. 建设数字化人才队伍：华电集团通过招聘和培养具备数字化技能和知识的人才，加强人才的培训和发展，提高员工的数字化素养和技能水平，为数字化转型提供了有力的人才保障。

4. 创新实现典型场景应用：采用成熟的数字化技术驱动典型场景应用的创新实现，例如在"发、输、配、售、用"全场景数字化方面，可以针对不同的应用场景，开发相应的数字化应用，实现业务效率和质量的提升；在智能巡检方面，利用无人机、智能传感器等技术，实现电力设备的自动巡检和故障诊断，提高巡检效率和准确性。

5. 强化安全意识：华电集团在数字化转型过程中，建立了完善的数据安全和隐私保护机制，确保数据的保密性、完整性和可用性。同时，还加强员工的数据安全和隐私保护意识培训，提高员工的数据安全和隐私保护意识。

6. 创新合作模式：通过国家重点研发计划、国家部委科技项目、"揭榜挂帅"等，与其他央企、高校、科研院所以及头部互联网公司等形成联合创新团队，开展关键技术攻关。

7.持续优化和改进：紧跟前沿科技发展，结合新型电力系统业务发展的实际需求，通过不断的试验和调整，逐步实现了数字化转型的目标。

| 第九节 |

京东集团：供应链数字化转型
典型实践与模式

京东集团定位于"以供应链为基础的技术与服务企业"，目前业务已涉及零售、科技、物流、健康、产发、工业、自有品牌、保险和国际商贸等领域。它依托"数智化社会供应链"，持续推进"链网融合"，实现了货网、仓网、云网的"三网通"，不仅保障了自身供应链稳定可靠，也带动了产业链上下游合作伙伴数字化转型和降本增效，更好地服务实体经济高质量发展。京东集团同时提出基于技术、产业、生态的新增长飞轮"TIE"，在内生增长的基础上，通过发展能力生态、业务生态和平台生态来实现可持续的增长。其打造了数智供应链7大解决方案，包括1个数智化基础设施，以及覆盖数智采购、协同研发、智能制造、全域链接、价值服务、供应链一体化全链路的6大业务场景。其核心理念是产业联结、数智创新和生态融合，通过数智供应链建设，企业能够从产业链全局优化效率，以数智技术驱动数实融合，同时联结更多生态伙伴，实现更高效的数字化转型。京东集团目前已经在超过12个重点行业，以及产业平台、产融合作、乡村振兴、双碳治理、综合园区、产教融合、国际业务等领域，实现场景、模式、生态等层面的落地与创新。

一、行业背景

据商务部《中国电子商务报告（2022）》分析，2022年全国电子商务交易额达43.83万亿元，同比增长3.5%。电子商务市场规模增速虽有所放缓，但总体发展势头依然强劲。2022年，网络零售拉动消费增长的作用持续提升，跨境电商促进外贸进出口持续增长，农村电商将助力巩固拓展脱贫攻坚成果同乡村振兴进行了有效衔接，电子商务业态模式实现了迭代创新并与实体经济深度融合，为拓展发展空间、提振发展信心做出了积极贡献，成为稳增长、保民生、促转型、优结构的"强心剂"和助力经济持续恢复的"稳定器"。

目前国内互联网电子商务行业平台主要有京东、阿里巴巴、苏宁易购、唯品会、拼多多、抖音、快手等。2022年，全年商业交易总额（GMV）数据显示，综合电商平台依然是当前电商行业的绝对龙头，份额优势明显，占比高达83%；其次是直播电商占比14%；社区团购占比2%；新零售占比1%。整体来看，互联网电子商务行业保持了高速发展，竞争将更加激烈，并将继续探索技术创新，打造更好的用户体验，强化供应链能力建设，关注和深化可持续发展，以适应不断变化的市场需求。

据尚普咨询集团《2023年互联网电子商务行业市场现状及前景分析》，互联网电子商务行业在2023年将呈现出以下几个发展趋势：①多元化。互联网电子商务行业将涵盖更多的领域和行业，如教育、医疗、旅游、文化、娱乐等，形成更加丰富和多样的产品和服务供给。②智能化。互联网电子商务行业将利用人工智能、大数据、云计算等技术，提升运营效率和用户体验，实现精准营销、智能推荐、自动化服务等功能。③社交化。互联网电子商务行业将借助社交媒体、社交电商、社交内容等平台，构建更加紧密和活跃的用户关系网络，增强用户黏性和信任度。④生态化。互联网电子商务行业将打造更加开放和协同的生态系统，整合上下游资源和合作伙伴，形成更加完善和高效的价值链。

二、场景问题与痛点

京东集团定位于"以供应链为基础的技术与服务企业"，目前业务已涉及零售、科技、物流、健康、产发、工业、自有品牌、保险和国际商贸等领域。作为同时具备实体企业基因和属性、拥有数字技术和能力的新型实体企业，京东集团依托"有责任的供应链"，持续推进"链网融合"，实现了货网、仓网、云网的"三网通"，不仅保障了自身供应链稳定可靠，也带动产业链上下游合作伙伴进行数字化转型和降本增效，更好地服务实体经济高质量发展。

随着市场和业务的不断发展，京东亦面临着多种挑战。首先，消费者需求的不断变化，对产品和服务提出了更高的要求，京东需要不断创新和升级以满足用户需求；其次，京东还面临供应链管理的挑战，物流和仓储成本不断上涨，如何提高效率和降低成本是企业亟须解决的问题。

针对这些挑战，京东需要不断提升自身的竞争力，提高产品品质和服务体验，深化供应链优化和智能化，积极推动创新技术的应用，以及适应市场变化的灵活性，保持竞争优势并寻找新的增长点。

随着数字化转型的深化，京东的数字化战略思考主要聚焦以下方面：

▶ 在消费互联网市场，如何从客户价值和体验出发，打造差异化的竞争优势；

▶ 如何借助现代物流基础设施，深入全链路业务环节，提升整体产业链效率；

▶ 多元化业务集团应怎样锚定业务战略共性，为新业务拓展提供核心能力支撑；

⊙ 打造开放生态，形成融合、共生的发展模式，牵头促进产业链生态圈繁荣；

⊙ 构建灵活开放的数智化能力体系，在服务集团业务的同时，拓展外部科技服务。

三、实践案例与亮点：以供应链为基础，推动用户价值创造与产业效率提升

京东以供应链为基础发展技术与服务，一直秉承着长期主义的发展理念。不管是 2004 年将业务从线下转到线上，以解决交易效率提升的问题；还是 2007 年开始在供应链上持续投入，通过打造自有物流体系，解决产业效率提升的问题，都是京东在业务持续创新发展上的探索和实践。京东的业务一端服务着大量的用户，另一端在不断提升着产业链的效率，所以京东的业务既有消费互联网的特征，又有产业互联网的特征（图 7–36）。

图 7–36　京东数智供应链业务体系

　　京东价值链从最初的营销、交易、售后，到后来的仓储、运输、配送，再到设计、研发和制造，逐步实现了自身业务价值链的打通，并且连接了产业链全链路的供需两端。京东在消费侧和产业侧都围绕着相应的需求痛点开展了大量的业务和创新，也积累了与这些产业链相关的数据和经验，最终在消费侧连接了6亿以上的消费者，在供给侧连接了上百万的品牌制造伙伴，构建了消费互联网和产业互联网双向联通发展的基础。依托供需两端的连接，京东业务的核心一方面是围绕用户价值创造的数字化体验，另一方面是围绕供应链效率的数字化提升，可以认为围绕用户价值创造和供应链效率提升是京东业务数字化的两个核心落脚点。

　　在用户价值创造维度，京东围绕着"人、货、场"三个方面，充分利用了数字化技术，通过数据进行业务创新和重构，为用户带来极致体验的同时给客户提供了相应的价值服务。在技术上，通过全域连接用户，沉淀全渠道用户行为数据，进一步利用这些数据，通过人工智能等工具进行消费洞察、用户画像、精准营销和精细化运营，最终保障了京东用户的持续增长、品类的不断扩充，同时也获得了更多的用户青睐。

　　在供应链效率提升方面，京东围绕运营效率提升建设了完整的一体化智能供应链体系。京东在用户体验方面的差异化优势，实现了从用户价值创造和用户体验提升角度去拉动整个运营效率的创新模式。截至目前，京东在全国94%的区县，84%的乡镇都实现了当日达和次日达，在全国运营了大中小件、冷链等六大网络，有超过1400个仓库，其中有43个是亚洲1号大型智能仓储，实现了对京东全渠道物流履约服务的一体化支撑。在运营效率提升方面，京东除了在实体供应链方面广泛布局，亦在数智化的新型基础设施方面持续提升，通过云计算、大数据、人工智能、物联网、区块链等数字技术在供应链环节持续深入应用，包括智能化的硬件系统、仓配运智慧能力构建，以及供应链中台建设、供应链规划预测等，大幅提升了整个京东产业链体系的供应链效率。2017 年，京东的库存周转天数是 40.6 天，到 2022 年已提升至 30 天，而京东物流实现隔日达、次日达并不是快在配送，而是快在供应链。从前端的客户销售环节开始，直接预测客户的购买情况，然后去向供应商采购，把商品提前调配至离客户最近的仓储。在客户下单后，利用算法提升分拣货打包效率，然后配送至配送站，最后进行末端配送服务。

京东同时提出基于技术、产业、生态的新增长飞轮"TIE"（图 7-37），在内生增长的基础上，通过发展能力生态、业务生态和平台生态来实现可持续的增长。首先是从技术的角度不断沉淀数据，利用数据进行行业洞察并优化算法，同时结合生态能力不断地打造更多平台级的行业解决方案，服务更多的客户，从而又可以获得更多的数据，实现正向循环的 TIE 增长模式。在集团层面，京东成立了技术委员会作为技术领域的最高管理决策机构，负责技术战略、架构体系、人才文化等的统一管理和整体协调。在数字化进程中，沉淀了一套统一的

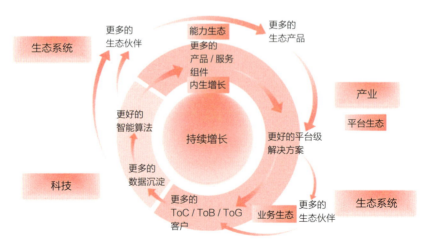

图 7-37　京东技术、产业、生态（TIE）增长飞轮

技术底座，一方面对内支撑各项业务，另一方面各项业务的核心能力不断向技术底座沉淀，依托技术底座对外进行开放的商业化服务。这套技术底座涵盖了统一云底座、T-Pass 技术平台、数据和智能平台、物联网平台、协同办公平台等，整个技术底座经历了"618""双11"的海量业务考验，成为对内支撑和对外赋能的基础设施。

四、方法论：从"上云"到"上链"，数智供应链体系加速产业生态升级

"数智供应链"是京东20年来高效、创新、可持续、跨越式发展的经验总结，无论是京东零售与京东物流的持续创新，还是京东工业与京东健康的孵化发展，又或者是京东科技大规模全栈云的对外服务，甚至是乡村振兴与民生保障的责任承担，都以数智供应链这一模式作为基础。

京东秉持"成本、效率、体验"的行业第一性原则，在全球领先的供应链基础设施之上，在数智供应链三大价值的总体指导下，实现数智创新、产业链接、生态融合，构建起一个有机融合的"1+6+X"应用体系，引领数智供应链的实践和前沿方向（图7-38）。

（一）"1"个数智平台

京东在夯实数智供应链的技术基础上，构建了具有深度技术、深度链接、深度数据、深度认知和深度目的（5D）的数智供应链，其核心是要把握五大关键技术：一是人工智能技术，人工智能在机器学习、机器视觉、自然语言处理方面的革命性突破，能够加快实现供应链的可视化、数字化、智能化，提升供应链运行效率；二是物联网技术，物联网技术的跨越式普及使数字孪生世界成为可能，使现实供应链与数字供应链加速融合，并保持数据在两个链条间的流动和联通；三是

	数智创新				产业链接				生态整合			
	商品与服务 | 数字和实体				需求到供给 | 单点到链网				竞争到共生 | 企业到社会			
"X"个 行业创新	城市	金融	互联网	零售	能源	交通	制造	汽车	教育	医疗	媒体	农业	中小 企业	......

更高效

产业平台 \| 产融合作 \| 乡村振兴 \| 综合园区 \| 产教融合 \| 国际业务 \| ......

领域解决方案

集成

数智供应链

被集成

"6"大 数实能力	**数智采购** 智能采办 | 供应商管理 电子招投标 | 集采商城 可视化协同	**协同研发** 创意设计 | 产品生命周期 产品智能化 | 研发仿真 反向定制	**智能制造** 数智工厂 | 工业互联 生产优化 | 数字孪生 生产物流	**全域链接** 全域会员 | 全渠道数字化 智能运营 | 元宇宙新体验 全渠道一盘货	**价值服务** 客户服务 | 后市场服务 消费互联 | 产业服务 数字化旅程
	供应链规划 | 预测与计划 | 供应链中台			数字化仓储 | 智能运输 | 即时配送	协同办公 | 数字员工
	供应链一体化				

"1"个 数智平台	**大数据 / 数据中台**	**人工智能 / 智能中台**	**区块链 / 隐私计算**	**物联边缘**
	混合多云 公有云 | 专有云 | 混合云 | 安全 | 信创 | AIDC			消费 | 工业 | 边缘 | 5G

图7-38　京东数智供应链能力体系

区块链技术，区块链的共识机制、分布式存储、安全保护机制，在确保供应链数据的可信可靠传播中扮演了重要的角色；四是自主系统，感知技术、定位导航技术和边缘智能技术实现了供应链设备的智能协同，提升了供应链的智能化水平；五是下一代计算技术，下一代计算具有多场景、安全、云边端协同一体化的特性，成为数智供应链的重要基础设施。上述五大技术共同构成了数智供应链的技术底座。

（二）"6"大数实能力

1. 协同研发：敢为第一的智能新品孵化，共创协同研发新模式

截至目前，京东顾客对工厂模式的反向定制服务类别已覆盖超过70个一级品类、900余个三级品类，2000多个品牌，大多数品牌与京东的反向定制合作可实现产品需求调研时间减少75%、新品上市周期缩短67%等维度上的效率提升。

2. 工业互联：国家工业互联网"双跨"平台，推动制造行业升级

京东科技作为数字技术与实体产业融合发展的实践者，提供了面向能源、交通、汽车、家电、机械等22个行业，覆盖全领域的超千个应用和92个解决方案，为201个产业园区、1050家大型企业和近120万家中小微企业提供数字化转型服务。

3. 数智采购：5000万工业品类精细管理，促进采购数智化变革

京东数智采购实践主要包括物资数字化、采购平台数字化、服务数字化和运营数字化四个方面，其中物资数字化方面已实现超过100个品类、5000个以上品牌、5000万以上的SKU，涉及工业品采购、办公用品采购和福利采购等不同场景。

4. 全域链接：5.8亿人的深度链接实践，助力全域用户增长

京东通过长期聚焦品质消费体验，坚守以客户为中心的价值创造理念，获得了越来越多的消费者青睐。截至2021年，京东年度活跃购

买用户达到 5.8 亿。同时京东持续扩大会员权益，不断提高会员客户的满意度，Plus 会员人数超过 2500 万。

5. 价值服务：7.4 亿次的智慧化交互，开拓全旅程价值服务

在 2021 年京东的"双 11"活动中，依托京东的数字化服务和体验管理体系，累计达到了 7.4 亿次的全链路咨询交互，服务了 16.5 万的第三方商家，最终达成了超 3491 亿元的下单额。

6. 一体化供应链：供应链中台融合 6 大网络，构筑全链路基石

经过持续打磨产品，京东已经将十余年供应链管理的经验沉淀到了以供应链中台（订单管理、库存管理、结算管理、车辆管理、物流园区管理）为基础，以智慧供应链平台（供应链控制塔、销量预测、智能补货）为核心的软件产品体系中，并持续对外输出能力，赋能品牌商。

（三）"X"个行业创新

目前京东数智供应链已实现零售、金融、物流、交通、能源等多个行业的实践，有效促进了实体产业的数智化转型和生态发展。未来将会继续拓展数智供应链在多行业场景下的应用规模。数智供应链的发展规模能否壮大的关键仍然在商业应用，在市场结构和商业模式存在差异的不同行业探索新应用场景，总结出数智供应链发展的一般路径，是数智供应链不断创新迭代的必然过程。

| 第十节 |

中国物流集团：物流产业数字化转型典型实践与模式

一、行业背景

近年来，数字中国、网络强国、新型数字基础设施建设等战略政策相继推出，数字经济和实体经济深入融合发展，国家发展改革委、中央网信办联合印发《关于推进"上云用数赋智"行动 培育新经济发展实施方案》，国家发展改革委发布《"十四五"现代流通体系建设规划》，聚焦补齐现代流通体系短板，着眼现代流通体系高质量发展，加快形成现代流通统一大市场，发展现代商贸流通和现代物流两大体系；交通运输部、科学技术部制定了《"十四五"交通领域科技创新规划》，从基础设施、交通装备、运输服务和智慧、安全、绿色维度提出了经济高效智慧物流等 18 项重点任务。数据体系保障日益完善，信息技术领域科技逐步自立自强，为物流领域智慧化建设、数字化转型奠定了良好基础。

中国物流集团有限公司（以下简称"中国物流集团"）作为关乎国民经济命脉、保障和畅通产业链供应链的现代流通行业国家队，"十四五"期间将"数字优企"作为重要战略方针，推进产业数字化、数字产业化，助推产业升级，实施国产化替代，安全护航企业高质量发展，建设世界一流企业，为推进国家治理体系和治理能力现代化贡献力量。

二、行业问题与痛点

党中央、国务院高度重视并大力推动现代物流发展，近年来我国现代物流体系发展取得积极成效，物流规模效益持续提高，物流资源整合提质增速，科技赋能促进创新发展，整体服务质量效益明显提升，对国民经济发展的支撑保障作用显著增强，但部分领域仍存在短板弱项，物流降本增效仍需深化、大而不强的问题有待解决、标准体系建设有待加强、数字化和智能化整体水平有待提升。

（一）物流降本增效仍需深化

全国统一大市场尚不健全，物流资源要素配置不合理、利用不充分。多式联运体系不完善，跨运输方式、跨作业环节衔接转换效率较低，载运单元标准化程度不高，全链条运行效率低、成本高。

（二）大而不强的问题有待解决

物流产业规模大但规模经济效益释放不足，同质化竞争、不正当竞争现象较为普遍，集约化程度有待提升。现代物流体系组织化、集约化、网络化、社会化程度不高，国家层面的骨干物流基础设施网络不健全，缺乏具有全球竞争力的现代物流企业，与世界物流强国相比仍存在差距。

（三）标准体系建设有待加强

物流标准涉及广泛，包含基础设施、自动化装备、包装、托盘、集装箱等专用工具技术标准，包装、仓储、运输等各类作业标准，以及智慧物流、多式联运、冷链物流、绿色物流等领域标准。物流标准化是加快现代物流体系建设，规范行业治理的重要手段，目前我国物流标准体系建设有待进一步加强，需不断健全标准体系，强化物流领域国家标准和行业标准规范的指导作用，发挥团体、企业示范带动作用，培育物流领域企业标准"领跑者"，以标准提升促进物流科技成果转化。

（四）数字化和智能化整体水平有待提升

5G、北斗、移动互联网、大数据、人工智能、物联网等技术在物流领域仍未深度应用，行业数字化和智能化整体水平有待提升。一是物流信息资源缺乏整合共享，行业海量数据仍然面临传输速度慢、动态监测水平低、数据有效性和准确性有待提高等问题，应加强物流大数据采集、分析和应用，提升物流数据价值，借助行业"国家队"力量，加强公共平台建设，研发行业数据产品，服务行业数字化转型与政府监管治理。二是物流应用小而散，企业重复建设仓储、运输、园区管理等各类物流应用，不仅增加了企业成本，且标准不一，亟须搭建数字化、网络化、协同化的智慧物流服务平台，推出一批成本经济、便捷高效的数字化解决方案。三是物流装备智能化程度不高，导致物流各作业环节效率低，应促进自动化、无人化、智慧化物流技术装备以及自动感知、自动控制、智慧决策等智慧管理技术的应用，研发推广低成本、模块化、易使用、易维护的智能装备。

三、实践案例及亮点

（一）实践案例

物流行业是国民经济流动的血液，是保障和畅通产业链、供应链的基础设施。中国物流集团作为综合物流"国家队"，承担着打造中央企业综合物流平台的重要任务，"服务现代流通，保障国计民生"是集团公司的企业使命。在成立之初，中国物流集团就深刻认识到，数字化转型是行业高质量发展的必然选择，也是践行企业使命担当，更好地服务国家战略、服务经济社会发展的必由之路。

在使命号召之下，中国物流集团提出"数字优企"的战略方针，构建数字化体系，加快数字化转型，大力发展智慧物流技术的创新与应用，不断提升业务数字化水平，目前已初步取得成效。

（二）完善数字化基础设施，支撑业务智能化发展

建设"自主可控、技术领先、降本增效、融合创新"的智慧物流云平台，为实现物流数据高效共享、运营协作提供可靠、弹性、高算力的数字化运行环境。平台采用自主可控国产化技术路线，建设云平台管理资源池、计算资源池、存储资源池、网络资源池和安全资源池，提供丰富的基础设施即服务（IaaS），满足各类物流业务的底层信息技术资源需求。平台同时采用可跨多云部署的容器、微服务、开发运维一体（DevOps）等云原生技术，提供一站式的软件开发部署服务，实现物流信息技术架构升级、行业应用部署自动化、创新业务开发高效化，并通过云计算架构的弹性伸缩能力、应用高可用能力保障应用运行的稳定性，降低应用运维的工作量和难度。

（三）构建大数据体系，统一数据资产管理，释放数据应用价值

以中国物流集团数字化体系建设规划为引领，贯穿集团综合办公、经营管控及综合物流服务、供应链集成服务、国际业务服务、物流设施综合服务、物流生态服务五大业务集群，构建先进灵活、集约高效、自主安全的大数据体系，围绕数据要素进行价值挖掘，以数赋

能、以数赋智、以数建生态，打造中国物流集团数据资产核心底座，为集团战略落地提供坚实有力的数字化保障。

一是建立中国物流集团数据管理组织体系，明确归口管理部门，明确组织目标与定位，搭建数据治理各领域制度流程，建立健全数据共享协调机制，形成各部门、各级公司职责清晰、分工有序、协调有力的集团一体化数据管理新格局。

二是建立健全数据标准规范建设，形成数据分级分类、数据安全管理、数据质量管理等管理规范，同时加强数据标准化、元数据和主数据管理，提升数据合规管理水平。其中通过梳理和分析集团已有数据资源，建立了数据标准及模型。

三是建立中国物流集团数据治理体系，包括数据标准管理、元数据管理、质量管理、资产管理、安全管理、数据生命周期管理，全方位保障数据质量、改善数据决策、提升数据可信度、防范数据风险、提升数据价值、赋能业务场景，推动关键业务环节和重点场景的数据应用取得积极成效。

四是建立中国物流集团全业务、全级次的数据平台，统一底层架构、流程体系、数据规范，横向整合各业务系统数据，纵向贯通各级子企业，实现全量数据的采、存、管、算、用，形成对集团仓储、运输、贸易、园区等主要业务系统相关数据的汇总能力、分析能力和输出能力，全面摸清数据资产底数，形成一体化数据目录，充分挖掘数据价值，为提供集团治理能力，实现合规管理并赋能业务创新提供支撑。

五是建立中国物流集团指挥调度平台，实现集团公司各经营单元经营数据的实时展示、生产作业现场随时监控、重大事件及时沟通与应急指挥，从而提升集团公司综合调度能力，为决策提供数据支撑。同时集成生产现场的监控系统，获取现场实时图像，提高决策分析的现场感、精准度（图7-39）。

图 7-39 中国物流集团指挥调度中心

（四）构建智慧物流应用体系，服务现代流通，推进产业数字变革

基于云平台基础设施及数据平台，中国物流集团建立了软件运营服务化的物流行业共性应用系统，向内外部物流企业和社会提供仓储、运输、物流园区以及智慧物流平台等服务，以数字化转型激发企业变革活力，加快发展新业态、新模式，成为行业"赋能者"，从而推进产业数字化发展。

1. 智慧仓储平台

基于"仓储＋互联网"理念构建智能仓储平台，围绕集团跨行业、遍布全球的仓储网络，以及客户资源与业务能力，打造更加智慧、互联、高效、安全的仓储服务能力。基于集团数字中台与数据能力，高效对接产业链、供应链上下游和各类仓储资源，针对细分行业仓储需求痛点和场景构建数字化解决方案，为全行业客户提供流程规范、数据标准统一、快速部署的标准版仓储管理平台，赋能社会仓储企业、整合社会仓储资源、汇聚社会仓储数据。为社会仓储企业提供低成本、精细化的管理工具，结合不同仓储类型应用场景，加强自动化物流装备与人工智能技术的创新应用，提升仓储作业自动化智能化水平，同时建设相关核心子系统，实现加工、配送、期货交割、铁路发运、集装箱等业务功能与仓储功能的紧密集成，提升线上线下的仓储管理能力。

2. 智慧运输平台

基于中国物流集团运输业务资源与能力，向全行业客户提供流程规范、数据标准统一、快速部署的标准版运输管理平台，赋能社会运输企业、整合社会运输资源、汇聚社会运输数据。一是为社会运输企业提供低成本、精细化的管理工具，有效提升社会运输作业效率，降低社会运输管理成本。二是实现对更广泛的社会运输生产经营活动中的货运站场、商品、车辆、线路、人员、收费结算等要素的数字化，构建集团物流大数据基础、支持业务中台建设，提升集团资源整合能力、推进物流产业数字化进程。

3. 智慧物流园区

应用人工智能、边缘计算、数字孪生等技术，对人、车、货、场等环节进行数字化建模，提升作业智能化、无人化水平，打造多维感知的智慧物流园区解决方案；搭建智慧物流园区管控平台、智慧物流平台，优化物流流程和运营，提高物流效率、降低物流成本；构建数字化智能的物流服务体系，打造开放的智慧物流园区生态系统，促进园区物流企业协同实现园区内部资源共享和协同；采用清洁能源、低碳技术和可循环利用的物流模式，推进智慧物流园区的绿色低碳、可持续发展；加强园区内物流企业的安全保障、服务质量和技术水平，提高物流服务品牌，增强园区的竞争力。

（五）应用亮点

通过智慧物流云平台和数据管理平台的建设，打造了一个数字物流的基础设施，通过统一纳管方式，整合中国物流集团内部的基础资源，为集团业务提供了安全统一的云环境，能够加快推动业务上云用数赋智。同时，可以以公有云方式为物流行业企业提供云资源，带动行业应用上云。

数据管理平台与数据管理制度、数据规范的建设，加强了物流数据治理与应用，确保了数据的准确性、完整性和安全性，并提供了统一的数据接口和基础功能，为物流各业务板块的数据提供了共享交换，实现了流程的自动化和业务深度协同，提高了物流的效率和准确性，为集团物流系统的运行提供了强有力的支持。

构建智慧物流应用体系，利用信息前沿技术开展智慧仓储、运输、物流园及央企智慧物流平台建设，整合集团物流基础设施及全过程数据，提升集团智慧物流数字化管理能力及服务能力，不断丰富物流运输、物流包装、绿色物流等智慧物流应用环节，并通过行业云模式向内外部企业提供服务，避免重复建设，优化配置各种物流资源，促进产业链供应链一体化协同发展，打造国内领先的现代化、智慧化综合物流体系，满足国家物流保障、民生物流服务需求。

| 第十一节 |
泰山啤酒：供应链数字化转型典型实践与模式

对于企业来说，如何构建先进的供应链系统，引进高效的数字化物流运作模式，降低生产与流通成本，是提高企业竞争力所必须关注的焦点。泰山啤酒历史悠久，自成立以来始终坚持以短保质期的原浆啤酒为核心产品，将"新鲜"这个关键词做到了极致，因此也对物流运输环节有了更加严格的要求。本案例从泰山啤酒的整体运作流程出发，发现了不同业务环节涉及的部门存在的一系列痛点，明确了物流供应链数字化转型的需求。泰山啤酒凭借第三方的专业性支持，通过物流运输业务标准化建设、搭建数字供应链一体化中台、打造智能调度数字化平台，以及物流人员数字化能力建设等多方面探索，最终实现了数字化转型的目标。

一、行业背景

为了吸引更多的消费者，并提升品牌在啤酒市场的竞争力，泰山啤酒推出了原浆啤酒"7天原浆"的品牌新概念。传统的啤酒流通环节主要为生产企业、经销商和终端门店组成的供应链配送方式，过程极为耗时费力。而新产品则要求 500 千米半径内的门店半天送达，即凌晨 0:00 生产第一瓶原浆啤酒，3:00 开始进行运输，上午 9:00 配送至各门店内，中午时分便让消费者享受到当天生产的新鲜原浆啤酒。

然而，缩短了保质期也意味着更高的调货频率，不仅增加了风险，也提高了人力和物流成本。因此，为了进一步满足"7天原浆"的即时配送需求，泰山啤酒于 2018 年开始自建物流体系。其中，终端管理系统（Terminal Management System）会根据门店地址和货物数量匹配车辆运力、在线派单，司机在运输途中可以随时根据路况更新状态，方便后台管理人员和门店随时看到实时状态，从而更加高效地安排后续的保障工作。

至此，泰山啤酒的智慧物流体系雏形初现。截至 2022 年 9 月，泰山啤酒的线下专营店数量超过了 3000 家。同时，线下店、微信小程序商城、私域社群三大营销渠道的拓宽，也让泰山原浆啤酒实现了营销端的立体连接。2022 年，泰山原浆啤酒小程序的会员数量超 1100 万，较上年增长 365%。

然而，随着互联网时代的快速发展，普通消费场景也从门店消费增加到自由商城与电商平台的消费模式。同时，泰山原浆啤酒在全国3000多家店面每天的需求品种和数量又各不相同，为了进一步提高运输效率，以及保证新产品"7天原浆啤酒"的鲜活口感，泰山啤酒必须对其物流环节进行精细化及规范化的管理。面对企业的战略要求，泰山啤酒急需找到专业且匹配的科技公司来为其提供合适的解决方案，从而在稳固市场竞争力的同时创造出更好的业绩。

二、问题与挑战

（一）整体运作流程

数字化转型之前的业务流程较为复杂，从生产工厂到零售门店，泰山啤酒会经历一系列复杂的业务流程，涉及工厂—批发商—经销商—门店—消费者等角色。图7-40为泰山啤酒的业务流程图，包括门店下单、制订配送计划、装车发运等，下面对具体的运作流程说明。

1. 门店下单

直营门店在新零售系统门店模块下单（下单数据由经销商汇总后提报到工厂），每周提报两次订单，根据工厂对不同地区的要求执行，如北京的下单时间为周一、周四，南京的下单时间为周三、周六。

2. 制订配送计划

物流部调度员将系统内当批次的发运订单进行统计分类，并参照"集中片区、由近及远、卸货点适量、成本最优、兼顾时效"的原则，制订物流配送计划，该环节的业务对接人为物流部调度员、配送主管。

3. 货物的装车发运

物流部将综合"产品灌装先后顺序、配送片区的特殊要求、配送距离的远近、车辆返厂交接物料"等因素，制定"装车顺序表"，成

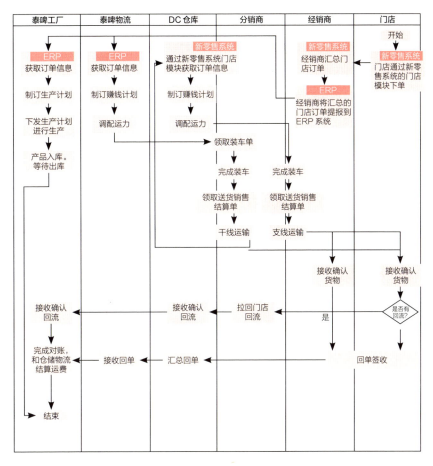

图 7-40　泰山啤酒业务流程图

品库发货人员按照顺序表严格执行物流提货车辆的装车作业，该环节的业务对接人为物流部调度员、成品库发货员、配送主管。

4. 在途的运输监管

泰山啤酒物流在每辆配送货车上安装了定位设备，全程监控承运商的配送行为。同时，泰山啤酒物流推出了微信公众号应用服务，经销商可以通过该公众号实时查看车辆的配送轨迹及卸货点分配情况，该环节的业务对接人为物流调度员、配送主管。

5. 仓储配送中心（DC）分拨

调度员根据工厂提供的订单数据制订次日运输排线计划，同时根据干线车辆到达时间，安排配送车辆提前到场等待。干线车辆到达后，核对货物安排卸车，安排线计划装车配送。仓储配送中心统一预排各门店提货时间，以距离远近为规则预排提货时间，并在门店群里通知，门店根据提货时间自行安排车辆到场提货，所有到货当日完成配送。

6. 货物的签收和物料回运

收货人核对到货无异常后，及时在送货单据上签字并盖章。回瓶业务分为两种方式：①门店自行将空瓶筐罐送至仓储配送中心，与仓储配送中心现场人员交接；②门店收货时与驾驶员交接回瓶，填写回瓶确认单，由送货驾驶员带回仓储配送中心，交给仓储配送中心现场人员。

（二）问题分析

因此从上述业务流程中可以观察到，泰山啤酒在实际生产及运输过程中，从工厂到门店存在着诸多问题。不仅会影响配送时效，同时也会降低产品质量以及在消费者中的口碑。下面我们从不同业务环节涉及的部门出发，以此来发现和分析其存在的问题。

1. 泰山啤酒工厂手续复杂

一般情况下，进入泰山啤酒工厂的车辆需要提前进行预约，以减少入口处登记、检查等烦琐手续，节省啤酒的运输和配送时间。然而在实际管理中，一些临时调配的车辆未能提前进行入场预约，加上工厂暂时没有进行车辆分流的措施，便很容易造成厂区车辆拥堵等问题，延误了啤酒的配送时间。

2. 泰山啤酒物流 / 仓储配送中心标准化程度低

泰山啤酒的物流仓库存在以下问题。一是排线主要依靠人工经验，而人工调度的准确性、合理性、及时性都有待提高。二是支线配送车辆管控能力不足，当车辆限行时，运力调配不及时、高峰期运力不足。三是各个支线上运输过程中的在途信息不可视，以及多点配送缺乏合理有效的路径规划。

从总体上来看，有以下几方面原因导致了上述问题的发生。首先是现有模式及支线订单与车型匹配不足，从而导致了资源浪费、成本增加等问题。其次，针对现有系统无法测算车辆到达时间这一问题，调度员需要自行使用电子地图确定大概时间、安排车辆。最后，订单与车次信息的不明确，使得车辆运输到货后需要反复确认经销商货物在哪个车次，因此增加了卸货的时间成本。

3. 运输流程操作效率低

负责运输线上订单的承运商面临作业流程较为传统、标准化程度低的问题。其中的具体原因主要为：一是暂时没有专业的货物定位技术来实现取货的预约、取放等操作，导致作业流程混乱、操作效率低。二是没有对承运商的车辆进行统一安排与管理，导致前来送取货的车辆发生早到、延迟、集中到等问题。

4. 经销商 / 门店运输成本高

同样，经销商及门店也会存在因订单信息不可视导致运输成本过高的问题。例如无法获取自有订单的提货计划、预计到达仓储配送中心时间、在途信息。同时缺少将货物送达消费者这一环节，导致高峰时期泰山啤酒的配送资源紧张、可用资源较少等问题，影响了"最后一公里"的配送时效，大大降低了原浆啤酒的消费者体验。

因此对于泰山啤酒来说，业务流程效率低、数字化水平有待提高是其目前需要解决的主要问题。为了找到效率最高的发展路径，泰山啤酒提出了一系列解决办法，并从中找到了最适合企业实施的方案。

三、业务分析

为实现"最后一公里"的目标，泰山啤酒搭建了"智能物流调度大平台"，协同供应链上下游系统，建立标准化、精细化、专业化的运输管理规范，有效提升了物流运营中的信息流、产品流和资金流的运作效率，提高了企业对业务风险管控力，有效改善了企业的整体运营效益，泰山啤酒开启了物流供应链数字化转型。其主要从物流运输业务标准化建设、搭建数字供应链一体化中台、打造智能调度数字化平台、物流人员数字化能力建设四方面展开。

第一步，物流运输业务标准化建设。通过"互联网＋物流"整合的思维，将自有运力、合作运力与社会闲散运力进行整合，建立自身的"运力池"。根据运输场景梳理出干线运输、同城运输、支线运输等多种运输方式，针对不同的应用场景匹配不同的运力池，采用分段运输，分段计价，订单一票制的原则进行打造（图7-41）。

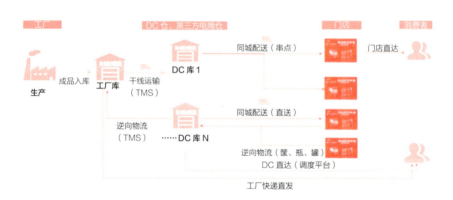

图 7-41　物流运输业务

第二步，搭建数字供应链一体化中台。利用物联网、云计算、大数据、人工智能等技术打通企业资源计划（ERP）、人力资源管理（HRM）、客户关系管理（CRM）、采购管理（SRM）等应用软件，进行统一整合，搭建集订单管理系统（OMS）、运输管理系统（TMS）、仓储管理系统（WMS）、计费管理系统（BMS）于一体的数字供应链一体化中台。通过业务中台建立企业之间与企业内部有效合作模式的集成管理体系，供应链上下游各方的协同合作，实现制造商、供应商、分销商以及仓库、配送、渠道商之间的平台集成、数据交换和运营优化（图7-42）。

图7-42　Arpa智慧物流整体规划

第三步，打造智能调度数字化平台。以城配智能调度为核心，在系统与外部系统的数据对接方面，搭建了一套"接口中心"，实现自有系统与各模块的对接，同时与外部系统实现数据互联互通，所有接口统一汇总在"接口中心"，实现接口下放到底层。基于大数据平台、云计算技术，根据配送的实际需求、地理环境，做出全局最优规划，合理分配车辆，优化配送路线，实现动态优化，为客户提供最佳的配送服务，大幅提升配送时效。

第四步，物流人员数字化能力建设。系统为各链条业务人员根据其所属角色及组织管理区划，配置权限。智慧物流系统平台建设完成后，泰山啤酒对企业内部及承运商、经销商、门店管理人员及全链路物流人员进行了不同层次的数字化能力培训，让系统成为物流人员传输信息的快捷工具而非工作负担。

四、实践案例及亮点

从经营数据来看，2022 年泰山原浆啤酒的销量是 13 万吨，比 2020 年的销量增长了 30% 还多，这是泰山啤酒连续第 5 年实现两位数的增长。这份成绩的取得，除了差异化产品的战略决策之外，最主要的就是数字化、智慧化战略的推进和不断进行技术改造，主要成果如下：

（一）智能调度与线路优化

为满足"新零售"时代多场景消费模式，智能物流调度平台订单中心模块实现了门店订单、应用程序、小程序、企业资源计划等各渠道订单的统一汇总，从而进行统一调度、模块化管理。订单形成后结合平台的运力池进行订单智能分单，快速将订单匹配到各车辆类型。对上游客户以订单为主做订单跟踪、物流轨迹跟踪、对账；对下游承运商以运单为主做跟踪或对账；当订单与运单无法一对一对应时，系统会扩展支持对订单做拆分或合并的调度处理（图 7-43）。

（二）智能装车提高装载率

通过平台同城系统可快速完成订单的配载，有效地避免了车辆空载现象，实现车辆装载率达 95% 以上。智能装车通过最优求解算法来优化货物装箱，保证不同类型、不同目的地的货物合理地配载到一起，减少装货时间，按照既定装货时间完成，提高装卸车效率、装箱率，

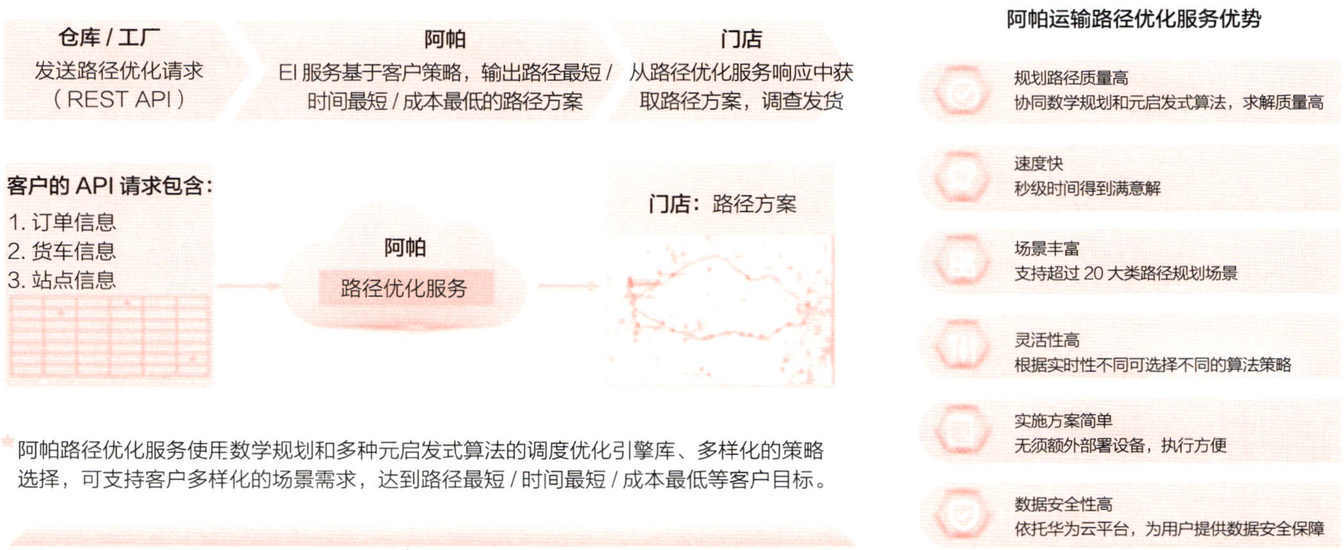

阿帕运输路径优化服务优势

- 规划路径质量高
  协同数学规划和元启发式算法、求解质量高

- 速度快
  秒级时间得到满意解

- 场景丰富
  支持超过 20 大类路径规划场景

- 灵活性高
  根据实时性不同可选择不同的算法策略

- 实施方案简单
  无须额外部署设备，执行方便

- 数据安全性高
  依托华为云平台，为用户提供数据安全保障

仓库 / 工厂
发送路径优化请求
（REST API）

客户的 API 请求包含：
1. 订单信息
2. 货车信息
3. 站点信息

阿帕
已服务基于客户策略、输出路径最短 /
成本最低的路径方案

门店
从路径优化服务响应中获
取路径方案，调查发货

阿帕
路径优化服务

门店：路径方案

图 7-43　阿帕路径优化与优势

阿帕路径优化服务使用数学规划和多种元启发式算法的调度优化引擎库、多样化的策略
选择，可支持客户多样化的场景需求，达到路径最短 / 时间最短 / 成本最低等客户目标。

降低运输成本。

（三）线上签收快捷高效

平台针对货物的无纸化签收进行便捷设计，主要包含以下三种签收方式：①订单在装车完成后，系统会自动推送一条含有验证码的短信，该短信包括车辆信息、发车时间、预计到达时间等信息，货物派送到达后，司机在应用程序上输入客户告知的签收验证码，实现货物的快速签收。②利用收货地址的电子围栏，实现车辆到达后的签收、回单上传。③利用订单系统，在客户发货单上自动生成签收二维码，客户利用微信小程序、公众号等实现扫描签收，后台实现货物的快速交接，生成签收电子回单。

（四）车辆预约有序装卸

通过排队系统的搭建可以实现到 DC 仓提货的车辆根据系统计划进行到库提货，防止干线运输车辆到货后，提货车辆集中到达 DC 仓库，产生车辆拥挤、车辆等待的情况发生，从而提升 DC 仓库的装卸货效率。

五、方法论提炼

泰山啤酒成功地搭建了数字供应链一体化中台，并打造智能调度数字化平台，形成了"协同发展，合作共赢"的全流程数字化解决方案。该解决方案在建设和实施中不断打磨和提炼方法论，为行业内外相关领域提供技术基础，主要涉及以下四个方面的执行方法和技术：

（一）物流配送全链协同

泰山原浆啤酒通过上线数字化供应链中台基座，建立了标准化、精细化、专业化的物流供应链管理规范，实现了拓客、提单、要货、生产排期、物流配送的全链路业务协同在线管理，提升了物流运营中的信息流、产品流和资金流的高效运作，进一步加速了订单履约时效。

（二）物流运输环节降本增效

整合多种运力资源，搭建虎彩、泰山啤酒物流共享运力池，覆盖干线、支线等业务场景，为后续的智能调度提供有力支撑。随着数字化技术在泰山原浆啤酒产销流程中的深入应用，其正面效应日渐显现。官方数据显示，泰山原浆啤酒数字中台上线后，从门店下单到收货的时间平均缩减了 30%，人工成本降低了 50% 以上，单车日均运输量提高了 150%。

（三）基于"互联网 + 物流"的信息整合及平台搭建技术

本着协同共享的思维进行搭建，将平台运营相关的企业、部门进行协同整合，如三方车辆、物流企业、物流配送中心仓库、三方平台等企业，实现信息的实时共享，协助业务各个环节紧密衔接，搭建合法合规的业务运营模式，做到五流五链。

| 第十二节 |

京东方：半导体显示行业数字化转型典型实践与模式

物联网作为数字技术的典型代表，正在成为千行百业数字化、智能化转型升级的关键技术基础。但如何抓住万物互联的时代趋势，瞄准企业自身和行业物联网、数字化转型痛点，打造物联网技术核心能力和管理核心能力，在实现自身创新跃迁的同时，带动更多企业依托物联网加速数字化智能化转型，京东方作为中国半导体显示领域的全球领军企业、现代产业链链长和国务院国资委遴选的"创建世界一流企业"的示范企业，通过自主创新实现全球领军后，在董事长陈炎顺的带领下，秉持"将'屏'集成更多功能、衍生更多形态、植入更多场景"的发展理念，把握产业变革趋势，以场景驱动打造技术和管理动态核心能力，构建物联网产业整合式创新生态，赋能汽车、金融、消费、智慧城市等海量场景和中小企业数字化转型。京东方加速从半导体显示领域的全球领导者向物联网产业的全球领军者跃迁的转型探索，启示了中国企业要面向多元的物联网、数字化转型场景，以场景驱动技术体系、组织管理和运营体系的创新，激发全员创新动能与潜能，打造产业数字化动态能力，赋能细分市场和场景业务发展，领航产业链、供应链韧性创新发展，以场景创新加速中国产业数字化进程，支撑数字中国和科技强国建设。

一、实践背景

抓住数字经济发展机遇，培育科技领军企业，加快实现高水平科技自立自强，成为科技创新强国建设的重要时代任务。京东方作为中国企业自主创新的典型代表，在实现显示业务全球领先后，准确把握住了数智化转型升级的战略机遇和创新管理变革趋势，以"屏之物联"为全新战略定位，通过持续的技术、管理与文化创新，朝着"打造世界一流科技领军企业、成为物联网创新领军者"的目标稳步迈进。

在"屏之物联"的战略引领下，京东方以显示业务为抓手，打造新引擎，迎来新增长，迈向新高地。2021年在全球产业链、供应链"少屏、缺芯、塞港、断电"等困局频现和半导体显示产业步入结构性调整期的背景下，京东方逆势实现指数型增长，总营收规模突破第二个千亿（2193.1亿元），净利润高达258.3亿元，同比增长413%（图7-44）。2022年，面对全球疫情反复、经济承压与半导体显示产业持续下行等多重挑战，京东方依然保持稳定发展和领军优势，上半年度营收达到916.1亿元。一方面，显示业务全面开花：五大主流应用领域液晶显示器（LCD）出货量稳居全球第一。柔性屏（OLED）加速创新，首推Q9发光器件；另一方面，物联网业务也逐渐全面铺开：其智慧金融解决方案为工行、建行、农行等多家银行的近20个省份、2700个网点提供服务，通过智慧银行综合管理平台加速银行数字化和产融结合。智慧零售解决方案覆盖全球超过60个国家的3万家门店，利用人工

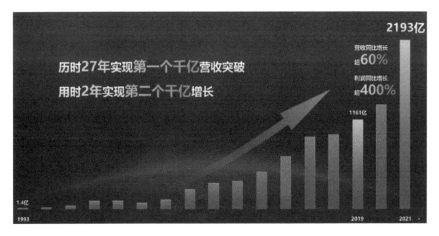

图 7-44　物联网创新转型开启京东方指数型增长

智能打造集商品识别、物联网集成管理于一体的智能营销终端。

京东方物联网转型的创新探索不但具有重要的管理启示，更有助于加快中国制造业数字化智能化转型与科技自立自强的步伐。

二、典型实践案例

（一）前瞻未来，屏之物联领航产业变革

京东方"屏之物联"的战略转型并非一时心血来潮，而是以前瞻思维把握产业革命的重大机遇，基于对物联网产业融合发展的市场特征、产业运行内在规律的深刻认识和企业创新发展的深厚积累，不断深入探索和突破的过程（图7-45）。

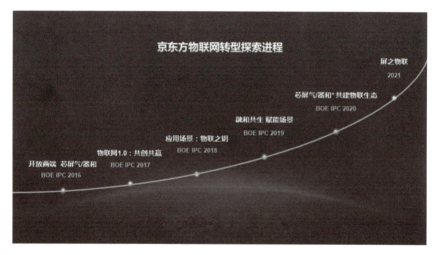

图 7-45　京东方物联网转型探索进程

2021年，京东方进一步提出"屏之物联"的发展战略，即让"屏幕"集成更多功能、衍生更多形态、植入更多场景。京东方也将自身明确定位为物联网创新领域全球创新型企业，这标志着其物联网转型

进入全新的战略阶段。

"屏之物联"战略是对京东方发展之道的传承与超越。在"对技术的尊重和对创新的坚持"的基础上，更加强调抓住数字化时代的发展趋势，通过"1+4+N+生态链"全新战略布局，基于"屏即终端，屏即系统，屏即平台"的全新理念，充分发挥"屏"之核心优势，聚合产业链和生态链资本（图 7-46）。

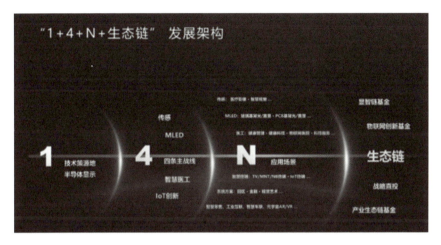

图 7-46　京东方"1+4+N+ 生态链"的物联网转型总体战略架构

（二）专注创新，奠定物联网战略转型坚实基础

京东方的逆袭突围成长史可以总结为"对技术的尊重和对创新的坚持"。初入行业时被日企、韩企等外企围追堵截的惨痛经历，使京东方意识到，"技术进步与产品创新是企业的制胜之道，技术行不一定赢，但技术不行一定输"。因此，京东方自 2003 年收购了韩国现代薄膜晶体管液晶显示器（TFT-LCD）业务，建设了中国大陆首条自主技术的第 5 代液晶显示器生产线，全面启动 25 年战略布局，多年坚持 7% 左右的高研发投入强度，形成专心专注、激励创新的企业制度和文化。

物联网创新中，京东方坚持技术领先、价值共创。一方面，在集团技术中心设立前沿技术寻源组织，跟踪全球未来显示技术；另一方面，以开放包容的心态，联合产业链上下游企业协同开发，推动产学研深度合作。得益于持续的自主创新，京东方连续突破超高清显示、柔性显示、MLED（Mini LED）显示等前沿技术，并于2021年12月正式发布了包括 ADS Pro、f-OLED 和 α-MLED 在内的中国半导体显示领域的首个技术品牌，开创了"技术＋品牌"双元价值驱动的行业发展新模式。京东方目前拥有16条半导体显示生产线，其中包括中国大陆首条自主技术建设的第5代 TFT-LCD 生产线，第6代、第8.5代 TFT-LCD 生产线，实现了中国全系列液晶屏国产化。这16条产线中，还拥有全球首条10.5代 LCD 生产线、中国首条实现量产的6代柔性 AMOLED 生产线等。

（三）场景驱动，构建融合共生物联网创新生态

在战略布局层面，京东方立足显示主业，以应用场景这把钥匙打开物联网价值的创造之门。随着物联网应用场景的涌现，基于业务细分场景的定制解决方案正在取代标准产品和通用平台，成为满足个性化需求、创造价值的有效途径。近年来，京东方以显示开拓应用场景，创新求变，不断丰富拓展技术能力和业务领域，逐步确立"1+4+N+生态链"发展架构，形成了基于显示和传感两大核心能力，向半导体显示产业链和物联网场景价值链延伸的战略布局。

战略执行过程中，京东方凭借其丰富的面板产能资源与知名的市场客户资源、领先的显示技术硬实力与灵活创新的变革软实力、显示产业链的主地位与强大的产业链整合能力等优势，全面构建了人工智能开放平台等技术开发载体；打造以市场和客户为中心的产品企划能力、持续领先的制造能力，以及支撑物联网转型的核心架构能力、软件开发能力与软硬融合系统整合能力，在金融、园区、零售、医疗等

行业实现跨界创新，多领域、多层次地赋能场景。

三、案例模式及亮点

借助物联网加速数字化智能化转型是响应国家发展重大需求、顺应时代变化趋势、符合行业发展规律的全局性与长期性战略转型趋势。作为物联网转型的典型代表，京东方应用整合式创新思想，打造以场景驱动创新为特色，以"屏之物联"战略为引领，以一流技术体系为基础，以一流管理体系为支撑，以一流文化体系为保障的物联网创新体系，实现技术、管理、文化的有机统一，在实现自身转型的同时，领航产业数字化智能化的创新跃迁。

（一）"软硬融合、智能物联"，建设一流物联网创新技术体系

以创新引领发展，始终秉持对技术的尊重和对创新的坚持，通过持续的高强度研发投入，打造一流的物联网技术创新体系，是根植于京东方企业文化中的基因。用技术创新夯实核心能力，使企业时刻拥有竞争锋芒；用技术能力连接现有业务，驱动新兴业务发展；核心能力与业务围绕场景紧密协同、进化共生，构成了京东方业务演变的内在逻辑。

京东方的物联网转型，是立足于显示器件，发力于产品，落脚于场景化应用，与之对应的技术体系也需要支撑器件、整机、系统、平台等多模式多形态的业务需求。确立转型战略后的两年中，京东方专注顶层架构设计，强化物联网业务发展的基础技术底座，逐步形成"软硬融合—智能物联—场景赋能"三位一体的人工智能物联网（AIoT）技术创新体系（图 7-47）。

其中，"软硬融合"强调物联网端口的传感化与智能化，包括以芯片、屏幕、通信、传感等的系统集成，以及嵌入终端的操作系统和各

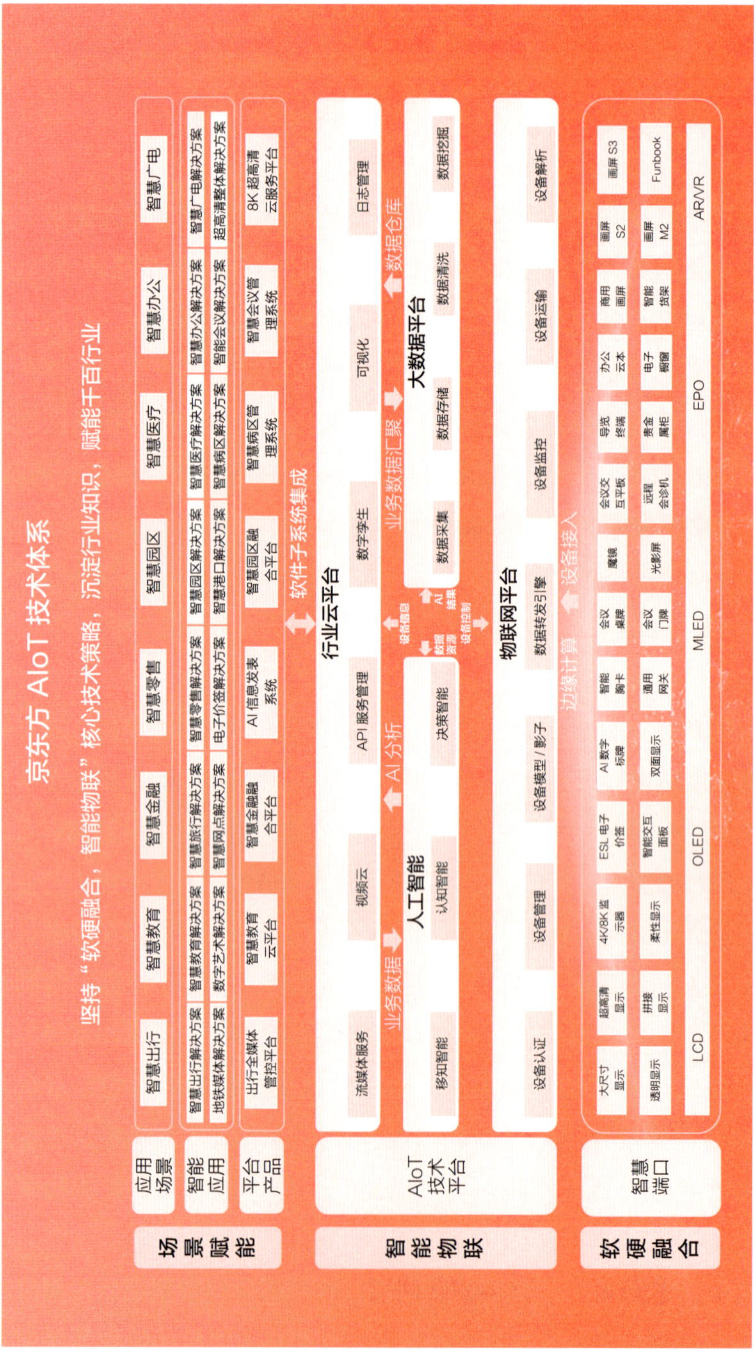

图 7-47　京东方 AIoT 技术创新体系

类上层应用。"智能物联"指以人工智能、大数据、云计算、物联网等技术为牵引，打造以新一代信息技术为代表的技术创新能力。"场景赋能"是注重围绕丰富应用场景，依托产品平台实现核心技术的智能应用。其要义在于通过制造技术与数字技术结合，推动实体经济与数字经济融合，向特定应用场景提供更便捷、更智能、更优质的解决方案，全面形成以半导体显示器件为基石，以新一代数字技术为差异化优势的物联网业务能力。

京东方人工智能物联网技术创新体系以物联网细分领域的需求为导向，以共性核心技术和客制化应用开发为支撑，构建了"软硬融合—智能物联—场景赋能"的三级矩阵式结构，形成了从技术创新到产品创新再到物联网解决方案的全价值链技术创新核心能力体系。"场景赋能"以真实场景需求为导向，赋予了京东方透过场景解决问题的专业能力，为技术创新提供持续动力。"软硬融合"与"智能物联"打造的技术核心能力，则为产品和业务发展提供了保障。细分场景应用、人工智能物联网技术平台、软硬融合智慧端口三者互为依托，相互优化，并推动与重点客户协同开发，价值共创，助力京东方物联网转型获得可持续竞争优势。

"场景赋能"是物联网技术创新体系建设的出发点，也是落脚点。2022 年北京冬奥会开幕式上，点火仪式的巨型"雪花"主火炬台作为复杂的物联网系统工程的代表产品，充分体现了京东方物联网技术创新在国家重大场景中的落地应用。京东方攻克了极窄发光面、异型显示、信号同步等技术难题，打造了这一行业内发光面最窄的单像素可控 LED 异形显示产品。巨型雪花嵌有 55 万颗灯珠，每一颗灯珠都单点可控，出光面仅 4.8 毫米，基于京东方自主研发的同 / 异步兼容终端播控系统，实现了 102 块双面屏幕毫秒级响应；高冗余控制系统进行通信、电路多重备份，在有线控制的基础上，搭配无线控制技术（LoRa），确保信号同步万无一失。

（二）"三横三纵"，建设一流物联网运营管理体系

一直以来，京东方始终贯彻"站在月球看地球"的战略理念，以对行业发展趋势的充分认知为基础，确立长期发展战略和中短期战略目标。而后，打造平台型组织架构和独立运营机制，并基于SOPIC创新组织变革模型将"1+4+N"的战略架构映射到"三横三纵"的管理体系中，将物联网创新战略落到经营管理实处，以敏捷响应、高效协同的组织管理和流程提升应对行业周期性波动的组织韧性。

SOPIC 创新变革由战略（Strategy）、组织（Organization）、流程（Process）、信息化赋能（IT）和内控（Control）构成，以市场牵引、技术领先、产品创新为着眼点。在其指导下，京东方将物联网战略与组织行为有效对接，不仅将运营管理从产线的区域管理升级为整体业务的全球管理，还将业务模式从供应硬件器件转变为提供物联网产品、技术和解决方案。由此，京东方不仅增强了洞察力、整合力、创新力、员工能动性和市场反应力，还提升了专业化、集中化和信息化程度，为物联网创新提供了机制保障。此外，公司还采用了多种先进管理方法来协助 SOPIC 创新变革，如引入面向创新的精益管理体系，将技术创新管理与质量管理有机结合，确保技术创新成果转化为高质量、高品质的成熟产品，实现技术和管理核心能力的协同整合，进而输出数智化产品与解决方案，形成物联网动态核心能力。目前，京东方的精益管理已取得了一系列阶段性成效，包括业务流程优化、管理体系强化、成本风险降低、管理效率提升、"人—财—物"高效利用等。

在长期经营探索中，京东方打造了面向物联网创新转型的"三横三纵"运营管理体系。"三横"包括敏捷前台、集约中台和保障后台，贯彻企业运营管理全过程。敏捷前台即快速应对市场和客户的反应机制；集约中台由技术核心能力、产销协同能力、集成制造能力构成，

包括技术与产品中台、供应链中台、制造中台、品质中台；保障后台为市场营销和运营管理提供支撑保障。"三纵"主要包含纵向贯穿的战略管理、流程管理和绩效管理三大核心职能，构成了贯穿前中后台的垂直管理体系。"三纵"虽是管理职能，但本质上具备服务属性，可推动前中后台战略贯穿与流程互通。其中，战略管理体系将战略目标细化为重要措施和关键项目，分层级落实责任并予以执行、跟进；流程管理体系以控制系统性风险为目的，以严格责权划分和标准化流程管理为手段；绩效管理体系以项目为单位，以执行进度为标准，实行一体化监管，由专门的绩效管理部门设定奖励，再由高层管理者审批。

"三横三纵"运营管理体系重在实现"五个拉通"：业务拉通，即四大业务板块互联互通；产品线拉通，即器件、整机、系统有机整合，形成完整物联网产品和解决方案；产品生命周期拉通，即打通物联网产品从企划、研发、制造、营销到售后的全流程；平台拉通，即内部协同、产品相连和员工互通；机制拉通，即各事业部统一机制。"五个拉通"的本质在于提升物联网转型运营的管理质量和运营效率，最大化企业的价值创造（图 7-48）。

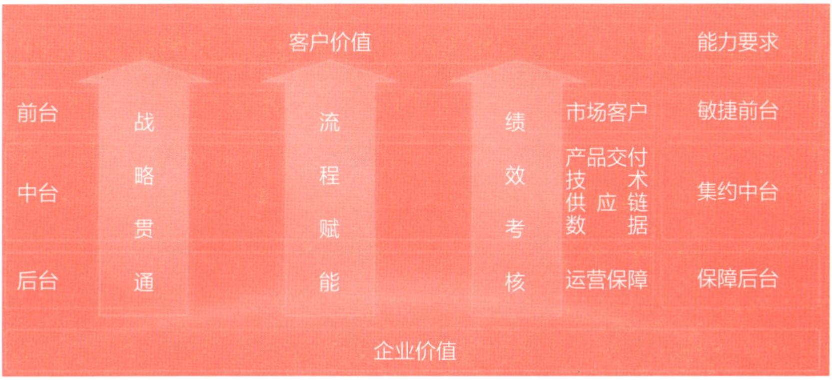

图 7-48 京东方"三横三纵"运营管理体系

四、结论与建议

（一）结论

1. 场景驱动，打造物联网创新范式

场景驱动的创新是基于未来状态的设想与创意，将技术应用于特定领域，进而实现更大价值，获得技术突破，创造未来的过程。场景驱动的创新在大数据等技术密集型产业中能够发挥关键作用，帮助企业通过市场化运作获取前沿技术研发所需的海量数据和商业资源，快速验证待成熟的新技术，找寻潜在的商业模式，在场景实践中实现技术颠覆与商业爆发。

京东方在布局其物联网业务中应用了场景驱动的创新思路，提供了体系化的解决方案。通过场景驱动的管理模式，以 N 类应用场景为抓手，驱动技术核心能力和管理核心能力整合转化为一流的创新服务与价值创造能力，真正解决了特定场景和客户的实际需求与痛点。

公司的多项创新成果已实现了基于场景应用的转化与落地。在视觉艺术场景中，自主研发设计的北京冬奥会巨型雪花装置是行业内发光面最窄的单像素可控 LED 异形显示产品；自主研发的 3290 块手持光影屏系统应用于国庆 70 周年庆祝活动，实现了举世惊艳的动态化广场表演；参编 4 项"百城千屏"超高清视音频传播系统技术标准的研制工作，并率先在北京落地全国首批 8K"百城千屏"建设项目。在智慧金融场景中，智慧网点管控系统已交付 40 余个标杆项目，为全国超过 2700 家银行网点提供服务。

2. "屏之物联"，融通 N 大场景生态链

"屏之物联"是京东方物联网转型的关键，基于此，京东方依托显示、传感、人工智能物联网等核心技术，为出行、园区、金融、零售、教育、商显、展陈、工业等各个应用场景提供智慧化、个性化的物联网解决方案。

以智慧出行为例，京东方以场景驱动型技术为创新，以超大尺寸高清联体智能屏为核心，综合了集成设计、系统板卡、微控制单元芯片（MCU）软件，提供了面向汽车智能化的高质量一体化智能座舱整体解决方案，持续赋能中国新能源汽车从"先发优势"转向"领先优势"。在设计方面，京东方采用背光一体化压铸技术和二合一板卡集成技术，让整体车载显示产品更加轻薄。在系统方面，结合智能传感与物联技术，嵌入式微控制单元芯片软件，使得显示屏能自动调节亮度；包括诊断车载显示功能在内的系统级技术应用，极大提升了用户的智能化驾驶体验。

随着万物互联时代的到来，数字化和智能化的显示产品正加速融入社会生活的各个场景，数智化正在改变汽车等各大传统产业的底层逻辑与生态体系。京东方持续推进智慧车载显示和交互领域的产品创新，携手全球合作伙伴持续打造智慧出行新生态，成为其融通 N 大场景生态链的一个典型实践。

3. 自主开放，建设物联网整合式创新生态

数字化时代，物联网技术创新和应用强调协同共享，要求企业突破传统组织边界，构建开放式的创新网络，实现从自主创新到基于自主的开放整合式创新转型。因此，在物联网转型战略的引领下，京东方重点打造了全新的产业合作平台——智慧系统创新中心。通过搭建软硬融合技术开发平台、国际人才交流与培训平台、新型材料与装备产业转化平台、产品与服务营销推广展示平台、开放式技术与市场合作平台五大平台，推动芯片、显示器、软件内容、功能硬件等物联网要素融合，构筑资源共聚、信息共联、机会共创、价值共赢的场景驱动型物联网整合式创新生态，使技术研发重自主，对外开放有底线，多方合作有章法，版图拓展有方向。一方面，京东方继续将自主创新摆在创新战略的制高点，潜心钻研物联网系统架构和人工智能与大数据底层技术架构，在显示、传感、人工智能、大数据等核心领域加快实现技术突破，掌握自主知识产权，领航产业价值跃迁；另一方面，坚持开放共赢和协同整合，

积极扩大自主技术体系的全球影响力。从而完成由重资产向轻资产、由硬件制造向解决方案、由资本牵引向智力牵引的三个重要转型。京东方为全球企业和品牌加快生态化转型提供了实践启示，更为物联网行业提供了生态品牌建设的全新范式（图7-49）。

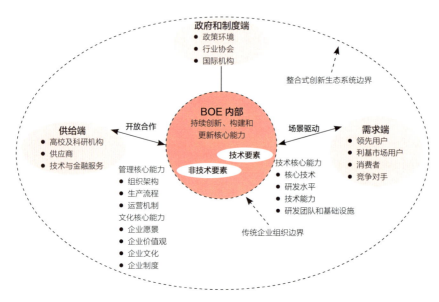

图7-49　京东方场景驱动的物联网整合式创新生态系统

为了融入全球技术话语体系，在国际市场实现持续突破，京东方积极与高校科研院所深度合作，强化颠覆性技术的前瞻布局能力；与同行业巨头开展战略合作，形成平台型互补资源；牵头推进国内外技术标准制修，提高在行业标准制定方面的话语权；在合作基础上开放专利，合理应用成熟技术方案，既从他人的成熟先进技术中获利，也为世界技术体系的发展贡献力量。

（二）发展建议

如今，京东方建立了支撑物联网数智创新的一流技术、管理和文化体系，并以"屏之物联"理念透过现象看本质，把握物联网行业发展规律，抓住场景驱动的创新机遇，构建起场景驱动的物联网整合式创新生态，努力成为全球物联网创新领军者。

后续，京东方仍有许多愿景要去实现：如何建设场景驱动的新型物联网创新生态，提升数字化创新生态治理能力，持续深化技术、管理和文化体系的协同整合和动态更新，真正实现"五个拉通"，加速京东方向全球物联网领军者迈进；如何实现京东方人才能力的二次跃迁，打造适配物联网转型所需的"战略创新型人才"和创新梯队，有效支撑乃至领航企业的创新跃迁；如何激发全员创新活力，强化一流创新人才引领一流创新体系和创新机制、一流创新体系和创新机制赋能一流创新人才效能发挥的良性循环；如何发挥产业链链长优势，打造产业数字化动态能力，在保障产业链、供应链安全稳定和韧性增长基础上，探索形成扎根中国、引领全球的物联网创新模式，为全球物联网发展贡献中国智慧等。

新征程、新挑战、新机遇，这也要求京东方在复杂多变、模糊不定的环境中强化组织韧性，在坚定自主创新的基础上，进一步重视场景驱动的创新范式机遇，打造产业数字化动态能力，持续赋能产业链、供应链韧性发展，引领共创、共生、共赢的物联网时代产业生态新模式。

| 第十三节 |

北京城建：工程管理数字化转型典型实践与模式

数字化转型是建筑产业高质量发展的新引擎，已成为众多建筑企业的共识。作为北京市建筑业的龙头企业，北京城建集团将自身定位于"国际知名的城市建设综合服务商"，业务涉及城建工程、城建地产、城建设计、城建园林、城建置业、城建资本、城建文旅、城建国际、城建服务等九大产业，从 20 世纪 90 年代起已踏上数字化信息化的道路。其中，以施工项目为核心的智能建造是其关键发力点之一。以北京城市副中心行政办公区项目的建设为例，北京城建集团创新性地探索了应用建筑信息模型（BIM）技术，引入广联达的 5D 建模（BIM5D）产品，搭建项目智慧建造平台，提升项目的精细化管理水平，创造了冬季施工地上结构"四天一层"的建设速度，助力项目实现保工期、保安全、保质量的目标。

一、行业背景

从党的二十大到全国两会，都明确提出"促进数字经济和实体经济深度融合"，"数实融合"成为时代热词，甚至写入了《数字中国建设整体布局规划》。聚焦住建领域，"举全行业之力打造'数字住建'"的提出，为住建行业各领域加快数字化应用、开展"数实融合"指明了方向。作为住建行业的重要组成部分，建筑业的数字化转型早已是大势所趋。不论是《"十四五"建筑业发展规划》，还是智能建造试点城市系列文件，都将数字化转型摆在了重要位置。

对建筑企业而言，数字化转型是建筑产业高质量发展的新引擎，已经成为行内共识。根据《建筑业数字化转型应用报告（2022）》的数据显示，超过 84% 的调研对象认为建筑业企业应该推动数字技术应用，进而推进企业转型。工程项目管理是建筑企业的业务原点，以数字化转型提升工程项目管理的精细化水平已成为重中之重。北京城建集团作为北京市建筑业的龙头企业，持续发力以施工项目为核心的智能建造，在北京城市副中心行政办公区项目中积极探索数字化应用，最终交付了一个高质量的智能建造精品项目。

回首大时代工程带来的转型契机，规划建设北京城市副中心与河北雄安新区形成北京新的"两翼"，是以习近平同志为核心的党中央做出的重大决策部署，是千年大计、国家大事。作为北京城市副中心先期启动的重点项目，北京城市副中心行政办公区项目（下文简称"行政办公区"）位于北京市通州区潞城镇，占地约 6 平方千米，建设规模约 380 万平方米，是副中心行政办公功能的核心载体，也是市属党政机关单位搬迁的主要承接地，更是落实京津冀协同发展战略的标志性工程，可谓是"时代大工程"。

北京城建集团承担了一期工程的建设重任。一期工程建筑面积共 123 万平方米，主要为北京市委、市政府、市人大、市政协"四套班子"和部分委办局办公楼。自启动伊始，行政办公区一期工程就严格按照"世界眼光、国际标准、中国特色、高点定位"的要求推进建设。

重任在前，举步维艰。不论是工期、规模、管理协调，还是工程技术难度，都成了摆在眼前的一道道难题。但对北京城建集团而言，这样的标志性工程项目，也为探索工程管理的数字化转型提供了很好的契机。

二、场景问题与痛点

工期紧是首要难点。以 A1 项目（未来北京市委办公所在地）为例，36 万平方米的施工现场，31.5 万平方米的建筑面积（地下 2 层，地上 7 层，局部 11 层），业主给出的结构封顶最后期限是 2017 年 3 月中旬，而基坑施工图确定下来后时间已非常紧张。

规模大导致设计变得更多。由于工期紧，留给设计的时间更短，加之工程规模大，结构复杂，涉及专业众多，导致图纸变更非常频繁，版本统一更新难。

　　管理协调难。项目参与单位多，单项目达到 35 个分工工程单位，总承包管理与协调的工作量极大，遇到问题时，很难实现及时反馈沟通。

　　工程难度高。超高超大空间多，弧形斜屋面节点复杂现象突出。仍以 A1 项目为例，主体结构超长，达 160 米；超高，达 40.5 米；超大，达 6300 平方米。另有超限结构 20 多处，对模架搭设提出了较高要求。

　　针对众多难点，北京城建集团明确了目标导向、需求导向与结果导向相结合的基本原则，即以"安全零事故、质量零缺陷、环保零超标、工期零延误"的管理目标为指引，满足指挥部、工程办、项目部三个层级项目的管控需求，真实、及时、准确、全面地掌控项目各标段过程动态信息，最终实现保工期、保安全、保质量的目标。

三、实践案例、亮点

（一）积极探索创新，引入数字工具

　　项目部创新性的探索应用建筑信息模型技术，引入广联达的 5D 建模产品，搭建项目智慧建造平台，提升项目的精细化管理水平。作为智能化分析平台，广联达 5D 建模以进度为主线，聚焦施工过程管控，涵盖了设计成果管理、质量、安全、劳务、物资等方面的集成预算与实际数据，充分利用建筑信息模型、云计算、物联网等技术，促进了工程项目全生命周期信息化管理和质量效率的提升（图 7-50）。

图 7-50　BIM5D 支撑工程项目全过程管理

（二）项目管理全过程的数字化

1. 施工管理目标

根据项目特点进行施工部署和技术质量控制，实现三维施工场地布置及立体施工规划；根据技术交底时需要注意的项目中难点细节、多造型钢结构的精准安装等，制定相应的技术方案，实现可视化直观精确的施工方案交底；对于项目协同管理及现场施工管理等制定管理机制，如进度模拟、繁杂资料与众多单位人员的协调管控等。

2. 人才培养目标

培养建筑信息模型建模人才，能够独立建立土建、机电、装修等专业模型；培养建筑信息模型管理人才，能够协调项目参与各方事务，通过平台实现协同管理。

3. 标准化建设目标

首先，实现制度建设标准化，包括管理制度标准和信息使用制度标准；其次，实现信息资源标准化，规范各系统产生的数据，包括建筑信息模型数据、视频数据、图像数据、文字数据、图纸数据等；最后，实现流程标准化，统一技术执行动作。

4. 新技术应用探索目标

新技术应用探索目标：采用以"互联网＋"为代表的信息化手段，探索甲方多项目智慧监管平台，对多项目的进度、设计、质量、安全、劳务、物资等事项集中监管；并且实现了基于现场数据的统计分析，从而进一步提升了工程监管能力。

（三）推动全过程数字化应用

1. 施工策划

对施工方案模拟进行了重新定义，可以让项目管理人员在施工之前提前预测项目建造过程中每个关键节点的施工现场布置、大型机械及措施布置方案，还可以预测每个月、每一周所需的资金、材料、劳动力情况，提前发现问题并进行优化。通过节点可视化方案模拟交底，实现复杂节点施工、技术方案的模拟，优化施工方案，进而可以直观地指导现场施工。

以 A1 工程为例，根据建筑信息模型系统的模拟策划，A1 工程被分为东、西和中三个大区，中区主楼又分为南北区，四支施工队伍各在一个区施工，面积均为 8 万平方米左右。地下结构分为 61 个流水段，地上结构分为 39 个流水段，机械设备布置和人员布置均显示其中。基于建筑信息模型技术实现了流水段划分与进度计划的关联，通过进度模拟直观地呈现出施工进度。通过计划进度与实际进度对比，及时分析进度偏差，节约工期 15 天，有效解决了体量大、工期紧的问题。

2. 进度管理

施工中将进度计划直接导入建筑信息模型软件内，逐级深入，深挖各标段各单体进度详情；打通总、月、周进度数据，以周为周期进行进度管控；实现项目管控的实时跟进，达到事前计划、过程管控、事后分析总结的目的。通过建筑信息模型应用，提供任务的每日跟踪、成本的人料机记录汇总、质量安全问题的记录跟踪。事后分析，可以直接将过程数据输出到周例会上，形成演示文稿存档或者汇报文件，也可以输出到数字周报。除了数据的输出，进度数据同时会反馈到月计划、总计划，对总计划的实际进展情况有一个真实的展示，协助项目部抓住核心节点，解决项目的进度问题（图 7-51、图 7-52、图 7-53、图 7-54）。

图 7-51　平台进度管理一级界面

图 7-52　平台进度管理二级界面

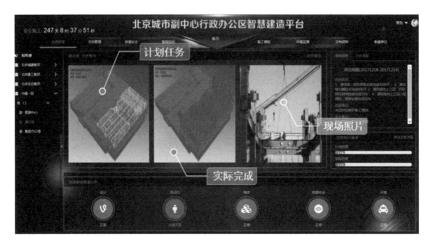

图 7-53　平台进度管理三级界面

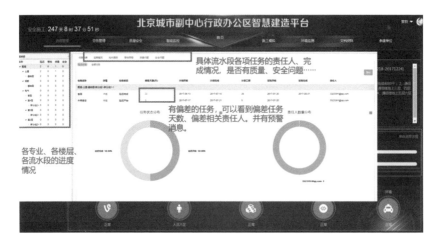

图 7-54　平台进度管理四级界面

同时，在常规的进度总体控制以外，还可以结合预算与实际数据进行智能分析，一旦发现施工现场的进度有延误，系统会发出预警提示，项目部将采取措施及时调整，找到进度延迟的影响原因（图 7-55）。

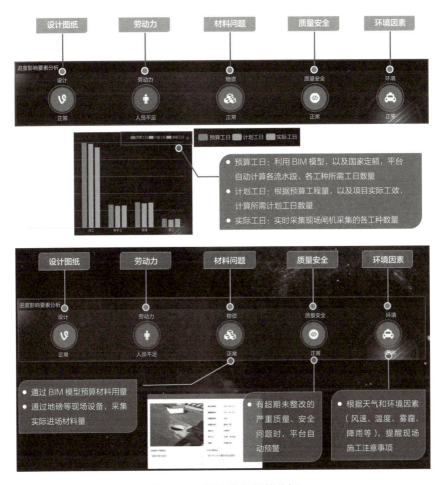

图 7-55　平台数据智能分析

在进度报量方面，5D 建模物资查询功能可以对多维度进行物资统计，解决了多个分包、多维度进度报量的难题，实现多个专业的快速提量，节约预算工作量 20%，有效提高了工作效率。

3. 劳务管理

以 A1 项目为例，高峰时期有 6000 名工人，借助平台，可实时汇总现场闸机数据，实时统计每个标段的在岗施工人员数量，同时获取工人的基本信息、安全教育、人员考勤、人员工作记录监管服务、人员综合查询等，补充了现场管理漏洞，解决了监管覆盖不全面、不到位的问题。结合劳务管理系统，能自动生成花名册、考勤表、工资表等，考勤表对每天工作时间的统计可精确到小时，为劳务费的"月结月清"提供了数据支持（图7-56）。

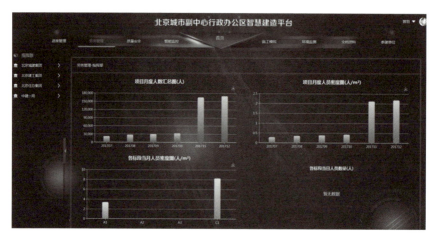

图7-56 平台劳务管理界面

4.质量安全管理

基于平台，集成各个项目部的现场质量安全应用，可以对工程质量实现安全监管。同时，集成建筑信息模型技术，结合移动终端设备，可以即时将现场涉及质量、施工管理方面的照片传输到建筑信息模型对应的位置上，实现线上发现问题、提出问题、整改问题、销项问题的闭环管理，使得项目现场问题的沟通效率大幅提高，实现迅速及时协调解决紧急施工问题，确保施工生产安全有序进行（图7-57）。

此外，施工区域全覆盖监控，实现360度可视化管理。集成各个施工总承包单位的视频监控系统，实现施工区域全覆盖监控，实时掌握施工现场情况，并通过客户端和浏览器对所辖区域的任一摄像机进行控制，如高位定点拍摄服务、重点区域监控服务、视频对话服务等，

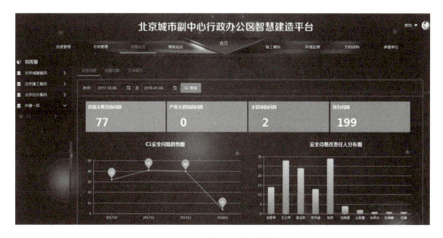

图 7-57　平台质量安全管理界面

从而实时动态掌握工程生产调度、施工质量和安全文明施工等情况
（图 7-58）。

图 7-58　平台智能监控界面

5. 环境监测

由于项目在冬季施工，对天气等不可控环境的监测尤为重要。借
助平台，可预警环境因素对现场施工的影响。集成天气实施数据以及
现场噪声扬程实施数据分析对施工的影响，保障项目部及时调整施工

安排（图 7-59）。

图 7-59　平台环境监测界面

6. 协同管理

借助平台，实现数据实时同步，推动多参与方协同，提升现场沟通效率与管理效率（图 7-60）。

图 7-60　平台全参与方管理界面

（四）项目亮点

1. 看得见的实施成效

工期达。行政办公区一期工程自 2016 年 6 月底破土动工，到 2017 年 1 月底全面封顶。以前文提到的 A1 工程为例，单项目达到 61 个地下结构流水段，且只用了 92 天就完成了全部主体结构，创造了冬季施工地上结构"四天一层"的建设速度。

成本省。项目通过建筑信息模型三维建模、可视化交底，对关键部位进行质量把控。对工程量进行精细化计算，采用限额领料等措施，对超出的用量进行追根溯源。如 A1 通过场布模拟策划，将整体基坑分隔形成三个基坑，每区之间硬化出 42 米的中间带，形成两条运输和施工的关键线路，经测算仅此一项调整就可缩短工期 30%；B1、B2 工程通过各专业深化设计检查出碰撞检查点 8129 处，缩短工期 35 天，减少成本损失 750 万元。A3、A4 项目应用建筑信息模型技术后综合效果比目标值提高了约 5 个百分点，实现了结构施工 84 小时一层楼，累计节约成本近 300 万元。

项目优。各总包单位获得了北京建筑信息模型应用标杆项目称号，同时在"中国建设工程 BIM 大赛"等各项比赛中获得优异成绩，并带动公司其他项目推广使用建筑信息模型技术。

2. 探得到的项目数字化管理启迪

（1）重视新技术应用。数字技术的发展日新月异，对于传统工程项目管理的难点与痛点，企业要勇于引入数字化的手段，只要适合工程项目的管理需要，建筑企业要敢于尝试创新，助力打造精品工程、示范工程。

（2）建立技术标准指引。制定建筑信息模型标准及管理方法，如包括钢结构的建模标准、建筑信息模型管理标准、建筑信息模型技术应用实施方案、土建模型标准指南、建筑信息模型建模工作流程、机电建模标准指南、机电三维深化设计方案在内的相关技术标准。

（3）重视建筑信息模型人才培养。培养出能够独立建立土建、机电、装修等专业模型的 BIM 建模人才；培养出能够协调项目参与各方事务，通过平台实现项目协同管理的建筑信息模型管理人才。通过构建这样一批建筑信息模型应用骨干人员，为各总包后续项目的建筑信息模型推进积累了人才。

（4）以标准化促协同管理。制度建设标准化。包括管理制度标准和信息使用制度标准，一是使整个副中心项目部自身管理制度的标准化，明确管理流程、岗位职责，做到有法可依。二是使信息化制度标准化，建立信息化培训和考核制度，保证信息化系统的正常运行。

信息资源标准化。规范各系统产生的数据，包括建筑信息模型数据、视频数据、图像数据、文字数据、图纸数据等。一是统一项目分解结构、项目组织机构编码、文件编码与结构等基础性编码。二是建立业务数据标准和接口标准，支撑监管平台与项目部各业务系统的数据交换。

流程标准化。统一技术执行动作，包括数据采集方法与硬件设备规格技术指标要求、网络传输信息共享要求、各级平台系统对接要求、BIM 模型建立和使用要求等。

| 第十四节 |
智慧政务平台：智慧政务数字化转型
典型实践与模式

智慧政务是一种利用人工智能、深度学习和大数据分析等技术的综合政务管理新模式，是政府管理效能和公共服务质量提升的必然要求，同时也是推动政府行政管理现代化和智慧化的重要推动力量。智慧政务的典型实践涵盖政策解读、公文写作、自动审核、政务客服、流程优化和决策支持等方面，目标在于提高政府的管理效率，加强政府与社会之间的互动合作，推动政府行政管理向数字化和智能化方向迈进。智慧政务系统建设能够替代政府和企事业单位的重复烦琐工作，比如，经验积累和学习、资料查找、公文撰写、内容填报和审核等事务性工作，帮助相关人员将更多时间和精力投入到业务流程思考、设计和规划等具有创造性或管理性质的工作中。通过全方位加强政务系统的自动化和智能化建设，提升政府和企事业单位的管理水平和行政效率。

一、行业背景

随着信息技术的快速发展，智慧政务已成为政府数字化转型的重要方向之一。智慧政务平台是一种基于云计算、大数据、人工智能等技术的智能化政务服务平台，可以帮助政府部门提高政务工作效率、提升服务质量，同时也可以为公众提供更加便捷、高效的政务服务。我国一直致力于推进数字化转型，智能政务系统建设也受到了高度重视。2018 年，国务院印发了《关于深化"互联网＋政务服务"推进智慧城市建设的指导意见》，提出了加快智慧政务建设的总体要求和具体措施。智慧政务的建设背景主要有以下几方面：

首先，政务信息化建设的需要。随着信息化技术的不断发展，政府部门需要借助信息技术来实现政务工作的数字化、网络化和智能化，以提高政务工作的效率和质量。智慧政务平台可以为政府部门提供全面的信息化支持和服务，帮助政府部门更好地治理社会和服务公众。

其次，政务大数据应用的推动。随着政务系统数据量的不断增加，政府部门需要借助大数据技术来进行数据分析和挖掘，以便更好地了解公众需求和社会动态，制定更加科学合理的政策和管理措施。智慧政务平台可以通过大数据分析和挖掘，为政府部门提供更加精准的数据支持、智能审核、辅助决策等服务。

再次，人工智能等新技术的驱动。近期，大模型等先进技术成为世界科技领域的热门话题，其在政务领域也有着广泛的应用前景。智慧政务平台可以通过大模型、自然语言处理、语音识别、图像识别等人工智能技术，打造政务智能客服或数字虚拟人，为社会公众提供更加智能化、人性化和高效率的服务和支持。

随着社会的进步和发展，社会公众对于政务服务的要求也越来越高。智慧政务平台将会成为各国政府重要的发展渠道之一，可以为公众提供更加便捷、高效、安全的政务服务，满足全社会的需求和期待，提升政府的公信力，推进国家治理体系和治理能力现代化。

二、场景问题与痛点

当前，智慧政务平台的建设过程中面临各级政务系统标准不完整、有冲突、不统一，业务管理颗粒度差异、覆盖不全面，数据标准不一致、未完全共享等问题。智能化应用面临无法充分发挥政务大数据价值，数据无法辅助决策，未形成知识共享，公文办理效率较低等实际问题。因此，通过推进智慧政务平台建设，引入人工智能、大数据、自然语言处理、大模型等先进技术，从知识查询、政策解读、数据应用、辅助决策、智能审核、公文辅助等方面进行提升，开展政务大数据智能化应用，发挥政务数据资源价值，才能解决这些痛点问题。

痛点一：公文写作和审核效率较低。

公文拟写和审核是政府公务人员的重要日常性工作，起到承上启下、统筹全局、承内联外的核心作用。当前政务办公场景中的公文处理环节也面临着写作和审核效率较低，信息共享困难，智能化水平不足等痛点问题。首先，公文写作效率较低。政府部门要频繁地撰写各种公文，但由于缺乏高效的写作工具和流程，导致公文写作的时间和人力成本较高，影响整体工作效率；其次，公文审核效率较低。政府部门需要对大量公文内容和格式进行审核和审批，以确保其准确性和合规性。然而，由于审核人员不足、相关信息查找烦琐等原因，导致公文审核的时间长、效率低。最后，公文质量问题。部分公文仍存在语言不准确、逻辑不清、格式混乱等问题，影响政府的形象和公信力。

痛点二：政策解读、传达和执行过程易产生偏差。

政策文件制定下达后，在后续的传达和解读过程中面临被篡改或误读，以及政策解读信息传达共享不顺畅等问题。目前政策信息处理的整体技术水平仍相对较低，将区块链、信息处理、人工智能等先进技术应用于政策智能解读，建设可信政策智能解读系统，确保政策传达流程的安全可靠，避免由于解读人员和内容的权威性和准确性不足，造成政策传达和执行过程中产生偏差。

痛点三：海量政务大数据价值无法充分发挥。

政务大数据是指政府在行政管理、公共服务等方面所产生的大量数据。这些数据的收集和整合对于政府决策、政策制定和社会管理具有重要意义。然而，目前我国政务大数据的应用还存在诸多问题，包括数据来源繁多、格式不统一、质量参差不齐等，导致政务大数据的整合应用面临较大困难。除此之外，由于缺乏专业数据分析人才和技术支持，在利用政务大数据进行分析和决策时往往难以发挥其最大价值。

痛点四：政务服务智能化程度偏低，服务质量有待提升。

随着科技的不断发展，政务服务智能化已经成为趋势。然而，目前我国的政务服务智能化程度偏低，服务质量也有待提升。虽然各地政府推出了一系列政务服务平台，但是这些平台的功能相对单一，无法满足人们多样化的需求。此外，政务服务平台的操作也比较烦琐，需要用户填写大量信息，交互体验不佳。同时，政务服务质量有待提升，政府部门之间的信息共享不够充分，导致服务效率低下；少数工作人员的服务意识和服务水平也需要进一步提高。应该加强内部协作和信息共享，结合人工智能、大模型等先进技术，提升政务服务质量和效率，提高整体的政务智能化水平。

三、实践案例及亮点

（一）实践案例

本案例利用语仓科技（北京）有限公司的智慧政务平台，提供智能化知识管理、多轮对话、写作辅助、推荐检索等功能，围绕政务系统数字化和智能化转型中的公文写作、政策解读和智能客服等重点业务场景，结合政务大数据资源价值，建立完善了智慧政务场景体系，对政务系统数字化和智能化建设进行了实践探索和实践，具体内容如下。

1. 公文智能写作

公文智能写作系统服务于各级政府和企事业单位，涵盖文件撰写、报告生成、会议记录、决策咨询等场景，以提升行政效率为目标，以人工智能技术为纽带，推动各类机构升级公文工作流程。系统侧重于规范性文件的创建，自动提取和整理文案核心内容，生成结构完整、内容精炼的公文草案。同时，可以为用户提供个性化写作建议，改进写作风格，提升公文质量，使公文写作更智能、更便捷、更高效。目前，该系统已在多地开展试点工作，降低人工撰写、校对、修改的时间成本平均达到20%，推动了行政公文工作的智慧化和高效化。

公文智能写作系统基于大模型技术，结合海量政务公文资源，建立了公文素材检索、智能辅助拟稿、事件链、智能推荐、智能校对、自动分类、文章摘要等功能模块，为公文拟写和审核人员提供了高效工具，提升了公文处理质量和效率，进而提高了政务管理的整体水平。以某省财政厅为例，用户可通过嵌入到业务系统中的"一键生成公文"按钮，把当前的业务内容和相关数据带入公文智能写作系统中，系统就会实时自动生成一篇完整的公文。对其进行简单审校后即可进入后续的公文流转环节，使公文处理效率得到大幅提升（图 7-61）。

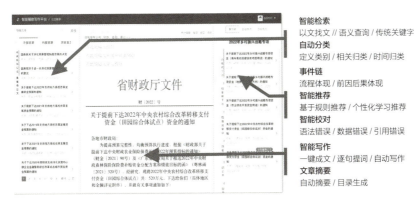

图 7-61　公文智能写作系统

2. 政策智能解读

政策智能解读系统服务于政府、企业、研究机构等用户，围绕政策分析、政策影响、政策规划、政策执行等场景，以"平台 + 人工智能解读"的发展模式，帮助用户深度理解政策内容、明晰政策影响、预测政策走向、决策方案优化等。重点构建政策大数据解析引擎和智能解读模型，通过大模型、自然语言处理（NLP）技术对政策内容进行深度解读，输出全面翔实的政策解读报告。目前，其解读精准度平均超过 80%，推动政策传播和应用的科技化、精准化。此外，政策智能解读系统还具备动态更新功能，能及时获取新出台的政策，为用户提供最新、最全面的政策解读服务，满足多元化的政策查询和解读需求。

政策智能解读系统通过对政策进行智能检索、比对和分析，以及对政策实施效果的跟踪和数据分析，为政府部门提供决策建议，帮助其在执行政策的过程中及时发现问题，对政策进行调整和优化。技术层面，政策智能解读利用大数据、知识图谱、自然语言处理技术，对国家政策、法律法规、宏观经济、重点项目等数据进行跟踪研究，对各类政策和项目进行多维度画像描绘，利用人工智能算法对政策内容和实施效果进行匹配和评价。帮助用户及时掌握国家和各地的政策动向，理解政策内容，评估政策执行情况，为当地政策的制定提供依据，为辅助相关人员做出决策和政策发展规划赋能（图7-62）。

3. 政务智能客服

政务智能客服系统以提高公众服务质量为目标，以大模型技术和智能对话系统为纽带，推动政务服务业向智能化、人性化方向转型。政务智能客服系统重点服务于政府机关、事业单位、公共服务机构等，覆盖咨询问答、政务办理、投诉反馈、意见建议等场景，提升服务效率、提高咨询质量、减少人工成本、改善用户体验。该系统通过大模型库结合政务知识库，实现了自动回答用户问题，引导用户完成政务办理，听取并反馈用户意见建议等功能。该系统目前已在多地开展试点，降低人工回答、转接、处理的时间成本平均达35%，此外还能密切配合各地政府公共服务改革，改进政务服务方式，提升公众满意度。

语仓科技政务智能客服系统采用最新的大模型技术，自动识别理解用户意图，分析相关政策文件、办事指南和便民资讯等，结合大模型生成能力来组织满足用户需求的答案，并给出相关依据。可采用虚拟数字人等形式，为相关业务单位、企业和个人提供全天候、多渠道、全方位的智能化咨询服务。这种方式不仅提高了服务的效率和质量，也节省了大量的客服人员人力成本。同时，政务智能客服还能不断更新和优化后台知识，提高回答准确率和响应速度，为用户带来更加优

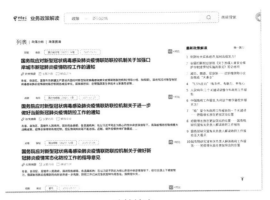

政策检索

政策比对

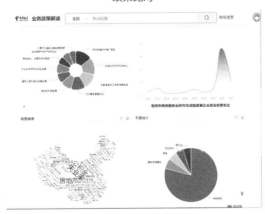

政策分析

图 7-62　政策智能解读系统

质的用户体验，提升公众满意度（图 7-63）。

展示具体业务办理条件　　引导现场取号服务　　引导预约办理服务

图 7-63　政策智能客服系统

（二）亮点

1. 政务行业自主可控大模型

随着 ChatGPT 为代表的大模型出现，人工智能进入了新的纪元。通用人工智能大模型在令人惊叹的同时，也存在着好看不中用、预训练数据中有安全隐患、黑箱生成结果不可控等问题，造成了大模型在实际应用特别是政务领域中落地困难。语仓科技的实践亮点在于依托哈工大技术大模型算法自主创新，模型基座自主可控；预训练数据经过去重、清洗过滤、符合国内政务要求的精细化筛选，数据自主可控；训练和精调环节加入伦理控制、安全控制；生成环节再经过严格过滤和外部对比过滤，生成结果自主可控。

2. 大模型增强技术

在大模型能力基础上，针对模型弱点，在外部进行知识增强、依据增强、逻辑增强及安全增强的四方面大模型增强技术。

知识增强技术在大模型能力和预训练知识的基础上，补充本地政务知识和相关文档，外部知识与大模型打通，外部知识秒级生效。知识增强技术弥补了大模型生成内容时效性差，欠缺行业知识、行业知识回答不精准等问题。

依据增强是对大模型生成结果的原始出处依据、原文对应等利用了多种语义检索技术与大模型知识及本地知识库融合，同时特殊构建和训练针对检索任务的外挂模型，对生成结果依据进行完善和补充。

逻辑增强技术是大模型代码融入了自主创新快速推理收敛算法，大大降低了实现逻辑推理所需要的模型参数级别以及快速收敛速度。结合类知识图谱、规则及经验等技术实现了特定推理的可解释性，同时使推理得到了控制。

安全增强通过深度学习和自然语言处理技术实现的对大模型输出进行自动化内容审核技术，避免出现与安全、隐私、道德、伦理、政治、价值观和意识形态相关的问题，确保内容的安全可靠性。

四、方法论提炼

智慧政务平台的解决方案基于大模型、自然语言处理、自然语言生成等人工智能核心技术，依托海量公文、政策和业务数据构建知识图谱，为政府及企事业单位行政人员提供高效便捷的智能化辅助写作和审核平台。平台在理论模型构建、技术路线和实现框架上具有一定的前瞻性和先进性，能够提高政府和企业的管理水平和效率，帮助用户从重复烦琐的资料查找、公文拟写、内容填报和审核等事务性工作中解脱出来，将更多时间和精力投入到对业务流程的思考、设计、规划等创造性或管理性的工作中，提升政务管理的整体水平（图7-64）。

智慧政务平台解决方案融合打造数据中台、人工智能中台和知识

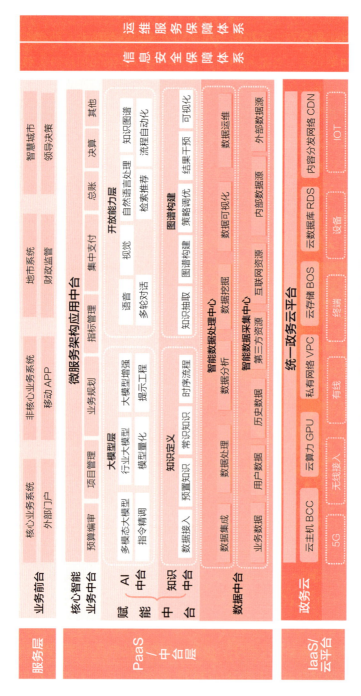

图 7-64　智慧政务平台解决方案

中台，从公文辅助、政策解读、智能审核、流程优化等方面开展政务智能化应用，充分发挥大数据资源的价值，解决当前智慧政务领域面临的各项问题，包括：公文处理效率较低、政策效果难以分析评估、业务知识无法沉淀和共享、政务数据价值未能充分发挥等。智慧政务平台解决方案可细分成公文智能写作、政策智能解读、政策智能搜索、政务智能客服、政务知识图谱等方法，全方位对政务智能化进行加强。

1. 公文智能写作（图 7-65）

图 7-65　公文智能写作

基于大模型和自然语言处理等人工智能技术，提升公文流转系统在拟制、审批、传阅和归档等各环节中的智能化水平，提高政府和企业的行政办公效能。为实现大规模公文的智能处理，以政务公文智能拟写和审核为需求导向，重点结合公文写作需求、公文审核需求、多用户协同编辑的实际情况，研发出适应多种场景的智能公文辅助系统，提供公文资料和素材的智能检索和推荐服务，解决了目前公文写作中规范性不好、创作效率低、质量参差不齐的问题。同时，由于公文类型较多，易出现标题格式不规范、结构框架不合理、公文素材搜索费时、文件引用错误、语法错误、上下文冲突等问题，该智能公文辅助系统也能一并进行解决。

2. 政策智能解读（图 7-66）

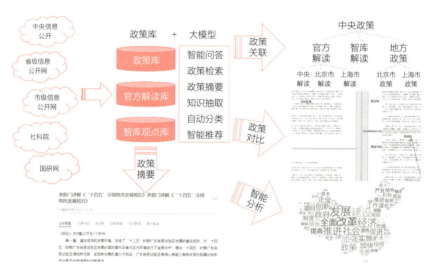

图 7-66　政策智能解读

利用大数据分析和图谱技术，对各类项目进行画像描绘，并将相关政策、法律法规、政府文件解读、关联推荐，与项目画像进行匹配、评价，助力项目预算支出标准制定、项目库管理、总账管理等方面有法可依、有政可循。基于人工智能和大数据分析等技术，对宏观经济形式、国家政策、法律法规、重点项目、难点问题、业务运行情况等分课题跟踪研究，提供以数据分析为主的知识服务，为政府和企业领导决策、运行效率提升及业务发展规划赋能。

3. 智能搜索

智能搜索能够帮助政务机构实现内部知识从产生到应用的全生命周期管理，从而针对政府部门知识分散、寻找信息困难、办公效率低下等问题进行解决；同时提供智能搜索服务，以知识构建、深度学习等为技术核心，进一步提高系统性能和检索的精度与效果，实现所搜即所得。功能方面，政务智能搜索系统可使分散在各系统中的数据信息被集中管理、高效利用；完善政府部门权限体系，有效防止重要信息泄露，各级部门之间的知识既可独立又可共享。知识智能化管理和智能搜索功能还可以帮助提升检索和运维效率、提升员工办公效率，从而提高政府部门的工作效率，促进政府机构从信息化到智能化的转型升级。

4. 智能问答技术（图 7-67）

图 7-67　智能问答技术

以业务知识库和知识图谱为基础，利用人工智能、大模型等技术，构建智能工作助理、业务咨询和办理服务引擎，打造全业务统一工作台。用户可通过智能政务问答系统，以友好的人机交互形式，完成各项业务的咨询和办理。同时，智能政务问答系统还能为相关单位、企业和个人提供全天候、多渠道、全方位的智能化咨询服务，提升社会各界对政务服务的满意度，缓解客服人员的工作压力，提升政府部门的工作效率和服务质量。

| 第十五节 |

其他行业转型实践与模式汇总

除上述典型行业的数字化转型实践案例以外，本书编写团队还收集了其他行业数字化转型的典型探索，概要如下：

一、芯查查——元器件供应链数字化转型实践

基于对半导体产业背景的研究和行业痛点分析，中电港公司推出的芯查查数据引擎开发了元器件供应链波动监控与保障系统。此系统为提高元器件行业研发效率和解决供应链痛点而设计开发。该系统主要包含四个功能模块。一是芯片查询，汇集了海量的元器件型号及型号的各类参数、价格、库存、替代料、PCN / PDN、datasheet 等。二是智能 BOM 管理，通过大数据 AI 智能算法，为客户一键完成智能匹配，提供物料风险分析及替代参考。三是供应链波动监控，为客户提供对其关键电子物料的供应链波动分析。四是产业链地图，提供全球及中国半导体产业分布，半导体产业图谱，为客户精准寻源提供海量资源。

通过以上各项功能，为元器件行业内研发、采购提供数据参考及决策依据。通过产业大数据分析与方法创新，中电港的芯查查引擎为产业供应链上下游提供了数据参考，优化了供需平衡，提高了供应链效率，降低了供应链断供风险。

二、北京工商大学——智慧教育数字化转型实践

党的二十大报告明确提出"推进教育数字化，建设全民终身学习的学习型社会、学习型大国"。北京工商大学坚持"统一规划、分步实施、加强统筹、注重应用"的工作思路，设计了切实可行的智慧教育总体架构图，在基础设施层、服务支撑平台、校园智慧大脑、场景应用，以及安全防护体系和运维管理体系制定了详细的部署实施，在高等教育的产业数字化转型实践中走出了一条特色鲜明的道路。截至2022年年底，已成功建设全时域安全态势感知和防范体系、可视化决策数据支撑平台、网络安全建设，构建商科数字化人才培养的"知识—能力"体系，围绕商科数字化转型，建设了100门高质量精品在线课程。

三、电子云——智慧民航数字化转型实践

民用航空是创新科技高度密集、专业技术高度集成的行业。在数字化转型的背景下，建设智慧民航有利于提高中国民航引领全球民航发展的创新能力，有利于强化基础研究和新技术应用，有利于发挥制度优势和后发优势，催生更多的新产业、新业态和新模式，为民航强国建设增添新动力。2022年年初，结合《"十四五"民用航空发展规划》的发布，中国民航全面开启了多领域民航强国建设新征程。截至2023年年末，各地方空中交通管理单位、全国四十余家大中型机场、

十余家大中型航空公司，已全面启动数字化转型工作，内容涵盖旅客出行、空中交通管理、机场运行、智慧物流、监管平台融合统一等场景。未来，通过构建"民航＋数字产业"共同体、"民航＋先进制造"产业链和"民航＋绿色低碳"生态圈，将进一步推动更多产业和民航行业的深度融合发展。中国电子云在此银行强国建设新征程中，充分发挥自身优势，为民航航业注入数字化转型新能量，探索智慧化发展新实践。

四、中国消防救援学院——森林防火数字化转型实践

随着全球气候变化带来的干旱、高温等极端天气的增加，森林火灾已成为全球性的环境问题。在中国，曾有大量森林火灾发生，严重破坏了生态环境和人民生产生活。针对这一问题，智慧森林防火系统应运而生。

智慧森林防火系统的基本架构是将传感器网络、云计算平台、数据处理和分析、决策支持系统等多个层面的结构融合在一起，实现对森林防火信息的高效、准确、及时采集。随着目前云计算和人工智能技术的日益发展完善，该系统将会更加适应智慧化趋势，推动更加高效科学的森林防火管理。

智慧森林防火系统的实施效果显著。首先，它能够对森林火灾风险进行精准预测，及时发出预警，减少森林火灾发生的概率。其次，它能够自动监测和管理森林环境，自动调控温度、湿度等环境因素，以确保森林内的生态平衡。最后，该系统能够与政府、企业、社区等多个组织机构合作，实现资源共享和信息交流，同时减少人员伤亡以及经济损失，为社会经济和环境的持续发展做出了重要贡献。

REFERENCES

参考文献

[1] 刘欣.民航局加快推动智慧民航建设发展 [N].法治日报，2023-07-14(006).DOI:10.28241/n.cnki.nfzrb.2023.003748.

[2] 冯学鸿.基于网络安全维护的计算机网络安全技术应用探讨 [J].网络安全和信息化，2023，(06):129-131.

[3] 张伟.我国数字经济规模达 50.2 万亿元 [N].中国高新技术产业导报，2023-05-01(001).DOI:10.28264/n.cnki.ngjcd.2023.000327.

[4] 谭峰.央企专业化整合提速见效 [J].国资报告，2023，(03):90-93.

[5] 党的二十大报告（节选）[J].宁夏农林科技，2022，63(12):3-4.

[6] 马俊.教育部等五部门发布《关于实施职业教育现场工程师专项培养计划的通知》[J].汽车维护与修理，2022，(22):2-3.DOI:10.16613/j.cnki.1006-6489.2022.22.033.

[7] 尹西明，苏雅欣，陈泰伦，等.屏之物联：场景驱动京东方向物联网创新领军者跃迁 [J].清华管理评论，2022，(11):94-105.

[8] 武力.健全新型举国体制，为建设科技强国而奋斗 [J].新湘评论，2022，(21):52-54.

[9] 朱丹.以组织创新整体推进企业数字化转型 [J].中国国情国力，2022，(10):39-42.DOI:10.13561/j.cnki.zggqgl.2022.10.010.

[10] 尹西明，苏雅欣，陈劲，等.场景驱动的创新：内涵特征、理论逻辑与实践进路 [J].科技进步与对策，2022，39(15):1-10.

[11] 李铭，韩锡斌，李梦，等.高等教育教学数字化转型的愿景、挑战与对策 [J].中国电化教育，2022，(07):23-30.

[12] 闫永，郭大鹏，原诗萌. 央企铸链 [J]. 国资报告，2022，(04):44-51.

[13] 尹西明，陈劲. 产业数字化动态能力：源起、内涵与理论框架 [J]. 社会科学辑刊，2022，(02):114-123.

[14] 朱太辉，林思涵，张晓晨. 数字经济时代平台企业如何促进共同富裕 [J]. 金融经济学研究，2022，37(01):181-192.

[15] 方滨兴. 从"人、财、物"视角出发，提升网络空间的安全态势 [J]. 中国科学院院刊，2022，37(01):53-59.DOI:10.16418/j.issn.1000-3045.20211117006.

[16] 崔玉福，刘质加，王靖. 数字孪生卫星技术发展与展望 [J]. 国际太空，2021，(10):27-31.

[17] 王文颖. 房地产经纪经营模式创新研究 [D]. 北京邮电大学，2021.DOI:10.26969/d.cnki.gbydu.2021.000362.

[18] 周林，毛志杰，陈英梅等. 基于多领域联合建模的卫星通信装备数字孪生构建方法 [C]// 中国自动化学会专家咨询工作委员会，中国计算机系统仿真应用工作委员会，中国仪器仪表学会产品信息委员会，北京国信融合信息技术研究院.2020 中国系统仿真与虚拟现实技术高层论坛论文集. 国防科技大学信息通信学院，2020:5.DOI:10.26914/c.cnkihy.2020.037644.

[19] 彭健，孙美玉，滕学强 .6G 愿景及应用场景展望 [J]. 中国工业和信息化，2020，(09):18-25.DOI:10.19609/j.cnki.cn10-1299/f.2020.09.003.

[20] 刘蔚然，陶飞，程江峰，等. 数字孪生卫星：概念、关键技术及应用 [J]. 计算机集成制造系统，2020，26(03):565-588.DOI:10.13196/j.cims.2020.03.001.

[21] 世界人工智能法治蓝皮书（2019）附录一人工智能重点政策法规摘要 [C]// 世界人工智能法治蓝皮书（2019）.[出版者不详]，2019:48.